# SOZINHO NO PÓLO NORTE

## UMA AVENTURA NA TERRA DOS ESQUIMÓS

Livros do autor na Coleção **L&PM** POCKET:

*Everest: viagem à montanha abençoada*
*Sozinho no Pólo Norte*

THOMAZ BRANDOLIN

# SOZINHO NO PÓLO NORTE

## UMA AVENTURA NA TERRA DOS ESQUIMÓS

www.lpm.com.br

L&PM POCKET

Coleção **L&PM** POCKET, vol. 402

Este livro foi publicado pela L&PM Editores em primeira edição, em formato 14x21 cm, em 1997
Primeira edição na Coleção **L&PM** POCKET: fevereiro de 2005
Esta reimpressão: agosto de 2011

*capa*: Ivan G. Pinheiro Machado sobre foto de Thomaz Brandolin com o cão Bruno.
*fotos*: Thomaz Brandolin
*preparação do original*: Carlos Saldanha
*revisão*: Carlos Saldanha e Renato Deitos
*mapas*: Fernando Gonda
*alfabeto*: Rose Gaiewski

ISBN 978-85-254-1361-1

---

B819s Brandolin, Thomaz
Sozinho no Pólo Norte: uma aventura na terra dos esquimós / Thomaz Brandolin. – Porto Alegre: L&PM, 2011.
272 p. : il. fotogr., mapas. – (Coleção L&PM POCKET)

1.Pólo Norte-Descrições de viagens. I.Título. II.Série.

CDU 910.3:551.324
551.324:910.3
910.4(211):379.85
379.85:910.4(211)

---

Catalogação elaborada por Izabel A. Merlo, CRB 10/329.


Rua Comendador Coruja, 314, loja 9 – Floresta – 90220-180
Porto Alegre – RS – Brasil / Fone: 51.3225.5777 – Fax: 51.3221.5380

Pedidos & Depto. Comercial: vendas@lpm.com.br
Fale conosco: info@lpm.com.br
www.lpm.com.br

Impresso no Brasil
Inverno de 2011

*"Nunca ande pelo caminho traçado, pois ele conduz somente até onde os outros foram."*

Graham Bell

*Este livro é dedicado a um amigo fiel, companheiro e cúmplice silencioso nas venturas e desventuras por que passei na jornada pelo Ártico. É bem verdade que ele jamais lerá as linhas que escrevi, mas sem ele eu talvez nem estivesse aqui para escrevê-las: o cão Bruno.*

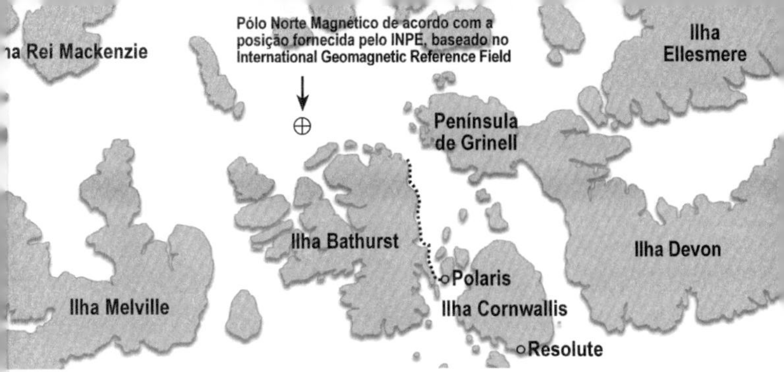
Pólo Norte Magnético de acordo com a posição fornecida pelo INPE, baseado no International Geomagnetic Reference Field
a Rei Mackenzie
Ilha Ellesmere
Península de Grinell
Ilha Bathurst
Ilha Devon
Polaris
Ilha Melville
Ilha Cornwallis
Resolute

RÚSSIA (Sibéria)
Círculo Polar Ártico
SUECIA
Oceano Ártico
Pólo Norte Geográfico
Pólo Norte Magnético
Ilha Ellesmere
GROENLANDIA (Dinamarca)
ISLANDIA
ASCA
EUA)
Ilha Banks
Resolute
Ilha Vitória
Ilha de Baffin
Oceano Atlântico
CANADÁ
Baía de Hudson
Edmonton
Calgary
Missoula
ão Francisco
EUA
Los Angeles

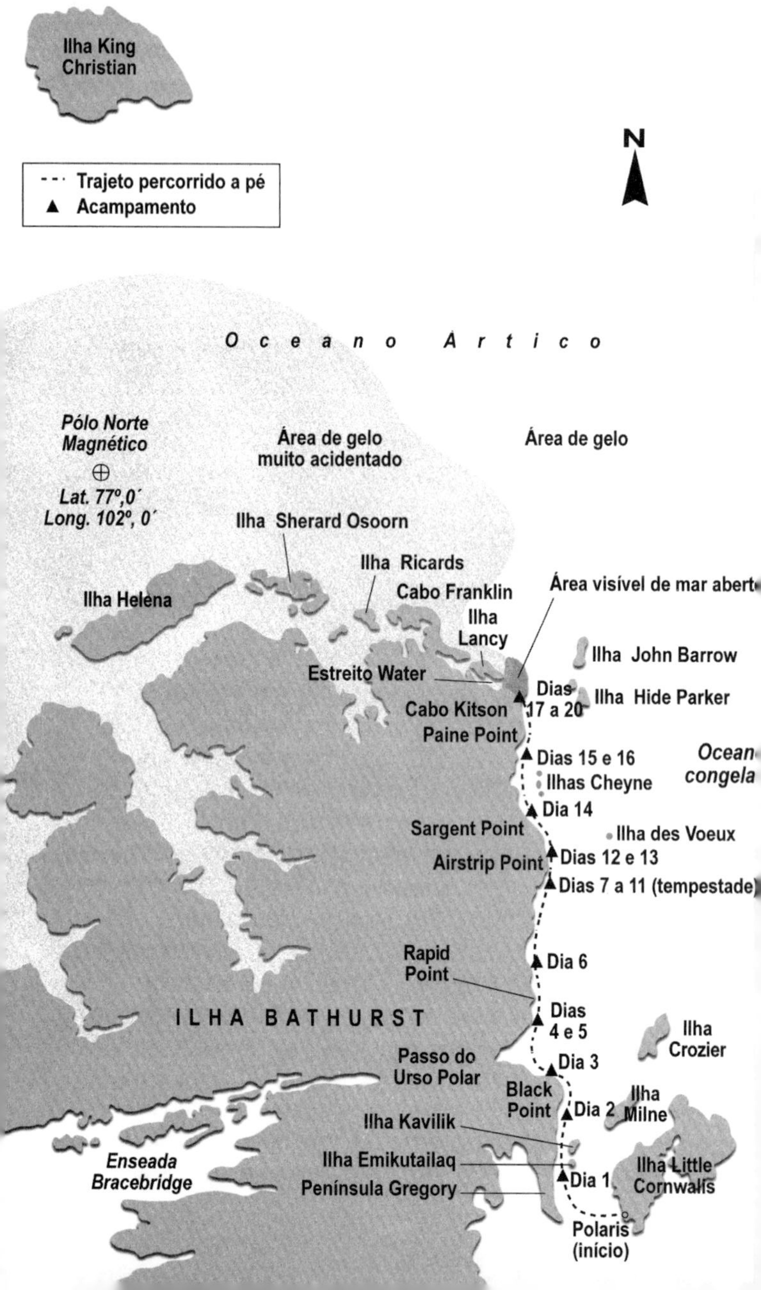

Ilha King Christian
N
Trajeto percorrido a pé
Acampamento
Oceano Ártico
Pólo Norte Magnético
Lat. 77º,0´
Long. 102º, 0´
Área de gelo muito acidentado
Área de gelo
Ilha Sherard Osoorn
Ilha Ricards
Cabo Franklin
Ilha Helena
Ilha Lancy
Estreito Water
Ilha John Barrow
Ilha Hide Parker
Dias 17 a 20
Cabo Kitson
Paine Point
Dias 15 e 16
Ilhas Cheyne
Dia 14
Sargent Point
Ilha des Voeux
Airstrip Point
Dias 12 e 13
Dias 7 a 11 (tempestade)
Rapid Point
Dia 6
ILHA BATHURST
Dias 4 e 5
Ilha Crozier
Passo do Urso Polar
Dia 3
Black Point
Dia 2
Ilha Milne
Ilha Kavilik
Enseada Bracebridge
Ilha Emikutailaq
Dia 1
Ilha Little Cornwalis
Península Gregory
Polaris (início)

# SUMÁRIO

# As Ilhas Seymour

"Mas é aqui que vocês vão passar dois meses, acampados em barracas!?!?", perguntou, incrédulo, um sujeito com a cabeça toda enterrada num cachecol. Eu quase não o ouvia, tão forte era o barulho do vento. E, antes de entrar rapidamente no Hércules que nos trouxe, ele deu uma olhada em volta e berrou: "Vocês são malucos!! Desejo muita sorte para vocês!".

Essa foi a primeira coisa que ouvi assim que pus os pés na Antártica pela primeira vez. Logo o avião da FAB decolou, deixando nosso grupo de quatro pessoas no meio de uma turma de curiosos argentinos da Base Marambio. Um deles comentou: – Vocês deram sorte de conseguir pousar, pois o tempo agora está "muy bueno"!

A visibilidade realmente era boa, mas o céu tinha cor de chumbo, a temperatura estava em três graus negativos e o vento era tão forte que mal dava para ficar de pé! Fiquei imaginando então como seria um tempo "péssimo" naquele lugar, e comecei a achar que aquele sujeito tinha razão.

Eram 7h30 da manhã do dia 22 de dezembro de 1989, na desolada Ilha Seymour (Marambio, para os argentinos), na Península Antártica, quando desembarcamos. Nossa equipe era composta pelos geólogos da Petrobrás Silvio Barrocas – chefe do grupo – e Geraldo Gusso (meu saudoso amigo Peninha, já falecido), pelo técnico João Bosco e por mim, que estava ali como alpinista de apoio. O objetivo do grupo era passar dois meses pesquisando o solo da região e coletando amostras de rocha.

Nossa carga lotou dois caminhões dos argentinos que, sem perda de tempo, nos levaram ao local onde montaríamos nosso campo-base, a um quilômetro da base.

Depois que partiram, ficamos só os quatro ali, parados, no meio de uma infinidade de caixas, um olhando para a cara do outro, desconcertados com aquele cenário tão selvagem.

É difícil descrever tudo o que se passa pela cabeça, pelo coração e pelo espírito da gente na primeira vez que se chega à Antártica. A primeira impressão é que se está em outro planeta. Eu sentia um misto de deslumbramento e fascínio pelo desconhecido, misturados a uma sensação de isolamento e aventura. Meus olhos ansiosos não paravam de registrar coisas, detalhes. A crueza do solo, o céu ameaçador, o mar ao longe pontilhado de icebergs. O vento deixando bem claro que ali é ele quem manda. A natureza em estado bruto, virgem, indomada, nos mostrando o quanto éramos pequenos. Não sei se era o ar, extremamente puro, oxigenando o meu cérebro, mas o fato era que eu estava num estágio de euforia e muita emoção por estar ali, realizando um antigo sonho.

Olhando com desânimo para a realidade da nossa gigantesca carga, decidimos montar nosso acampamento ali mesmo onde nos deixaram. Não era lá um lugar muito convidativo: estávamos a uns 170 metros de altitute, quase no topo do platô e totalmente vulneráveis ao vento. Para complicar estávamos exatamente sob a cabeceira da pista de pouso – 150 metros de distância e apenas uns 20 metros de desnível.

Com o vento zunindo insistentemente em nossas orelhas, levamos três dias para instalar e reforçar nossa base. Montamos quatro barracas, devidamente ancoradas com cordas grossas a pesadíssimos blocos de pedras que foram enterrados no chão. Depois acrescentamos dezenas de pedras numa espécie de saia ao redor de todas elas. Por fim, empilhamos nossas caixas de mantimentos do lado de fora para servir como muro de proteção ao vento.

No total utilizamos quatro toneladas de pedras (é isso mesmo!) para prender as barracas. Felizmente terminamos a tempo de visitar os argentinos e participar de uma divertidíssima festa de Natal.

Fizemos uma amizade alegre e sincera com todos os argentinos e sempre fomos considerados visitantes ilustres.

A Antártica é um lugar tão hostil e remoto que inspira as pessoas que trabalham ali a se esquecerem de suas origens e diferenças e a se ajudarem mutuamente. É famosa a solidariedade que existe entre todas as estações de pesquisa.

Os argentinos também iam nos visitar em nossas barracas e sempre levavam algum mimo, como uma peça de carne para churrasco, frutas, pães e, claro, muito, muito vinho. Nós retribuíamos com o que podíamos. Tínhamos uma grande variedade e quantidade de alimentos de primeira qualidade, uma farmácia completa e combustível (benzina) de sobra para os fogareiros. Para beber contávamos com caixas e mais caixas de suco e 275 litros de água mineral.

Para cozinhar, a história era outra: precisávamos coletar água na própria ilha. O problema é que a Ilha Seymour é totalmente desprovida de geleiras, e os manchões de neve formados pelas nevascas logo derretiam devido à ação do sol e do vento. Para solucionar isso cavamos 2 cacimbas de 50cm de profundidade que produziam água de boa qualidade numa quantidade razoável. Foram raras as vezes que tivemos que filtrá-la com algodão. Para complementar o estoque, sempre que o tempo permitia íamos buscar água em duas microlagoas localizadas a 200 metros das barracas.

Ansiosos para explorar a região, logo nos primeiros dias saímos para uma caminhada de reconhecimento. Na nossa primeira incursão saímos do campo-base em direção ao sul da ilha. O dia estava ensolarado e quase não ventava.

Assim que chegamos na beirada do platô, a visão do restante da ilha era quase que total. Descemos então uma rampa pedregosa que nos levou a um rio de lama pegajosa, chamado Cross-Valley, que divide a ilha em duas, no seu ponto mais estreito. Percebemos que para atravessar aquele rio de lama de uns 20 metros de largura sem atolarmos tínhamos que ser rápidos e manter o equilíbrio ao mesmo tempo. Não podíamos parar. Do outro lado o solo era bastante úmido e escorregadio e na maioria das vezes nossas pegadas afundavam alguns centímetros. Nesse lado da ilha a paisagem nos dava a impressão que estávamos num imenso deserto.

Logo percebi que não era impressão. Nós "estávamos" num imenso deserto!! Nenhum sinal de vida. A ilha era uma sucessão de morros, arestas e colinas coloridas e de formas bizarras. As cores iam do laranja ao quase preto, passando por infinitas tonalidades de marrom e bege. Completando o cenário, sombras, manchas de neve, torres erodidas em formas estranhas e, ao longe, o mar brilhando, repleto de icebergs. Definitivamente, era uma paisagem do outro mundo.

O fato da ilha não ser coberta de gelo era justamente o que interessava aos geólogos, que podiam coletar amostras de pedras e de fósseis com maior facilidade. Nessa ilha é bem visível um fenômeno raro: a passagem bem nítida da camada do Cretácio para o Terciário, algo ocorrido em torno de 65 milhões de anos atrás. Pelo fato das camadas geológicas estarem totalmente expostas e livres de gelo, a Ilha Seymour, segundo os geólogos, é um dos melhores sítios geológicos de todo o Hemisfério Sul para se estudar esse período, quando ocorreram alguns dos fenômenos mais marcantes da história da Terra, que resultaram, por exemplo, no desaparecimento dos dinossauros e no surgimento dos primeiros mamíferos. Aliás, numa ribanceira que marcava bem a passagem dos períodos, havia o fóssil de um desses gigantes pré-históricos.

Montado o campo-base e reconhecido o terreno, nosso objetivo, além de devorar as duas toneladas de comida, era montar um campo avançado próximo ao Cape Lamb, no extremo sul da ilha, local escolhido pelos geólogos para suas pesquisas. Para isso montamos no meio da ilha um campo intermediário, onde instalamos um "condomínio" de 3 barracas pequenas, que foi apelidado de "casa de campo".

No espaço de uma semana, abastecemos o acampamento de mantimentos e equipamentos em três viagens a pé com nossas mochilas. Nosso trabalho era prejudicado, claro, pelo dias de mau tempo. Feito isso, voltamos para o campo-base.

Além de reorganizar o acampamento, aproveitávamos os dias parados para descansar o corpo e a mente. Se a paisagem da ilha era um tanto monótona, fora dela era belíssima: do campo-base dava para avistar, na seqüência, a costa leste da ilha, o Mar de Weddell, repleto de icebergs, a minúscula Ilha Cockburn, a enorme Ilha James Ross e suas geleiras, a Ilha Vega e, no último plano, a Península Antártica.

Com tempo bom, sempre que podia eu me afastava do acampamento, escolhia uma pedra para sentar e ficava admirando aquele espetáculo silencioso. Deixava me envolver por um silêncio que parecia eterno e ficava observando a tênue mudança de luz que variava conforme a hora do dia. É preciso lembrar que no verão não há noites na Antártica e as madrugadas são iluminadas por uma luz pálida e serena. Nessas horas, no fim do dia, o horizonte ganhava uma coloração alaranjada que mudava para o cor-de-rosa e ia se transformando em lilás e violeta conforme olhássemos mais para cima. Os icebergs e o mar refletiam essas luzes como se fossem espelhos e formavam um cenário de infinita beleza. Foi essa sensação adivinhada de serenidade e grandeza das regiões polares que me atraiu à Antártica e foram esses momentos de paz que compensaram os dias em que o tempo ficou carrancudo.

Dias depois, dali partimos para montar o campo-avançado. Este foi instalado a 100 metros da praia, num lugar abrigado do vento, na desembocadura de dois cânions, com uma belíssima vista para o mar. Formado também por 3 barracas pequenas, ganhou o nome de "casa de praia". A distância entre os acampamentos era de aproximadamente 6 quilômetros (34 horas de caminhada), mas havia tantos sobe-e-desce que era cansativo alcançá-los.

Saindo da nossa "casa de praia", no primeiro dia fomos até o Cape Lamb e acabamos descobrindo vestígios de acampamentos antigos, deixados por outros exploradores.

Nesse dia aconteceu um fato que eu só tinha visto em filmes. Na véspera, tínhamos tentado falar pelo rádio com a Base Marambio para dar a posição do nosso novo acampamento mas, depois de várias tentativas, acabamos desistindo. Foi quando, a caminho do Cape Lamb, avistamos um helicóptero ao longe. Aí, o Peninha pegou um espelhinho e através do reflexo do sol chamou a atenção do piloto. Guiados pelos reflexos, em questão de minutos os argentinos estavam sobrevoando nossas cabeças. Acenamos que estávamos bem, apontamos nossas barracas e eles se foram. Agora, chamar helicóptero com espelhinho eu só tinha visto em filme!

Depois de conhecer o sul da ilha, fomos para o leste explorar o Pinguim Point, um dos lugares mais bonitos da Seymour. Ali, onde desemboca um gigantesco cânion, existe uma grande colônia de pingüins e eu não via a hora de conhecê-los.

Quando chegamos perto, caminhando pela praia, logo apareceu um grupo de pingüins que parecia uma espécie de comitê de recepção. Eles vinham ligeiros em nossa direção, com aquele gingado típico e os "braços" abertos, totalmente entretidos entre si. A impressão que dava era que tinham vindo investigar quem éramos. Assim que se depararam conosco, bem maiores que eles, todos pararam e olharam-se com aquelas caras de "Xii, e agora, o que é que a gente faz?" Enquanto ficamos quietos e parados, aos poucos eles se aproximaram e, desconfiados, ficaram nos examinando de cima a baixo. Parecia que conversavam entre si coisas tipo "nossa, que bichos mais esquisitos esses, não?!" Mas bastou um de nós fazer um movimento mais brusco para que o bravo comitê saísse em debandada, esperneando aos quatro ventos. Estabanados, alguns corriam para trás, outros trepavam nos barrancos próximos ou então se atiravam na água. Corriam tão rápidos que tropeçavam e caíam.

E isso aconteceria várias vezes no decorrer do dia. Como estávamos explorando os arredores da pingüineira, a cada canto que a gente se enfiava sempre surgia um grupo de "investigadores", e era se aproximar de um deles para começar a correria. Numa das vezes estávamos junto à praia, quando vimos meia dúzia de pingüins nadando em nossa direção. Eles estavam tão embalados que não perceberam nossa presença e acabaram saindo da água bem no meio de nós. Quando nos viram ficaram tão constrangidos e assustados que não sabiam se corriam ou voltavam para a água. Mas o mais engraçado era a expressão deles de "ops, nos metemos numa enrascada". Sem dúvida, nossos encontros com os pingüins foram os momentos mais divertidos da nossa visita àquela ilha.

Mas na Ilha Seymour eles não vivem sozinhos. Vimos várias shwas e andorinhas também e, claro, muitas focas. Graciosas e inofensivas, elas ficam estiradas na praia, adormecidas, tomando banho de sol (embora, na Antártica, o mais apropriado talvez fosse dizer "banho de vento"). Com aquela carinha de bichinho de pelúcia, o máximo que faziam quando percebiam nossa presença era se virar de lado e ficar acompanhando nossos movimentos. Isso, uma ou outra, pois a maioria apenas abria os olhos preguiçosamente e, com ar de desdém, dava uma respirada profunda e voltava a fechar os olhos, aumentando em muito nosso complexo de rejeição.

Numa dessas caminhadas vi uma foca pequena deitada na praia e me aproximei para fotografar seu rosto. No que cheguei perto ela me olhou assustada e começou a lacrimejar. Eu não sei se as focas lacrimejam normalmente mas, para mim, parecia que ela estava chorando de medo. A expressão daquele olhar suplicante me partiu o coração e dali em diante só fotografei de longe.

Se uma viagem à Antártica tem lá seus momentos gostosos, rodeados de muito silêncio e paz, às vezes a situação pode ficar tensa. Isso porque a Antártica, definitivamente, não é um lugar qualquer. É difícil imaginar, mas num continente 1,6 vez o tamanho do Brasil não existem cidades, estradas, coleta de lixo, telefones ou placas indicativas. E é quase que totalmente coberto por gelo. O contato com o mundo é via rádio. Algumas bases mantêm médicos mas estes pouco podem fazer se o acidentado não for resgatado por um helicóptero, que são raros e só voam com tempo bom. Para completar o quadro, o clima é um dos piores do mundo. Dias ensolarados e calmos são exceção na Antártica. O frio é uma constante, que dura as 24 horas do dia. Fora isso, venta quase sem parar, ou existe neblina, ou tempestades de neve ou o céu está nublado. Mas o mais provável mesmo é que tudo isso aconteça no mesmo dia.

Para nós que estávamos acampados o mau tempo era sempre motivo de desconforto, principalmente durante os *blizzards*, que são violentas tempestades de vento, às vezes acompanhadas de neblina e nevasca. O vento era tão forte que a neve caía horizontalmente como numa tempestade de areia no deserto. Não podíamos nos afastar 20 metros das barracas sob o risco de ficarmos irremediavelmente perdidos.

Nessa minha primeira expedição à região me lembro de um fato que ilustra bem o quanto a Antártica pode se transformar rapidamente de um lugar calmo e tranqüilo num lugar perigoso e hostil. Depois de uma semana explorando os arredores da "casa de praia", no sul da ilha, os geólogos deram os trabalhos por encerrados. Nos últimos dias o vento tinha aumentado muito e algumas rajadas ultrapassaram os 120 km/h, registradas em nosso anemômetro. Era tão violento que mal dava para andar. Na manhã seguinte deveríamos voltar para o campo-base, mesmo porque nossos mantimentos já estavam quase no fim.

Só que começou a nevar durante a noite, e com tal intensidade que ao amanhecer a ilha toda estava coberta por uma espessa camada branca. O frio e a umidade aumentaram e a ilha foi envolvida por um dos piores inimigos dos exploradores antárticos: o *white-out*, que é uma neblina muita espessa sobre um extenso manto de neve. Como o céu e a terra se fundem numa cortina branca e sem contrastes, não existem pontos de referência ou perspectiva. Assim, ao caminhar com a visibilidade a zero, é impossível calcular distâncias, não sabemos se estamos subindo ou descendo e muito menos em que direção seguimos.

Numa ilha acidentada e cheia de obstáculos naturais, mesmo com o auxílio das bússolas seria muito perigoso e demorado atravessá-la por dentro. Assim, só nos restava voltar pela praia, contornando uma parte da ilha, num trajeto muito mais longo. Mas naquela ilha andar pela praia não era tão simples assim. Primeiro porque, ali, a praia acaba abruptamente numa quase ininterrupta e extensa barreira de falésias de rocha podre, que não param de desabar, e que contorna aquele lado da ilha. Quando a maré sobe, rapidamente o nível da água cobre toda a praia e parte do paredão. Como são poucos e distantes os pontos de fuga, se fôssemos pegos pela maré subindo seríamos encobertos pela água gelada. Mas não era só isso. A praia também estava coalhada de icebergs encalhados, nos obrigando a nos espremer entre eles e o paredão. E, ao invés de areia ou cascalho, boa parte da praia era de uma lama escura e pegajosa, onde é impossível andar com rapidez. Foi nessas condições que tivemos que tomar a difícil decisão se valia a pena nos arriscarmos ou esperar, quase sem mantimentos, o tempo e a visibilidade melhorarem.

Depois de perder horas preciosas discutindo a questão, acabamos abandonando nosso acampamento, deixando quase tudo para trás e, com as mochilas o mais leves possível, fugimos em direção ao nosso campo-base. A maré já estava subindo quando, horas depois, finalmente chegamos numa enorme rampa nevada que nos levaria ao topo do platô onde estava o campo-base. Assim que começamos a subir o vento foi ficando cada vez mais forte e aumentou a neblina. Subindo com cautela para não escorregar ladeira abaixo, levamos uma hora para vencer apenas 190 metros de desnível, e só localizamos nossas barracas em meio à névoa com a ajuda da bússola. Mas foi uma sábia decisão. O mau tempo durou 18 dias!!

Em meados de fevereiro voltou a escurecer durante as noites, a lua e as estrelas voltaram e já era hora de partir. Finalmente no dia 23, meu aniversário, um Hércules da FAB despontou no horizonte e nos levou de volta ao Brasil.

Embora com a cabeça confusa, dividida, com parte dela ainda na Antártica e parte no mundo ao qual eu teria que voltar, essa primeira expedição aos confins do mundo foi uma aventura e tanto, só aumentando meu fascínio pela beleza selvagem, pelo isolamento e a sensação de liberdade que se tem nas regiões polares.

Assim, confirmando a máxima que quem vai para a Antártica uma vez sempre acaba voltando, três anos depois embarquei para minha segunda expedição àquele continente, novamente como alpinista de apoio a um grupo de pesquisadores. Dessa vez passei um mês e meio na Ilha Rei Jorge, do outro lado da Península Antártica em relação à Ilha Seymour.

Voltando para casa, a bordo do Barão de Teffé eu via a Ilha Rei Jorge se afastando aos poucos sob o sol da madrugada. O céu estava laranja, o mar dourado e a ilha e os icebergs escuros, em silhueta. Aqui e ali pingüins davam o ar da sua graça. Era uma visão bonita e serena de um mundo tão selvagem e tão imenso. Eu me sentia um privilegiado de visitar aquele continente pela segunda vez.

Foi ali, um tanto triste por partir, que senti que havia chegado a hora de organizar uma expedição polar independente, isto é, sem a obrigação de seguir as normas da Marinha e acompanhar pesquisadores. Eu queria seguir meus próprios passos, ser dono do meu destino e explorar onde bem entendesse. Mas depois de duas viagens a "etapa Antártica" estava temporariamente concluída. Curioso por conhecer novos lugares e entusiasmado com a experiência acumulada me propus enfrentar maiores desafios.

# Ártico

*"Não existe nenhum terreno mais perigoso e difícil que a banquisa."*

Reinhold Messner*

Genericamente falando, as regiões árticas são aquelas que estão acima do Círculo Polar Ártico, e podemos incluir aí as inúmeras ilhas do norte do Canadá, o norte do Alasca, da Escandinávia e de toda a Sibéria.

Essas regiões são banhadas pelo Oceano Ártico, que fica como que "ilhado" entre elas. A única ligação desse oceano com o Atlântico se dá na ampla passagem entre a Groenlândia e a Europa, e com o Pacífico, pelo Estreito de Bering.

O Ártico é um oceano peculiar. Está quase todo ele coberto por uma capa de gelo permanente, conhecida por calota polar, que se expande no inverno e se encolhe no verão. Embora, à primeira vista, a calota polar possa parecer estável e imóvel, ela é fortemente influenciada pelas poderosas forças dos ventos e das correntes, por isso está em constante movimento. E esse é o maior perigo para quem viaja pela superfície gelada do Ártico, pois a toda hora ela racha, range, se inclina, se abre em fendas e se fecha de novo, quando a água se congela. Nesse movimento de abrir e fechar são formadas imensas placas de gelo – também chamadas de *pack-ice* ou banquisa –, algumas com centenas de quilômetros de extensão, que se chocam entre si, gerando uma pressão tão gigantesca que muitas vezes uma encavala sobre a outra, formando barreiras de gelo com muitos metros de altura. A calota como um todo também se movimenta, como se estivesse à deriva, num movimento circular e aleatório, ora avançando numa direção, ora noutra.

---

* Primeiro homem a escalar todas as 14 montanhas com mais de 8.000 metros de altitude do mundo e o primeiro a escalar o monte Everest sem auxílio de garrafas de oxigênio.

Mesmo com todos esses perigos e dificuldades, o Ártico serve de habitat natural para muitos animais, e ali a vida selvagem é ditada por dois únicos fatores: luz e escuridão. Durante a primavera e o verão o sol nunca se põe. Ele gira a baixa altitude em torno do horizonte as 24 horas do dia, durante 4 a 5 meses, inundando o Ártico de luz. Essa época, quando é possível admirar o "sol da meia-noite", é de relativa abundância. Os ursos polares aproveitam as fendas no gelo para caçar, principalmente focas. Os lobos, e seus primos menores, os fox, se alimentam das lebres nascidas na primavera e dos restos deixados pelos ursos. Os caribous (parecidos com veados) e os *musk-oxes* (semelhantes a um bisão superpeludo) são herbívoros e se alimentam das frutinhas que nascem nas ilhas da região. Aliás, é no curto verão local que a vida explode no Ártico, quando surgem plantas e pequenas flores multicoloridas e nascem os filhotes de uma infinidade de aves que migram para aquelas latitudes.

Mas o que impressiona é como essas criaturas sobrevivem nos meses de penumbra e escuridão, o que mostra a incrível resistência biológica dessas espécies. O Ártico é um lugar desolado, onde quase não chove e a árvore mais próxima cresce a mais de 1.500 quilômetros dali, ao sul, abaixo do Círculo Ártico. Para piorar, toda a região fica coberta por uma espessa camada de neve durante nove meses por ano. Assim, para sobreviverem os animais precisam se movimentar constantemente, apenas para encontrar quantidades mínimas de alimentos.

O clima no Ártico também é dos mais hostis para as espécies e para o homem. Embora o vento não seja tão forte nem tão constante como na Antártica, o frio é tão intenso quanto, ou até pior, devido à umidade relativa do ar. O mês mais frio é fevereiro, justamente quando o sol volta a despontar no horizonte. Nessa época, e até meados de abril, a temperatura média fica por volta dos 30 graus negativos, podendo chegar a menos 50.

Temperaturas como essas, combinadas com o vento, criam sensações térmicas absurdas e desumanas, abaixo dos 70 graus negativos.

Em maio, o clima começa a esquentar, época em que começa o degelo da calota. Em julho e agosto, auge do verão, a temperatura chega acima de zero em algumas regiões, e é a melhor estação para navegação, quando as bordas do mar estão praticamente livres de gelo. É a época de caça às baleias, salmão e outros animais marinhos. Em setembro começa a esfriar, os dias vão ficando cada vez mais curtos e o mar começa a se congelar novamente. Em meados de novembro o sol desce definitivamente no horizonte, mergulhando a região na escuridão, o mar se solidifica e as temperaturas se aproximam dos 30 graus negativos mais uma vez.

Mas se o Ártico é um mundo à parte, o que mais me fascina é a história de sua exploração, repleta de tragédias e atos heróicos. Há séculos que aquela região gelada e silenciosa atrai exploradores de todo o mundo. Desde tempos imemoriais, o frio glacial, o vento, a brancura e o isolamento do Ártico sempre foram um dos maiores desafios possíveis para os amantes da aventura, exigindo daqueles que se atreviam o máximo de bravura e determinação.

O auge da exploração do Ártico se deu no século passado, e dois objetivos básicos atraíam os exploradores de então. Um era comercial, quando os navegadores buscavam uma rota alternativa, ao norte das Américas ou da Europa, para atravessar do Atlântico para o Pacífico. Outro era geográfico: com quase todos os cantos do planeta já explorados, havia quase que uma obsessão em se atingir o eixo norte da Terra, o chamado Pólo Norte Geográfico. E se, pouco a pouco, os segredos desse imenso mundo gelado foram sendo desvendados e o homem foi expandindo seus horizontes, muitos pagaram com a própria vida pela ousadia.

Invariavelmente, as grandes expedições à região usavam a mesma estratégia. Os exploradores navegavam para o norte durante o curto verão polar, quando a calota de gelo se retrai e as bordas se fragmentam, e avançavam o máximo que podiam. Antes de ficarem aprisionados entre os blocos de gelo, atracavam em alguma baía protegida e esperavam pacientemente a calota de gelo se solidificar com a chegada do inverno.

Algumas expedições, entretanto, não tiveram essa sorte. Em alguns casos o gelo cercava a embarcação antes do previsto e a impedia de continuar. Algumas conseguiam dar meia-volta e regressar para um lugar seguro, outras ficavam presas e seus barcos eram lentamente esmagados pelo gelo.

As expedições que conseguiam um lugar seguro para invernar caçavam o máximo que podiam – focas, ursos e morsas, principalmente –, fazendo estoque de alimentos para os meses seguintes. Depois, instalados no próprio navio ou em cabanas de madeira que construíam na costa de alguma ilha, ali passavam o terrível inverno polar, quando a escuridão mergulhava os homens numa profunda melancolia.

Com a volta do sol, em fevereiro, nos meses seguintes davam início à exploração por "terra". Em março e abril, quando a calota polar estava aparentemente firme e estável, os homens partiam, a pé ou em trenós puxados por cães, para explorar os arredores. Algumas expedições, ajudadas pelos esquimós, chegaram a viajar centenas de quilômetros por sobre o gelo, descobrindo inúmeras ilhas ou mapeando costas, principalmente no norte do Canadá e na Groenlândia, antes de voltarem para o navio. Então esperavam o verão chegar e com ele o descongelamento da calota ao redor.

O que muitos não contavam era que o Ártico pudesse lhes pregar uma peça.

Quando chegava o verão, o mar nem sempre descongelava onde estavam, impedindo o barco de sair. Todos sabiam que, se não conseguissem escapar durante a estação quente, teriam que esperar mais um ano para tentar novamente. Algumas expedições acabaram ficando não meses, mas anos aprisionadas no gelo. Muitos homens entravam em depressão profunda, enlouqueciam ou simplesmente morriam. Isolados do mundo exterior e na iminência de terminar seus mantimentos, os sobreviventes eram forçados então a tentar chegar a pé a algum lugar seguro. Tinham que transportar pelo gelo o pouco que tinham em trenós e arrastar seus pesadíssimos botes salva-vidas, para quando encontrassem água pela frente. Quase sempre iam morrendo aos poucos, numa longa agonia de desespero, frio e fome. O diário de alguns desses exploradores, resgatados anos depois junto a seus corpos, narram sofrimentos brutais e inimagináveis, na luta em vão pela sobrevivência, e explicam como desapareceram. Alguns, raros, quando eram encontrados vivos, estavam tão magros e desfigurados que ninguém os reconhecia.

Depois de dois ou três anos sem notícias, muitas expedições partiam para resgatar seus compatriotas, mas, sem saber exatamente onde estavam, se desencontravam e, não raro, acabavam também perecendo.

Algumas dessas expedições merecem ser mencionadas. Em julho de 1879, uma expedição da Marinha dos EUA, chefiada por George DeLong, partiu de São Francisco no navio Jeannette em busca do Pólo Norte. Depois de cruzarem o Estreito de Bering, no início de setembro, se viram aprisionados pelo gelo antes de alcançarem a Ilha Wrangell, próxima à costa da Sibéria.

Enquanto esperavam pacientemente pelo próximo verão, contavam com o movimento da calota de gelo para livrá-los dali. Ela realmente se deslocou centenas de quilômetros, mas, quando o mês de março chegou, perceberam desanimados que tinham voltado quase que à mesma posição anterior.

Quatro meses depois o verão chegou, com temperaturas excepcionalmente elevadas, mas o que viram foi o mar a sua volta descongelar, deixando-os presos numa única placa de gelo cercada de água por todos os lados. Resignados, se prepararam para celebrar mais um Natal e Ano Novo na escuridão gelada.

Em maio seguinte, depois de 20 meses aprisionados, o movimento da calota os levou a duas pequenas ilhas, que batizaram de Jeannette e Henrietta. Mal comemoraram a descoberta quando tiveram que abandonar a embarcação, destruída pela pressão do *pack-ice*, e acampar no gelo.

Distantes 600 quilômetros da costa da Sibéria, e mais de 800 quilômetros da vila mais próxima, em junho os 32 homens da tripulação laboriosamente começaram a arrastar na superfície gelada três botes, trenós e toneladas de mantimentos em direção ao sul, numa infinidade de exaustivas viagens de ida-e-volta.

Mas o Ártico foi cruel. Depois de uma semana avançando o gelo os levou mais para o norte do que quando começaram. O único que sabia disso era DeLong, que preferiu esconder de seus homens para não desanimá-los.

Quase um mês depois conseguiram chegar numa ilhota, que batizaram de Bennett. No final de agosto, depois de muito sofrimento conseguiram partir nos três botes em direção à costa siberiana, mas uma tempestade os separou.

De um dos barcos nunca mais se teve notícias. Outro, chefiado pelo engenheiro Melville, chegou são e salvo e conseguiu alcançar um remoto vilarejo. Após meses de busca, acabaram achando os restos do terceiro bote, justamente o comandado por DeLong. Junto ao seu corpo acharam o diário onde ele registrou os terríveis acontecimentos. Perdidos e debilitados para alcançarem uma vila, durante um mês e meio um a um de seus homens foi perdendo dedos e pés congelados, numa longa agonia, até morrerem de frio, fome e exaustão.

Outra expedição famosa que pereceu foi a do inglês John Franklin. Em 1845, ele partiu em dois navios – Erebus e Terror –, com três anos de mantimentos, para sua segunda viagem ao Ártico, em busca da tão sonhada passagem que ligasse o Atlântico ao Pacífico pelo norte do Canadá. Depois de navegarem 250 quilômetros em águas virgens (inclusive o canal que separa a Ilha Cornwallis da Ilha Bathurst, que 151 anos depois eu viria a conhecer), foram cercados pelo gelo. Passaram o primeiro inverno junto à costa da Ilha Beechey. No verão seguinte avançaram mais 250 quilômetros e foram novamente aprisionados pelo gelo. Agora faltavam apenas 150 quilômetros para terminar a travessia e se tornarem heróis.

Mas no verão seguinte o gelo se recusou a abrir. Doente, no dia 11 de junho Franklin acabou morrendo. E a morte o salvou do que aconteceria com seus companheiros. No decorrer do inverno seguinte, 1847-48, com poucos mantimentos, 24 homens perderam suas vidas. Desesperados, os demais partiram para o sul, mas não resistiram e tiveram o mesmo destino da expedição de DeLong.

Mas a exploração do Ártico não teve apenas desgraças, é claro. Pelo contrário. Algumas expedições foram coroadas de êxito. Uma das mais famosas foi a do navegador norueguês Nansen. Estudando os movimentos da calota de gelo, ele revolucionou as expedições polares ao construir um barco que resistia à pressão do gelo. Deixando de se preocupar apenas com o poder de resistência do casco, ele o projetou de maneira que a pressão, ao invés de esmagá-lo, o suspenderia e o acomodaria na superfície gelada. Assim, carregado pelas correntes, ele achava que o movimento da calota polar levaria o barco até próximo do Pólo Norte, num ponto onde poderia alcançá-lo com trenós a partir do navio.

No dia 24 de junho de 1893, 13 homens partiram a bordo do Fram para sua famosa jornada. No dia 10 de setembro alcançaram o Cabo Chelyuskin, o ponto mais ao norte da Ásia. Dali avançaram mar adentro para norte até ficarem presos pelo gelo. Durante o inverno acompanharam atentamente o movimento da calota polar para saber em que direção estavam indo.

No segundo inverno Nansen decidiu partir num trenó para a latitude mais ao norte possível, acompanhado apenas por Hjalmar Johansen e 28 cães. Já prevendo que não conseguiria voltar para o navio, combinou que na volta tentaria alcançar as ilhas de Franz Josef. Para isso levaria consigo dois caiaques sobre os trenós.

No dia 14 de março, quando o navio atingiu o paralelo 84 Norte, eles partiram. Prejudicados pelo gelo, que insistia em trazê-los para o sul, conseguiram alcançar a Latitude de 86°14' Norte, o ponto mais próximo do Pólo Norte até então alcançado pelo homem. Julgando que prosseguir mais seria perigoso, decidiram retornar.

Numa noite, já na volta, se esqueceram de dar corda em seus relógios e ambos pararam de funcionar. E sem eles seria muito difícil determinar suas posições. Eles esperavam chegar em terra firme no final de abril, mas abril e maio se passaram e nada de ver terra. A comida dos cães terminou e, um a um, foram morrendo, seus corpos servidos aos sobreviventes. Depois de muitos sacrifícios e sofrimentos conseguiram atingir terra firme no final de agosto. Sobrevivendo de caça, ali passaram um terrível inverno.

Em maio do ano seguinte saíram com seus caiaques para tentar alcançar o arquipélago de Spitsbergen. No meio do caminho montaram acampamento numa placa de gelo. Na manhã seguinte, por mero acaso, uma outra expedição os encontrou e os resgatou. No dia 13 de agosto de 1896, regressaram para a Noruega. Por coincidência, uma semana depois o Fram ancorou no mesmo porto.

Outras expedições de sucesso foram a do finlandês de nascimento Adolf Nordenjolk e a do explorador norueguês Roald Amundsen. O primeiro, no verão de 1878, partiu da Noruega e navegou toda a costa da Sibéria, até chegar a menos de 200 quilômetros do Estreito de Bering. Por um dia de atraso foi pego pelo gelo e teve que esperar 10 meses até completar o percurso e tornar-se o primeiro homem a percorrer inteira a que ficou conhecida por "Northeast Passage", ou seja, a ligação do Atlântico ao Pacífico pelo norte da Europa e Ásia.

Amundsen, em 1905, depois de três anos de viagem, conseguiu o que muitas expedições tentaram por quatro séculos, e se tornou o primeiro homem a completar a "Northwest Passage", ligando finalmente o Atlântico ao Pacífico pelo extremo norte do Canadá.

Mas essas expedições fizeram parte da era romântica da exploração. Não havia rádios, satélites, aviões e, além disso, pouquíssimas informações. Aqueles que se aventuravam tinham que ser totalmente autônomos e enfrentar o meio de igual para igual.

Hoje em dia tudo ficou mais fácil. O planeta já está totalmente mapeado, a orientação é feita por satélite, comunica-se via Internet e usa-se e abusa-se de reabastecimento aéreo. Isso sem falar em equipes de apoio montadas em trenós motorizados ou puxados por cães.

Entretanto, se hoje em dia muita coisa mudou, o Ártico permanece o mesmo: frio, desolado, inóspito e extremamente perigoso.

# SURGE UM PROJETO

*"A aventura também significa aproveitar as oportunidades de provar nossas forças contra o desconhecido, e descobrir nesse processo nosso próprio e singular potencial."*

JOHN AMATT

Assim que voltei da Antártica comecei a ler os relatos de expedições antigas e fiquei mais entusiasmado ainda em conhecer a região. Sempre tive atração por lugares remotos e selvagens e já conhecia a Cordilheira do Himalaia, os Andes, o Alaska e a Patagônia, além da Antártica. Decidi que havia chegado a hora de me aventurar pelo Ártico.

Eu queria conversar com os esquimós, aprender a fazer um iglu, me deixar iluminar pelo sol da meia-noite, enfrentar o frio impiedoso, deixar minhas pegadas na calota de gelo e ver de perto os ursos polares. E para conhecer o Ártico como ele realmente é, minha idéia era explorá-lo da maneira mais simples e pura possível: sozinho e a pé, e contando somente com o que pudesse puxar num trenó. Para resgatar o isolamento físico e psicológico dos antigos exploradores, eu queria ir sem o auxílio de veículos motorizados, barcos, reabastecimento aéreo, equipes de apoio ou trenós puxados por cães. Por íncrível que pareça eu queria eliminar todo e qualquer recurso que me desse praticamente 100% de certeza de sucesso. O conceito do projeto era utilizar de tecnologia, sim, mas o homem – seu instinto, inteligência e força, portanto falível – teria que ser mais importante. Eu acreditava que somente assim, e sem ninguém com quem pudesse amenizar minha solidão, me avisar de perigos ou simplesmente segurar a ponta da barraca na hora de montá-la quando o vento estivesse insuportável, eu poderia sentir toda a força do Ártico, sua grandeza e conhecer seus mistérios. Naquela planície gelada e infinita seria só eu. E os ursos polares.

Depois de muito pesquisar, concluí que a melhor região do Ártico, que reunia as condições que eu queria, era o extremo norte do Canadá, mais especificamente a região de Resolute Bay, um pequeno vilarejo na costa sul da Ilha Cornwallis. Ali havia esquimós, ursos, lobos, gelo, não exigiria grandes somas de dinheiro para alcançar e tinha um diferencial sobre as demais: Resolute é ponto de partida para as expedições ao Pólo Norte Magnético da Terra, localizado a algumas centenas de quilômetros dali.

O Pólo Magnético é um ponto de referência para aviadores, navegadores e aventureiros em geral, pois é para lá que apontam todas as bússolas. Tentar alcançá-lo seria um ótimo objetivo, pensei.

Por definição, os pólos magnéticos são os pontos do globo onde o campo magnético da Terra aponta verticalmente para baixo (Pólo Norte Magnético) ou verticalmente para cima (Pólo Sul Magnético). Nesses pontos a inclinação magnética é de 90°, isto é, perpendicular à superfície do planeta. (Apenas para facilitar a visualização, imagine um feixe de luz que sai por baixo de um globo, dá a volta nele por todos os lados, e torna a entrar por cima, perto do topo. Os pontos onde a luz saiu e entrou seriam os pólos magnéticos).

Assim, como não há força horizontal, as bússolas, ironicamente, ali perto deixam de funcionar. "Perto", no caso, são centenas de quilômetros de distância. No Instituto Nacional de Pesquisas Espaciais (INPE), em São José dos Campos, me explicaram que, ao contrário dos pólos geográficos, que são fixos, quando se referem à localização dos pólos magnéticos consideram apenas uma posição média. Na realidade não existe um pólo, mas uma grande área com vários "pólos magnéticos", e a tarefa de determinar o principal é muito difícil.

Além de estar numa área quase inacessível aos pesquisadores, o pólo magnético se movimenta constantemente, seguindo um trajeto elíptico irregular, no sentido horário, em volta de uma grande área, movendo-se às vezes mais de 100 quilômetros num único dia.

A principal causa dessa flutuação é o sol, que constantemente emite partículas carregadas que perturbam o campo magnético, e o fluxo de corrente elétrica que vem do magma da Terra, fazendo com que a posição média do pólo se altere uma média de 10 km/ano no sentido noroeste.

Ainda de acordo com o INPE, em abril de 1996, época escolhida por mim para realizar a expedição, a posição média do pólo seria de 77.0 graus de Latitude Norte e 102.0 graus de Longitude Oeste. Isso o colocava no meio do caminho entre as ilhas Bathurst e King Christian, localizadas no extremo norte do Canadá.

Como ele se movimenta a todo instante, eu tinha, então, que calcular um enorme quadrado em volta desse ponto e tentar alcançá-lo.

Semanas depois recebi fax do instituto americano National Oceanic and Atmospheric Administration (NOAA) e do Geological Survey of Canada dando posições diferentes umas das outras. Pesquisando, descobri que para se calcular a posição do Pólo Magnético as medições são feitas em mais de 200 pontos de observação em todo o mundo e que cada país, a grosso modo, dá uma posição diferente. A posição dada pelo INPE, no entanto, é a mais aceita pelos aventureiros que se dirigem ao pólo e é a que consta da maioria dos mapas.

Em qualquer caso, eu teria que ir para Resolute Bay. Dali fretaria um pequeno avião e voaria 94 quilômetros para o norte, até Polaris, uma mina de zinco e chumbo na Ilha Little Cornwallis, último ponto onde se encontra pessoas uma vez começada a caminhada.

Partindo a pé de Polaris, eu deveria fazer uma travessia para oeste até a costa leste da Ilha Bathurst e seguir por ela para norte até o fim da costa. Dali o trajeto vira numa diagonal para noroeste e segue em direção aos pólos. Uma vez no Pólo eu chamaria o avião pelo rádio para vir me buscar.

De Polaris até o Pólo indicado pelo INPE seriam aproximadamente 225 quilômetros em linha reta, uns 250 quilômetros contornando a Bathurst, e talvez muito mais que isso se tivesse que fazer muitos desvios.

Se as condições fossem favoráveis poderia caminhar mais 150 quilômetros e tentar alcançar o pólo indicado pelos canadenses.

Mesmo acreditando que plantar a bandeira do Brasil no Pólo Norte Magnético fosse uma idéia atraente, esse não seria o único objetivo da expedição. Nessa experiência solitária o foco seria o processo em si. A jornada mais importante que o destino.

No Ártico eu teria que superar basicamente cinco desafios: a instabilidade da calota polar, o frio glacial, a autonomia de mantimentos, para não depender de ajuda externa, a navegação e os ursos polares.

Para ter alguma garantia de que a calota estaria estável, eu deveria começar a caminhada logo após o final do inverno, entre meados de março e início de abril. Nessa época os dias já teriam quase 24 horas de luz e o frio estaria ainda bastante intenso – média de 23 abaixo de zero – para manter a calota bastante sólida. A partir de maio as temperaturas ficam bem mais amenas, mas com a proximidade do verão o gelo começa a derreter e ficaria muito mais perigoso, senão impossível, de caminhar.

Para enfrentar o frio eu contava com três coisas: boas vestimentas, um excelente preparo físico e um perfeito planejamento alimentar.

As vestimentas seriam apenas uma questão de pesquisar as melhores e comprar, não havia muito mistério. Quanto ao preparo físico, eu já vinha me preparando havia mais de um ano e seria questão apenas de intensificar meus treinamentos. Antes de começar a caminhada, planejei passar um período nos EUA treinando na neve, até para saber qual seria meu desempenho puxando um pesado trenó.

Quanto à alimentação, preparar um cardápio para esse tipo de empreitada é um desafio e tanto. A salvação foi minha amiga Inar de Castro, engenheira de alimentos que em 1991 fez o planejamento alimentar de nossa expedição ao Everest.

O cardápio teria que fornecer uma média de 5.000 calorias por dia. Um pouco menos no início, quando o organismo ainda teria reservas, e cada vez mais no decorrer da caminhada, conforme o desgaste fosse se acentuando. Mas – aí está o desafio – o cardápio não poderia pesar mais que um quilo por dia, aí incluído o café da manhã, o lanche e o jantar. Isso porque, para poder ter autonomia, eu precisaria levar comida para mais de 30 dias e não poderia exagerar no peso. Meu trenó teria que pesar no máximo uns 80 quilos, incluindo tudo: comida, combustível e equipamentos. Os alimentos deveriam ainda ter pouquíssimo volume, para caber dentro do trenó, ser de fácil preparo com água de degelo e consumir o mínimo de combustível – que representa peso –, pois eu ainda teria que derreter neve para cozinhar.

Ah! E o mais difícil: ser gostoso pra chuchu de acordo com... o MEU critério (pensam que é fácil?!).

Para me orientar e navegar pelo deserto de gelo, numa região onde as bússolas não funcionam, eu contaria com mapas, para determinar uma rota a seguir e a localização exata de alguns pontos-chaves, e um GPS. Ou melhor, dois.

O GPS, ou *Global Position System*, é um pequeno aparelho, do tamanho de um telefone celular, que capta sinais de vários satélites e mostra numa pequena tela de cristal líquido a exata Longitude e Latitude de um ponto. Mas não é só isso. O aparelho possui uma memória onde eu armazenaria a posição dos pontos-chaves escolhidos no mapa. Assim, ao chegar num deles era só apertar alguns botões que o GPS me daria a distância e a direção a seguir até o próximo ponto.

Quanto à melhor maneira de enfrentar um urso, segundo meu pai, seria ficar aqui no Brasil mesmo e esquecer essa história de Ártico. Como eu acreditava que haveria outra solução menos radical, decidi fazer uma viagem de reconhecimento a Resolute alguns meses antes e conversar com os esquimós. Provavelmente precisaria de uma arma, mas ainda não sabia qual seria a mais adequada.

Bem, esses seriam os aspectos práticos do processo, onde eu contaria com uma inestimável e fundamental equipe de apoio e retaguarda, que me auxiliaria na busca de melhores soluções.

Agora, o mais interessante nisso tudo seria o trabalho que eu me propunha a fazer comigo mesmo. Enquanto estivesse sozinho eu teria que conviver com meus medos, atropelar as vacilações, driblar o cansaço, espantar o mau-humor e estar sempre me automotivando. Expor a mim mesmo e aceitar numa boa meus limites e fraquezas. Manter a serenidade, mas com coragem. Caminhar em silêncio, mas espantar o tédio. Teria que apurar minha sensibilidade, contornar as "preguiças", dar um chega-pra-lá no desânimo e tomar todas as iniciativas. Olhar mais para dentro que para fora. Curtir o frio, o perigo, a solitude, o silêncio e permanecer alegre e confiante apesar da incerteza de chegar. Mais do que isso, para sobreviver no Ártico eu teria que controlar minhas emoções e manter a lucidez para tomar decisões.

Como eu iria reagir a todos esses desafios?? Era justamente isso o que mais me fascinava.

# O ÚLTIMO PÔR-DO-SOL

No início de novembro de 1995, depois um vôo interminável, desembarquei na longínqua Resolute Bay, onde faria meus primeiros contatos com os esquimós. Eu estava ansioso para conhecer aquele lugar tão remoto, quase no fim do mundo.

Resolute está localizada nos Territórios de Noroeste, uma região imensa, cheia de rios, ilhas e lagos (ali estão 9,2% de toda água doce do mundo), que domina todo o norte do Canadá. A região é tão gelada que a maioria das (pouquíssimas) estradas só funcionam no curto verão. No inverno, entretanto, muitas são abertas sobre a superfície dos lagos congelados. A capital é Yellowknife, próxima ao Círculo Ártico. Os Territórios ocupam uma área remota e desolada de 3,3 milhões de quilômetros quadrados, onde vivem cerca de 54 mil pessoas, a maioria de origem esquimó. Somente nesse território, são falados, além do inglês e francês, 16 dialetos esquimós, alguns com nomes bem esquisitos.*

Cheguei praticamente no início do inverno, quando os dias já estavam "indo embora", cedendo sua vez à longa noite polar. Com os termômetros ficando por volta dos 26 graus negativos, a claridade surgia por volta das 8h30 da manhã e somente às 11 horas o sol se debruçava sobre o horizonte. Mas o expediente era curto: duas horas depois ele já se recolhia. O interessante foi ver um pôr-do-sol praticamente ao meio-dia. Às 4h30 da tarde já estava escuro.

Para quem vem de fora a primeira impressão que se tem é de desconforto. O ar gelado parece mais denso, pesado, e

* Gwitchen, Han, Upper Tanana, Northern Tutchone, Southern Tutchone, Kaska, Tlingit, Tagish, Tahltan, South Slavey, North Slavey, Inuvialuktun, Invinnaqtun, Dogrib, Chipewyan e Iniktituk, este último o mais predominante e falado em Resolute.

chega a irritar as narinas e arder o rosto. O frio é tão intenso e o vento tão cruel que ninguém anda a pé pelas ruas, dando ao lugar um aspecto abandonado. Quem precisa se locomover durante o dia deixa seu carro ligado o tempo todo e vai com ele mesmo que seja só até a esquina. A quantidade de neve que cobre o lugar é tanta que em alguns pontos chega a alcançar o telhado das casas.

Resolute divide-se em dois núcleos. Um fica ao lado do aeroporto e é chamado de Base, onde vivem umas 40 pessoas, geralmente funcionários do próprio aeroporto, da estação meteorológica e da usina de força. O outro é a vila, um pequeno conjunto de casas, oito quilômetros mais ao sul, junto à costa, onde residem cerca de 200 Inuits, os esquimós da região. A vila fica na base de uma encosta rochosa, bem de frente para o mar.

Olhando dali para a calota polar, o cenário era dramático. Por volta do meio-dia, o horizonte ficava todo avermelhado, e o sol parecia uma bola de fogo, bem no meio. A calota azul-prateada se estendia até onde a vista alcançava e estava coberta por um delgado manto de nuvens provocado pela neve sendo varrida ao sabor dos ventos. Olhando para trás o céu já estava escuro e a neve toda azulada. Tirei algumas fotos, mas em 10 minutos a câmera congelou.

Eu tinha ido até Resolute para ver de perto as condições da calota polar, adquirir mapas, testar equipamentos, preparar a logística para o ano seguinte e colher informações sobre técnicas de sobrevivência no gelo. Não tanto como construir iglus mas, principalmente, como lidar com ursos polares. Sim, porque por mais tempestades e perigos que eu já tenha enfrentado em 16 anos de alpinismo, nunca tinha dado de cara com um urso. Muito menos na casa dele!

Foi lá que conheci Eric Doig, diretor em Resolute do Instituto de Recursos Renováveis dos Territórios de Noroeste, responsável pelo controle de população de ursos e profundo conhecedor dos seus hábitos.

A princípio, ele tentou a todo custo me demover da idéia de me aventurar pelo Ártico:

– O quê?! Brasileiro? Você vai morrer de frio! Esqueça! É melhor você ficar em... como é mesmo o nome? Copacabana?

– Eu já estive na Antártica, no Alaska, no Himalaia. Eu sei bem o que é frio.

– E tinha ursos nesses lugares? O primeiro que te ver vai colocar você para correr. Você sabe quantos ursos polares vivem nessa região?

– Nem desconfio.

– Então imagine um quadrado com 300 quilômetros de cada lado em volta da área que você pretende atravessar – me disse, apontando no mapa pendurado na parede. – Está vendo?

– Sim, claro.

– Pois bem, aqui vivem de 2.000 a 3.000 perigosos ursos polares – disse, enfatizando bem o "perigosos".

– Mas a maioria deles deve se concentrar em algum ponto mais específico – arrisquei.

Sem alterar o tom baixo de voz, ele deu um sorrisinho:

– Você tem razão, a maioria se concentra bem aqui – e apontou no mapa.

Era exatamente no meu trajeto.

– Não se iluda, é praticamente certo que você vai se deparar com ursos. As fêmeas ficam mais junto à costa, os machos mais afastados. Você não tem como evitá-los.

Falando com a voz cavernosa, como nos filmes de suspense, ele explicou que aquela é a região do Ártico com maior número de ursos polares por ter muitas fendas e polínias, que são extensas áreas de mar que nunca se congelam, devido a correntes de água quente.

– Houve alguma expedição atacada por ursos nesses últimos anos?

– No ano passado uma dupla de japoneses chegou no norte da Ilha Bathurst depois de 25 dias de marcha e teve que desistir devido às péssimas condições do gelo. Chamaram o avião pelo rádio, que ficou de buscá-los no dia seguinte. Nessa noite, enquanto dormiam, tiveram sua barraca atacada por um urso. Sem alternativas, tiveram que atirar. Quando saíram da barraca perceberam que tinham matado a mãe e deixado um filhote órfão.

No final, vendo minha inabalável determinação de prosseguir com meu projeto, ele concordou em me ajudar.

– Você já usou uma espingarda alguma vez?

– Não, nunca dei um tiro.

– Então aconselho você a aprender. Os ursos são os carnívoros mais inteligentes do reino animal, e não têm medo de nada. Já vimos ursos dar patadas no casco de navios quebra-gelo. Se eles não têm medo de um navio, vão ter do quê? Você nunca sabe como irão se comportar nem reagir. Distinguem cheiro de comida a quilômetros de distância. Se um deles te atacar você vai precisar de uma arma para se defender.

– Mas eu não quero matar ursos.

– Então leve uma *shotgun* calibre 12, que é a melhor arma para enfrentar esses bichos. Ao invés de munição de verdade, você pode usar *bear bangers*, que são balas especiais que servem apenas para espantar os ursos.

– E quanto às condições do gelo?

– Depende muito de como foi o inverno. Às vezes ele fica liso, às vezes intransitável, cheio de barreiras de gelo. Por vezes é muito instável, e racha sempre nos mesmos lugares, ano após ano. Às vezes as fendas são encobertas por uma fina camada gelo, que vai se formando pela ação do vento. Você não percebe, pisa em cima, elas não agüentam seu peso e você cai na água. Se conseguir sair do buraco estará encharcado e congelado. É praticamente morte certa.

Eu já estava indo embora quando ele voltou à carga:

– É muita loucura se aventurar sozinho por este caminho. Não é possível que você não consiga alguém para te acompanhar.

– Mas eu quero ir sozinho!

– Bem, nesse caso é melhor você conseguir um cão para te acompanhar. Eles detectam a presença de ursos com bastante antecedência, dão o alarme e você tem tempo de tomar alguma providência.

– É, eu já tinha ouvido falar em expedições que levam cães. Mas onde posso conseguir um?

– Procure o Tony Manik. Ele trabalha na usina de força. É o melhor caçador da região e cria cães.

Dali mesmo liguei para ele e marquei um encontro para o dia seguinte. Eu não via a hora de conhecer um esquimó de verdade.

Tony Manik é um homem de uns 50 anos, baixo e forte, com leves traços orientais. Muito sério e esquivo, disse que infelizmente não cria mais cães. Quem cuida deles agora é sua filha, mas me garantiu que não seria difícil conseguir um.

– Quando você voltar aqui em março já teremos um cão para você.

– Vou precisar também de um trenozinho para ele levar sua comida.

– Nós providenciaremos tudo – e saiu com a mesma rapidez com que havia chegado.

Os esquimós são famosos pela timidez e não costumam expressar seus sentimentos. Isso não quer dizer que eles não os tenham, mas acham que demonstrá-los é coisa de homem branco, um tanto infantil. A honra é o bem mais precioso que possuem, e não toleram humilhações. Nos velhos tempos, humilhar era a forma mais perversa de atacar o inimigo.

A história desse povo fascinante é uma saga de sofrimento e dificuldades de todo tipo para sobreviver.

Acredita-se que houve pelo menos duas grandes migrações de esquimós, vindos da Ásia, através do Estreito de Bering, para o leste, onde hoje está o Ártico canadense, a Groenlândia. Os primeiros foram os Dorsets, que chegaram há mais de três mil anos e ali dominaram até por volta de 1000 D.C., quando vieram os Thule, ancestrais dos esquimós de hoje. E durante séculos quase nada mudou. Pesquisadores já desenterraram de sítios arqueológicos, conservados pelo gelo, brinquedos de 1000 anos atrás que são praticamente idênticos aos das crianças de hoje.

Até meados deste século a maioria dos esquimós vivia de forma seminômade, sobrevivendo basicamente da caça. Além da carne, eles aproveitavam a gordura do animal para fazer fogo, dentes e ossos para fabricar instrumentos e a pele para fazer roupas, botas e até caiaques.

Eles tinham várias crenças também e acreditavam em seres sobrenaturais. A própria hostilidade do lugar facilitava isso. Quando a calota polar rachava, ou se inclinava, quando o vento rugia com fúria ou surgia a aurora boreal, com suas luzes fantasmagóricas, eles achavam que era "um mau espírito" que surgia debaixo do gelo para castigá-los. Eles tinham então que chamar o *shaman*, uma espécie de feiticeiro da tribo, que tinha poderes "sobrenaturais", para descobrir o que enfurecera os espíritos.

As doenças também eram associadas ao além, e era comum um doente trocar seu nome para enganar o mau espírito.

A vida sempre foi difícil para eles. Bastava, numa temporada, os animais da região mudarem sua rota de migração para a pequena localidade, que contava com aquela caça, virtualmente morrer de inanição. Até canibalismo já foi registrado. Muitos morriam por doenças, acidentes, tempestades, pelo ataque de animais ou quando caíam na água gelada, por não saberem nadar.

Entretanto, os esquimós são muito engenhosos e sabem que a flexibilidade é mais importante que a força para sobreviver. Vivendo numa das regiões mais inóspitas do planeta, eles aprenderam a transformar o inimigo num aliado. Para se proteger das tempestades, por exemplo, o esquimó se utiliza do que o frio lhe dá, isto é, gelo e neve para construir um iglu. Sabendo que superfícies polidas deslizam melhor na neve, eles molham os esquis dos trenós, fazendo com que a água se transforme em gelo liso, como se fosse vidro.

Pode-se dizer que a mobilidade desse povo pela imensa região do Ártico se deve, basicamente, ao perfeito domínio do uso dos cães, da fabricação dos caiaques e da construção dos iglus.

Os primeiros homens brancos chegaram ao Ártico canadense no final do século passado. Estes foram os Missionários, a Polícia Montada, para representar a lei, e os comerciantes de peles, que contratavam os esquimós como caçadores e os pagavam com chá, tabaco, biscoitos, armas e munições. A chegada dos primeiros rifles revolucionou as técnicas de caça e tornou-a muito mais produtiva. Mas foi aí que os esquimós começaram a depender mais do homem branco. Aos poucos os alimentos enlatados foram fazendo parte da dieta, e eles passaram a consumir utensílios manufaturados. E isso teve seu preço. Eles ficaram menos resistentes às enfermidades, seus dentes, que funcionavam como uma terceira mão, começaram a enfraquecer e muitos perderam a habilidade de fabricar objetos, como arpões, facas e caiaques.

Com o homem branco vieram também as doenças e os vícios, embora, é claro, tenham vindo os médicos e as primeiras noções de higiene.

Em meados deste século o governo canadense começou a tomar conta da região. Construiu casas aquecidas, escolas, cooperativas, postos médicos e igrejas, criou empregos e aos poucos foi atraindo e assentando os esquimós em pequenas vilas.

Se hoje em dia os esquimós, principalmente os do Canadá, vivem com bem-estar e conforto, se o homem branco for embora existe o receio de que talvez muitos não saibam mais sobreviver naquele lugar como seus ancestrais fizeram, e para quem a dureza da sobrevivência só valorizava a dádiva da vida.

No último dia em Resolute ainda tive a oportunidade de ver o último pôr-do-sol do ano. O dia estava silencioso e o céu, repleto de nuvens, adquiriu um tom azul-acinzentado, tristonho. Era como se soubesse que o sol os estava abandonando e que só reapareceria dali a três meses, no início de fevereiro.

# MISSOULA

*"Cheque os detalhes."*
GENERAL COLIN POWELL

Assim que voltei ao Brasil tratei de fazer um curso de tiro. Para meu grande espanto, descobri que tinha uma certa vocação para Billy The Kid e cheguei a temer pela vida dos ursos, pois tirei um honroso segundo lugar no curso.

A *shotgun*, no entanto, não poderia ser comprada no Brasil. Eu estava de partida para os EUA e não queria correr o risco de ser deportado se as autoridades alfandegárias descobrissem uma arma na minha bagagem. Nos Estados Unidos e no Canadá também não poderia comprar, por ser estrangeiro. A solução seria algum amigo americano comprar a espingarda em seu nome e me emprestar.

No natal embarquei de volta para os EUA. Minha intenção era passar dois meses treinando e após seguir direto para o Ártico.

Depois de passar alguns dias em São Francisco, onde comprei alguns equipamentos, consegui uma velha picape emprestada e dirigi 2.000 quilômetros até Missoula, uma pequena cidade do interior do Estado de Montana, seis horas distante da fronteira com o Canadá.

Missoula é uma cidade pacata, encravada nas Montanhas Rochosas, onde o inverno é rigoroso. É um ótimo lugar para treinar. A cidade dispõe de boas lojas de equipamentos de esqui e montanha onde eu poderia alugar, testar, comprar e eventualmente trocar equipamentos; e havia nos arredores inúmeras trilhas nevadas onde eu poderia esquiar puxando um trenó.

Para servir como "campo-base", assim que cheguei aluguei uma velha cabana de madeira. Era um lugar simples mas muito aconchegante, e cujo forro servia de moradia a um simpático casal de esquilos. Minha rotina então era sair bem cedo, passar o dia esquiando e voltar no final da tarde. Às vezes nem voltava e passava dois ou três dias acampado em algum bosque.

Durante o dia a temperatura ficava por volta de menos 10 graus, mas à noite descia abaixo dos 30 negativos. Então, nos dias em que voltava para dormir na cabana meu treino era rachar lenha com um machado para abastecer um pequeno forno, que era a única fonte de calor dentro dela.

Embora estivesse sozinho na cabana, eu era vizinho de Mike Roselle, um dos ecologistas mais famosos, e com certeza o mais polêmico, dos EUA; além dele, sua companheira, Kristin, mais o Paul e a Amy. Eles me receberam como se fosse parte da "família" e me ajudavam no que podiam com informações e dicas sobre os arredores.

Em Missoula tive também a oportunidade de conhecer o pesquisador Charles Jonkel, uma das maiores autoridades norte-americanas em ursos, inclusive polares, com quem bati longos papos. Foi ele quem me ensinou a distinguir pegadas de machos e fêmeas e a perceber diferentes formas de comportamentos dos ursos: saber se está indiferente, curioso ou prestes a atacar.

– Em todo caso – disse ele –, nunca largue da sua *shotgun*.

Comecei meus treinos colocando pouco peso no trenó e aos poucos fui aumentando a carga. Para poder calcular a quantidade de alimentos e combustível a levar na expedição, era fundamental saber quantos quilômetros eu conseguiria percorrer num dia e com que esforço. Testei dois tipos de tração, aprimorei minha técnica de esquiar, descobri qual a melhor maneira de distribuir a carga no trenó e, muito importante, onde dói quando se puxa um trenó. Eu queria saber que tipo de contusão eu poderia ter.

A parte mais gostosa do treino foi testar diferentes itens que fariam parte do meu cardápio durante a expedição. Sim, pois se o planejamento alimentar foi feito no Brasil, os alimentos seriam adquiridos nos EUA. Assim, tive que fazer o enorme sacrifício de testar diferentes tipos de chocolates, biscoitos, barras energéticas, pratos desidratados, entre outras delícias.

Os treinos estavam indo muito bem obrigado, até que no início de fevereiro aconteceu o inesperado. Eu já estava esquiando e puxando meu trenó, com 65 quilos de carga, havia mais de 12 horas, quando começou a escurecer. Já estava exausto e ofegante quando finalmente achei um lugar para montar a barraca. A temperatura estava em 33 graus abaixo de zero, mas eu, suado pelo esforço, não sentia frio. Mesmo assim, antes de pegar a pá para cavar uma plataforma na neve, achei melhor vestir mais roupas. Tirei então as grossas luvas e a capa de nylon, para poder vestir um casaco por baixo. Assim que vesti o casaco não deu tempo para mais nada. Como que por encanto vi minhas mãos se fecharem e percebi, horrorizado, que estavam se congelando. No escuro tentei agarrar minhas luvas, mas elas, também molhadas de suor, já estavam endurecidas. Duros como paus, meus dedos já não me obedeciam e não consegui recolocar as luvas. A sensação de morder sua própria mão e não sentir nada foi uma das piores que já enfrentei na minha vida.

A princípio entrei em pânico, pois como é que eu sairia daquela situação? Ironicamente, a salvação estava ali na minha frente, dentro do trenó – fogareiro, barraca, saco de dormir –, mas sem as mãos eu não conseguia abri-lo. E a noite gelada mal estava começando.

Tinha que me virar sozinho! Com a cabeça a mil, na mesma hora lembrei das histórias terríveis que tinha lido sobre os exploradores que morreram no Ártico, congelados próximos a seus acampamentos. E eu nem no Ártico estava. Tinha que achar uma saída e rápido. Àquela altura eu já achava que tinha perdido minhas mãos e que deveria me concentrar em tentar salvar minha vida. Mas como?

Num segundo de calma me lembrei que a única fonte de calor por ali era eu mesmo, e mais do que depressa enfiei minhas mãos sob as axilas, por dentro do casaco. Para minha sorte o zíper da jaqueta tinha uma cordinha em forma de argola, que pude abaixar com o dedão.

Como estava atolado na neve, comecei a sentir meus pés também se congelarem. E eu não tinha como correr. O carro estava a horas dali, era noite e a lanterna guardada no trenó.

Fiquei deitado em posição fetal sobre o trenó, entregue à própria sorte, ofegando descontroladamente, numa mistura de medo e exaustão, enquanto tentava gerar algum calor. Em questão de minutos eu tinha voltado à fase mais primitiva do homem e agia somente pelo instinto de sobrevivência. A sensação de não ter absolutamente ninguém para compartilhar ou aliviar a dor é indescritível.

Esse desespero durou a "eternidade" de uns 20 minutos, quando finalmente senti uma dor atroz nas mãos e comecei a chorar. Eu chorava de dor e ao mesmo tempo de alegria, porque a dor era sinal que o calor estava voltando às minhas as mãos.

Quando consegui movimentar os dedos agarrei a pá e, como um alucinado, cavei uma plataforma, montei a barraca e me enfiei dentro. Eu estava salvo.

Rodeado de escuridão e silêncio, comecei a analisar o episódio. Tinha escapado por pouco, eu sabia, e aquilo foi um choque para me despertar. Apesar de toda a experiência em regiões frias quase perdi minhas mãos, congeladas. Ainda bem que foi ali, no treino. E se fosse no Ártico, onde o frio é mais intenso e venta sem parar, o que aconteceria? Sem as mãos não poderia nem usar o rádio para pedir resgate. Morreria com os meios de salvação ao meu alcance.

Ficou claro a partir de então que se quisesse me aventurar sozinho no Ártico eu teria que prestar muito mais atenção aos meus atos. Até mesmo uma simples troca de roupas tinha que ser planejada em detalhes e ser feita de maneira pensada. Mas não era só isso.

Consegui salvar minhas mãos graças à minha experiência, mas foi por causa dela que me vi naquela situação de perigo. Foi por excesso de autoconfiança que decidi continuar a caminhar até minha última gota de energia, noite adentro. Quantas vezes eu já não tinha feito isso antes? Várias. Mas isso não poderia mais acontecer.

Eu teria que começar a questionar mais minha experiência, meus procedimentos e posturas. Ao enfrentar o Ártico sozinho, sem a retaguarda de amigos, um erro poderia significar a morte. Por isso eu teria que parar de fazer as coisas de maneira mecanizada, quase sem pensar. Não, eu não poderia mais me dar ao luxo de cometer erros.

O interessante é que se tudo tivesse dado certo eu não aprenderia essa lição.

Dias depois, de volta a Missoula, interrompi por uns dias meu treinamento e fiquei revendo minuciosamente cada detalhe do planejamento e dos meus equipamentos. Se eu não tivesse uma argola no zíper da jaqueta talvez tivesse perdido minhas mãos! Talvez houvesse outros detalhes do gênero que pudessem significar minha vida mais adiante.

Enfim, no início de março, já estava chegando a hora de partir. Os equipamentos já tinham sido testados e a comida comprada e embalada, incluindo 30 deliciosos tijolos de trufas que a minha amiga Kristin fez para aumentar ainda mais as calorias do meu cardápio.

Faltava apenas a *shotgun*. Escolhi um modelo simples e portátil, com a coronha dobrável. No magazine cabiam quatro balas, mais uma na agulha. Como era estrangeiro, novamente a Kristin veio em meu auxílio e a comprou em seu nome.

Então, no dia 12 de março, depois de uma *big* festa de despedida, a Kristin e o Mike me levaram de carro até Calgary, no Canadá.

# Resolute Bay

*"Resolute não é o Pólo Norte, mas você pode vê-lo daqui."*

Escrito na camiseta de um esquimó

Entrei no Canadá de mala e cuia: trenó, esquis, equipamentos diversos e praticamente toda a comida que iria usar na expedição. Um item ou outro, incluindo todo combustível, deixei para comprar em Resolute.

No dia seguinte fui até um depósito meio escondido, nos arredores de Calgary, para comprar as balas especiais para a espingarda. Comprei quatro tipos de munição. A principal delas era a *bear bangers*, que são balas que viajam de 70 a 80 metros e explodem, fazendo um ruído infernal, e servem para espantar o urso. Depois, balas de borracha, para atingir o urso sem feri-lo. E, por fim, dois tipos de balas que seriam para, em último caso, abater o urso. Uma delas tinha várias bolinhas de chumbo dentro. Como as bolinhas se abrem num "chuveiro" de chumbo, mesmo a grande distância seria difícil errar o alvo. A outra tinha apenas uma grande bola de chumbo (no Brasil chamam de balote) que seria para dar o tiro de misericórdia. Dessas duas últimas comprei pouquíssima quantidade. Não adiantava levar muitas. Se tivesse que matar um urso, provavelmente minha consciência me impediria de continuar a expedição.

De Calgary voei para Ottawa, onde fui direto ao Canadian Ice Service atrás de imagens de satélite do Ártico. Orientado pelo pessoal do próprio instituto, deixei para ir lá na última hora, para conseguir fotografias mais recentes. Consegui imagens dos satélites NOAA e ERS-1, que registram basicamente as condições do gelo na rota escolhida; onde está mais liso, mais fragmentado, icebergs aprisionados no gelo e a localização das polínias, regiões onde há um maior número de ursos.

As imagens mostravam que o trecho inicial entre a Ilha Little Cornwallis e a costa leste da Ilha Bathurst não apresentava grandes problemas. Dali para o norte eu deveria seguir junto à costa, que também mostrava sinais de gelo liso. Na virada para o norte da ilha é que as condições se complicariam.

De acordo com as fotografias, entre a costa norte e o Pólo Magnético havia uma imensa faixa de aproximadamente 120 quilômetros de comprimento onde o gelo estaria extremamente enrugado e perigoso. A pesquisadora que me atendeu explicou que aquela região costuma mesmo ser muito fragmentada.

O que acontece é que a calota de gelo do Ártico se forma mais ao norte e, a grosso modo, conforme vai se expandindo mais para o sul, com a chegada do inverno, o funil entre as ilhas – no caso entre a Ilha Bathurst e a Ilha Devon, e as que estão mais ao norte – impede seu deslocamento, causando fissuras na sua superfície. Enquanto o mar entre as fendas vai se congelando, as placas se movimentam com as marés, correntes e pela ação dos ventos, e se chocam, formando enormes barreiras.

– As condições do gelo dependem muito de como foi o inverno. Este inverno, por exemplo, foi mais quente que a média, talvez isso seja um problema – avisou ela. – O inverno de 1994 foi extremamente quente e causou inúmeras fissuras no gelo – completou.

Depois ela explicou uma coisa meio óbvia, mas que eu não tinha atinado ainda, que é o fato da calota de gelo, que tem centenas de quilômetros de comprimento, se comportar como um cubinho de gelo, isto é, começar a se congelar e descongelar sempre pelas extremidades.

Para complicar, ela me mostrou que na faixa de 120 quilômetros havia um iceberg com 20 quilômetros de diâmetro encalacrado bem no meio, fragmentando ainda mais o gelo. Rachaduras no gelo não são perigosas apenas pelo risco de se cair dentro delas. Fendas significam ursos, pois é através delas que eles caçam focas. Além disso, numa região de fendas é impossível um avião descer para resgatar alguém.

– Para conseguir ultrapassar esse trecho enrugado você vai ter que encontrar pequenos corredores lisos que eventualmente possam existir no meio dessa área. Caso contrário você vai levar muitos dias, ainda mais sozinho, sem ninguém para te ajudar a levantar o trenó por entre os blocos de gelo.

– E qual é a espessura do gelo naquela área?

– Naquela região a calota tem 1,67 metro, em média, mas chega a uns cinco metros em alguns pontos.

– Que outras opções de rota eu teria?

– A barreira envolve praticamente todo o norte da Ilha Bathurst, e quanto mais para oeste, pior. Você pode contorná-la pelo leste. Quando terminar a costa leste da Bathurst, ao invés de virar para oeste você continua seguindo para norte, passa a leste da barreira, depois dá uma guinada para oeste. É uma opção mais segura, mas o trajeto fica bem mais longo.

Essa sugestão não me agradou, porque eu precisaria de reabastecimento aéreo e eu não queria. Outra opção, mais cômoda, seria simplesmente sobrevoar a barreira e começar bem mais perto do objetivo. Decidi me manter no trajeto original. Para conhecer o Ártico eu tinha que enfrentar as dificuldades e não me desviar delas de avião.

De Ottawa segui para Yellowknife, capital dos Territórios de Noroeste e que fica bem próxima ao Círculo Ártico. Na noite em que cheguei presenciei um fenômeno impressionante: a aurora boreal. Um pedaço do céu estava iluminado por um show de luzes esverdeadas que vagavam como holofotes-fantasmas num céu cor de breu. Minutos depois a natureza passou a incluir luzes mais fortes, com as cores do arco-íris, que ficaram dançando no céu num balé espetacular, como se estivesse querendo me recepcionar. Quando me dei conta estava rodeado por um bando de turistas japoneses embasbacados (como eu) com o que viam.

Enfim, no dia 16 de março cheguei em Resolute.

Antes de me aventurar, eu queria passar umas duas semanas treinando "in loco" para poder fazer um ajuste fino do meu planejamento. Era final do inverno e a temperatura estava em "obscenos" 38 graus abaixo de zero.

Quem estava me esperando no aeroporto era a Terry, uma canadense que vive no Ártico há mais de 20 anos e que ficou famosa por dar apoio logístico a inúmeras expedições. Ela tinha sido minha "consultora" durante os meses em que fiquei elaborando o projeto. Como tinha ficado viúva recentemente, ela não estava em Resolute quando lá estive 4 meses antes.

Ela aparentava uns 40 e poucos anos. Magra, com olhos azuis atrás de um par de óculos, pele clara e bochechas rosadas, mais parecia uma freira. Terry também é a dona do único hotel do vilarejo, e era para lá que eu ia. Um japonês que a acompanhava me ajudou a enfiar as tralhas dentro de uma *van* e em seguida partimos. O japonês se chamava Kohno, e havia caminhado até o Pólo Magnético no ano anteiror. Mais tarde ele me daria importantes dicas.

– O hotel por enquanto está vazio – ela me avisou. – Dos aventureiros que estão indo para o Pólo Magnético você foi o primeiro a chegar. Daqui a 3 dias chegam os holandeses.

O hotel é dividido em dois prédios térreos separados por um corredor externo. No bloco 1, mais simples, ficam os aventureiros. No bloco 2 ficam os quartos para turistas, a cozinha principal, o refeitório e uma agradável sala de estar, toda acarpetada e repleta de livros e revistas sobre o Ártico. Num canto havia um termômetro que registrava a temperatura exterior. Quando cheguei ele estava marcando 39 graus negativos. Para que ninguém morra de frio, os dois prédios, claro, têm aquecimento central 24 horas por dia.

Do lado de fora o frio era brutal, e logo no primeiro dia pude sentir na pele – literalmente – o que significam 39-40 graus abaixo de zero. Depois de me instalar no quarto, ouvi pelo interfone a Terry me chamar para o jantar. Como a distância entre os dois blocos não chegava a 15 passos, saí do jeito que estava, com poucas roupas e sem as luvas. Pra quê? Assim que toquei na maçaneta da porta minha mão grudou nela. O metal só não arrancou minha pele porque percebi a tempo e recolhi a mão imediatamente, como se tivesse levado um choque. Rapidamente aprendi que no Ártico não se pode nem abrir uma porta sem ficar atento.

Depois do jantar passei horas conversando com a Terry. Ela me contou que Resolute foi fundada em 1952. Após a Segunda Guerra Mundial o Canadá começou uma política de ocupação das ilhas do Ártico que estão em seu território, com medo de perdê-las para os americanos, soviéticos ou para a Groenlândia. Para tanto, convidou famílias inteiras de esquimós – que viviam bem mais ao sul – a ocupar aquela região, com a promessa de que seriam sustentados pelo governo por muitos e muitos anos. Com efeito, os descendentes das 17 famílias que fundaram Resolute recebem até hoje uma boa quantia do governo.

Para fixar o homem, o governo construiu casas, um aeroporto e uma infra-estrutura de apoio – usina de força, estação meteorológica, etc. –, que por sua vez atraiu outros negócios e gerou empregos. Mais tarde começou a explorar o solo, contruindo minas. Com a promessa de gordos salários para compensar o desconforto, alguns "homens brancos" começaram a migrar para lá em busca de dinheiro rápido. Hoje, a maioria deles – cerca de 40, entre pesquisadores, mecânicos e operários em geral – mora próximo ao aeroporto, a oito quilômetros da vila.

Resolute Bay em si é bem pequena, com apenas umas poucas dezenas de casas espalhadas em ruas cobertas de neve. Diversões são raras e não há bares ou restaurantes. A única opção para quem vem de fora é comer no hotel da Terry ou no hotel próximo ao aeroporto. Há uma pequena igreja, uma escola e um ginásio de esportes, onde tive a oportunidade de assistir à condecoração do "batalhão" local, formado por oito soldados. A vila tem uma clínica mas não tem médico, apenas um enfermeiro de plantão. Em caso de emergência, o doente ou acidentado deve ser removido de avião para Iqualuit, um vilarejo esquimó bem maior, localizado na Ilha Baffin, a horas de avião dali. Em Resolute o minúsculo comércio local se concentra na Coop, uma espécie de cooperativa instalada num galpão metálico onde se encontra de tudo um pouco: correio, video-locadora e um supermercado onde se compra desde alimentos e roupas até ferramentas e armas. O peculiar é que em muitas casas havia um cão junto à porta de entrada, não para protegê-las de ladrões, mas para afugentar eventuais ursos que espreitam pela vila. Para muitos é um lugar monótono, sem graça e quase sem vida, mas o que vale a pena ali é a paisagem.

Na primavera que se aproximava o Ártico era um mundo branco. O sol, que havia desaparecido durante 3 meses, aparecia cada dia mais disposto. A cada manhã entrava em cena minutos mais cedo e se retirava para descansar alguns minutos mais tarde, convidando a noite, que surgia cada vez mais preguiçosa, a descansar. A neve, então, que a tudo cobria, refletia toda a luz e deixava a atmosfera mais iluminada, límpida e radiante, bonita de se ver.

Como é quase tudo plano, a visão espacial parece infinita e percebe-se detalhes na paisagem a grandes distâncias. A Ilha Griffith, a mais de 20 quilômetros de Resolute, dava a impressão de estar ao alcance das mãos. O frio e o silêncio dão ao lugar um aspecto de algo imutável e eterno. As únicas coisas que mudam são a luz e as cores. Naqueles primeiros dias em Resolute o sol passava sempre baixo, queimando o horizonte, e parecia que estava continuamente se pondo. Ao amanhecer o céu azul-anil ia clareando e ficava quase branco, tamanha a quantidade de luz. No decorrer do dia a neve mudava do branco total para o amarelo, laranja e vermelho, e ia se azulando enquanto um manto de estrelas surgia sutilmente. Na hora do crepúsculo da tarde eu presenciava o horizonte avermelhado e claro de um lado, e azul-anil salpicado de estrelas de outro. Um cenário grandioso e singelo onde a mão do artista não se esqueceu de nenhum detalhe.

Infelizmente esse espetáculo da natureza não ocorreria todos os dias. Em março o tempo é instável e tempestuoso, e não demorou para uma espessa neblina envolver o ambiente durante dias, e dar a tudo um ar de mistério.

Na tarde seguinte à minha chegada, uma jovem esquimó veio me procurar. Com bonitos traços orientais, meiga e muito extrovertida, se apresentou como Mavis.

– Olá, sou filha de Tony Manik e vim trazer o cão que você encomendou ao meu pai.

Ansioso, vesti meus casacos e fui lá fora ver o cão. Ele era branco com manchas marrons e pretas espalhadas pelo corpo, e um tanto arredio.

– Chama-se Tiguak, que significa "adotado" em Iniktituk, nosso idioma local.

Convidei-a para tomar um chá e passamos horas conversando. Ao contrário dos esquimós adultos, seu inglês era perfeito e logo tratou de me ensinar como tratar o cão durante a caminhada.

– Você deve prendê-lo a uns quatro metros da barraca para que ele tenha uma boa visão do acampamento. E sempre no sentido contrário ao vento. Os ursos usam o olfato para caçar, por isso quase sempre atacam de frente para o vento. Assim, o cão deve estar entre o urso e a barraca – explicou. – Você precisa aprender também alguns comandos no nosso dialeto.

– Que ótimo, um cão que "fala" Iniktituk – comentei.

– "Dáima" é para ele ficar quieto. "Qaiji" é para ele vir até você. "Tácôuê" ou "Ika" é "olhe lá". Urso polar é "nanuk". Para pedir para ele continuar a andar você usa "Uéé", para ir para a esquerda "áiái", para a direita "uáiuái". "Uôôu" você usa para parar. Mas tem que usar a pronúncia certa, senão não funciona.

Eu parecia um bebê tentando aprender a falar enquanto Mavis ia me corrigindo, rindo dos meus erros.

– Em poucos dias meu pai vai montar um pequeno trenó para o Tiguak levar sua comida.

– E como se diz obrigado?

– Quianamik!

– Então, quianamik.

Antes de ir embora ela deu uma examinada nas minhas roupas e se ofereceu para bordar uma pele de coiote ao redor do gorro do meu anorak (capa de nylon com capuz que tem que ser vestida por cima, pois não tem uma abertura frontal) para proteger meu rosto da neve varrida pelo vento.

No dia seguinte seu irmão – Terry Manik – veio me visitar.

Parecia que eu tinha me transformado em atração turística para os esquimós. Era um rapaz tímido, com a fala mansa, e queria apenas bater papo. Ele se ofereceu para me levar nos arredores da vila para tentarmos achar pegadas de ursos e dar uns tiros com a *shotgun* para experimentar as balas especiais.

Apesar do frio de rachar coco, do vento forte e da neblina, saímos logo depois do almoço em seu *snowmobil*. O veículo é parecido com um jet-ski e serve para andar na neve. Quase todas as famílias têm um.

Andar na traseira de um *snowmobil* é como andar de moto, e o vento no rosto, que já era forte, ficou feroz e eu nem sentia mais meu rosto. Depois de 20 minutos circulando não achamos nenhuma pegada de urso, mas pude atirar com a espingarda vestindo três pares de luvas, o que não é muito fácil, ainda mais quando está ventando e os dentes começam a bater de frio.

O curioso aconteceu na volta. A neblina estava tão densa que dava quase para cortar com a faca, e a visibilidade era zero, mas fomos numa linha reta de volta para a vila. Perguntei ao Terry como é que ele sabia que a vila estava ali e ele, rindo, apontando para seu nariz, respondeu: – este é meu GPS.

De volta ao hotel encontrei os três holandeses que tinham acabado de chegar: Mark, Boris e Frank. Era uma expedição milionária, e ao invés de irem a pé os dois primeiros planejavam chegar no Pólo Magnético de bicicleta, puxando seus próprios trenós. O terceiro ficaria em Resolute, apenas operando o rádio e passando notícias para a imprensa. Embora eu duvidasse que fosse possível pedalar uma bicicleta sobre a calota de gelo, achei a tentativa interessante e logo fiquei amigo dos três.

Na manhã do dia 21, enfim, saí para treinar. Com a entrada da primavera os dias aumentavam de tamanho com mais rapidez, 20 minutos a mais de luz por dia, ou uma hora a cada três dias. Parti sem me preocupar com distâncias na direção da Ilha Griffith. Eu queria caminhar contra o vento, experimentar diferentes equipamentos e peças de roupa e ver como se comportava o cão. Tudo que eu poderia errar tinha que ser ali no treinamento. Durante a caminhada não poderia me dar ao luxo de cometer erros se quisesse voltar vivo.

Como o trenó do Tiguak não estava pronto reservei um espaço no meu para levar sua comida.

O dia estava claro e quase não ventava, mas o termômetro registrava 42 graus negativos. Eu nunca tinha visto um termômetro descer tão baixo em toda minha vida.

Em poucos minutos cheguei à praia e comecei a caminhar mar adentro. No início a superfície gelada estava lisa e sólida, permitindo que eu avançasse com relativa facilidade sem os esquis nos pés, mas de repente meu pé direito afundou num buraco escondido pela neve, então resolvi colocá-los. Nada de sustos neste primeiro dia, pensei. Se no plano racional eu esbanjava autoconfiança, no emocional ela ainda estava sendo formada. Até então eu tinha teorizado várias coisas e o planejamento era ainda uma abstração.

Eu tinha estudado a fundo todos os aspectos da minha viagem, mas só agora eu estaria colocando a teoria na prática. Tinha lido vários livros sobre ursos, mas como eu reagiria quando me defrontasse com um? E como ficaria minha cabeça quando estivesse realmente sozinho, com a certeza que se algo acontecesse não haveria ninguém para me ajudar? Como é que eu iria lidar com o medo? Mais importante: estaria eu apto a tomar decisões? No fundo eram essas as respostas que eu buscava naquele treino. Mas estava confiante que passaria no teste.

Os dois primeiros dias foram muito proveitosos, apesar do constante põe a luva, tira a luva, põe o gorro, põe mais um gorro, agora tira, tira o outro, põe de volta, coloca o casaco, ajeita o trenó, faz xixi, tira uma foto, além, é claro, de simplesmente parar para admirar o visual. Pude treinar como montar e desmontar a barraca no vento, o rádio e inúmeros detalhes. Várias coisas que funcionam muito bem no calor mudam completamente a 40 abaixo de zero. E somente ali é que eu poderia saber.

É impressionante o que acontece. O nylon da barraca encolhe, as pilhas descarregam e os filmes fotográficos se quebram como casca de ovo. Os óculos embaçam com irritante facilidade. Os metais grudam na pele, o que é um perigo, por sua vez os esparadrapos e band-aids perdem toda a sua aderência, dificultando qualquer curativo. Para piorar, todas as pomadas e medicamentos líquidos também se congelam. No caso de uma cegueira causada pela neve, por exemplo, o frasco com colírio, se achado, deve ser colocado no bolso do casaco durante mais de uma hora para descongelar. Alimentos como manteiga, geléias e chocolates, só para citar alguns, ficam uma pedra. Líquidos para beber, idem. Os elásticos de borracha que correm por dentro das varetas das barracas perdem toda a elasticidade, dificultando a montagem, e nem a carga da caneta para escrever o diário escapa do congelamento.

Tudo é mais difícil. Os músculos entorpecidos pelo frio não correspondem, a letargia domina a mente e a exaustão e o desconforto contínuos diminuem a paciência e a tolerância com pequenos incidentes. Quando o vento sopra com força qualquer parte exposta do corpo se congela em menos de um minuto e não há um lugar abrigado para se aquecer. Temos que mudar todo o referencial e aprender a fazer tudo num ritmo bem mais lento. Com três pares de luvas mal se consegue abrir um simples fecho, ajeitar um gorro ou tirar uma foto; com óculos, máscara, gorro e capuz perde-se boa parte da visão, e com os pés atados a um "pé-de-pato" de 2,05 m que são os esquis, é preciso ser malabarista para se virar para trás rapidamente sem cair no chão.

Apesar de todas as dificuldades, dentre tudo que eu tinha o único "equipamento" que não passou no teste foi o Tiguak, que se mostrou um desobediente incorrigível. Irrequieto e chato, andava de um lado para o outro enroscando a corda que o ligava a mim com as duas que me ligavam ao trenó, e quando eu queria ir para a direita ele ia para esquerda, quando eu queria parar ele continuava, ou vice e versa. Percebi que ele evitava certos trechos, visivelmente com medo. Outras vezes parava e começava a bater as duas patas dianteiras no chão, como querendo me avisar de alguma coisa escondida sob o gelo. O que seria? Eu não conseguia interpretar seu comportamento.

Mas o pior estava por vir. No segundo dia fui surpreendido por uma violenta tempestade de vento, então parei e montei acampamento.

À noite, quando o vento diminuiu, no que fui dar uma checada nos estirantes da barraca (cordinhas de nylon que a seguram às estacas presas no chão), percebi algo de errado.

Dei uma rápida passada de olhos pelo acampamento e... cadê o Tiguak?? Sumiu! Escafedeu-se! Assustado, percebi que o danado tinha escapulido e, pelas pegadas no gelo, tinha voltado em direção à vila. Eram 9 horas da noite, o céu estava quase escuro e só iria clarear sete horas depois.

A região em volta de Resolute é infestada de ursos, e se um deles se aproximasse seria impossível para mim ouvir por causa do vento. E não daria para desmontar o acampamento durante a noite naquele frio desgraçado. Para completar, eu não tinha conseguido montar a antena do rádio e estava sem comunicação. É difícil descrever o que eu estava sentindo naquele momento mas... já ouviu falar em *paura*? Eu acho que nunca senti tanto medo em minha vida. Não consegui pregar o olho a noite toda.

A cada pequeno ruído meu coração disparava e eu ficava paralisado dentro do saco de dormir, atento e pronto para agarrar a espingarda que estava junto à entrada da barraca. Já tinha até ensaiado o movimento de pegá-la no escuro. Além disso, deixei-a destravada e com bala na agulha. Quando eram quatro horas da manhã, dia clareando, ouvi um barulho esquisito ao lado da barraca. Pareciam passos. Só pode ser um urso! – concluí. Ele poderia estar farejando o trenó ou a barraca. Me dei conta que se ficasse imóvel ele poderia atacar a barraca e não haveria tempo de pegar a *shotgun*. Se me mexesse, faria barulho e ele poderia perceber que estava diante do seu café da manhã. Só uma ridícula parede de nylon nos separava.

Eu estava na situação de "se correr o bicho pega, se ficar o bicho come". Por alguns segundos o barulho parava, mas logo voltava, numa estranha cadência. – Ele está mais perto agora! – Eu suava. Depois de uns 20 minutos calculando todos os meus movimentos, com o coração a mil, decidi arriscar. Não dava mais para ficar naquela agonia. Com a boca seca voei pra fora do saco de dormir, peguei a espingarda e com o dedo no gatilho abri o zíper da barraca com firmeza, me preparando para o ataque. Olhei de um lado, olhei de outro... – Ué, será que o urso foi embora? Mas o barulho continuava! Olhei pra cá, olhei pra lá e vi que era apenas uma das fitas do *binding* (peça que vai presa no esqui, onde se encaixa e prende a bota) que estava batendo no esqui, fazendo ruídos que realmente pareciam passos. Comemorei meu alívio xingando todas as fitas de nylon existentes sobre a face da Terra, e voltei pra dentro.

De volta à vila fui procurar a Mavis para comentar sobre a má-criação do Tiguak, afinal era ela quem treinava os cães. Assim que cheguei na sua casa vi o fujão ali dormindo. Chegamos à conclusão que eu precisaria de outro cão. Infelizmente o outro que ela tinha estava reservado para os holandeses. Um terceiro havia morrido congelado durante o inverno e os outros ainda eram muito novos.

– Apareça amanhã na Coop. Vou te apresentar o Simon, um esquimó que também tem vários cães.

# Bruno

– Vamos até a praia para você conhecê-lo – disse o velho Simon. Ele era tão baixinho que suas calças pretas pareciam uma sanfona sobre as botas. Mas era atarracado e forte como um touro.

Saímos do supermercado e fomos caminhando até a praia. Nossa aproximação acabou com a paz reinante e todos os cães se levantaram, excitados, e começaram a pular, querendo se aproximar do esquimó, na esperança de ganhar alguma atenção ou comida. Eu me sentia uma criança rodeado por eles e queria brincar com todos, mas tentei manter a pose para o Simon não me achar infantil.

– Esse é o melhor de todos – afirmou Simon, com convicção, apontando para o mais clarinho. – O que te parece? – perguntou em meio à zoeira de uivos, ganidos e arrastar de correntes.

Antes que eu pudesse responder, de alguma forma o cão percebeu que fora o escolhido e não se agüentava de felicidade, pulando sem parar. Com a língua de fora e os olhos escuros brilhando de felicidade, ele tinha um aspecto inofensivo, de cão bonzinho e dócil.

– Sei lá, Simon, como vou saber? São tão parecidos... mas confio em você – respondi. Exceto pela cor, os cães eram muito parecidos e não me sobrava alternativa senão confiar nele.

Simon agachou-se, soltou a corda de nylon que prendia o cão aos demais e a entregou em minhas mãos. Comecei a andar um pouco com ele e logo fiquei impressionado como era forte, embora fosse bem menor que um pastor alemão. Suas pernas dianteiras tinham quase a grossura do meu antebraço.

– Ele é muito experiente e já participou de quatro expedições anteriormente, fique tranqüilo.

– O interessante é que ele tem a mesma cor dos ursos polares – observei.

– Lembre-se: ele é um cão esquimó. Não o trate como um bichinho de estimação. Esses cães são selvagens e só obedecem a quem respeitam e temem. Se percebem alguma fraqueza do dono, se tornam indolentes. Você precisa ser duro com ele, mas sem ser agressivo – disse Simon. – Ele precisa aprender que é você quem manda. Lembre-se que ele estará lá para te proteger dos ursos, por isso trate-o da maneira correta. Outra coisa: não o alimente todos os dias. Um cão bem alimentado é um cão preguiçoso – completou, com o pragmatismo daqueles que estão acostumados a lidar com animais.

Voltamos para o hotel e lhe entreguei os 300 dólares (canadenses) combinados.

– Se ele morrer durante a expedição você vai ter que me pagar mais 500 dólares – acrescentou Simon.

Na realidade eu não estava comprando o cão, mas alugando, por um período de aproximadamente 30 dias.

Simon já estava indo embora quando lembrei de perguntar-lhe:

– Hei, Simon, esse cão tem nome?

– Tem, é Bruno! Em dois dias eu faço um trenozinho para ele e lhe trago – em seguida subiu no seu *snowmobil* e sumiu.

Pressentindo que a partir de agora não veria mais seu antigo dono nem seus companheiros, o cão adquiriu uma fisionomia tristonha e me encarou com um olhar doce e suplicante, como só os cães são capazes. Percebi que sua orelha direita ficava sempre fechada, o que só aumentava seu ar melancólico. Tentei tranqüilizá-lo passando a mão em sua cabeça e, como um garotinho, comecei a conversar com ele. Para a minha própria sobrevivência seria fundamental adquirir a confiança e a amizade do Bruno. Ele tinha os pêlos compridos, cor creme, e bem espessos, próprios para o clima da região.

Os cães esquimós têm uma segunda camada de pêlos, junto ao corpo, que tem a consistência das penas de ganso e que os mantêm aquecidos mesmo em pleno inverno polar.

Prendi a correia dele num poste defronte do hotel e fui buscar alguma comida. Ele devia estar faminto. Quando apareci com um saco de ração o danado ficou tão radiante que quase mordeu minha mão enquanto despejava sua comida no chão, sobre a neve. Preciso comprar um prato para ele, pensei, ao vê-lo com o focinho todo branco de neve.

Em segundos ele devorou toda a comida. Depois de lhe servir pela terceira vez, vi um cão se aproximar dele. Parecia irmão gêmeo. No que o bicho tentou abocanhar um torrão de ração, Bruno ficou raivoso e pulou sobre o ele, como que querendo trucidá-lo. Rosnando selvagemente, afugentou o invasor com tanta agressividade que até me assustou.

No que o cão se afastou Bruno voltou para o seu almoço como se nada tivesse acontecido. Sua agilidade e força foram tantas que a impressão que tive era que ele não daria chance nem para um urso. Refeito do susto, dei uns tapinhas na cabeça dele, orgulhoso pelo seu desempenho. – Acho que vamos formar uma boa dupla, hein, o que você acha? – perguntei. Um olhar de soslaio foi sua única resposta, enquanto se entretinha com os últimos torrões de ração.

Terminada a refeição ele sentou de frente para mim, deu um olhar suplicante e levantou sua pata dianteira, como que querendo pegar minha mão. No que comecei a lhe coçar o peito ele pousou sua pata sobre o meu braço e fechou os olhos de prazer. De repente parei e ele novamente abriu os olhos. Com um olhar do tipo "ah, não pára não, continua", levantou novamente sua pata me pedindo para continuar. Mal comecei e ele se esparramou no chão com as patas para cima. Era a alegria em forma de cão.

Mas o Ártico não é o lugar ideal para se brincar com um cachorro. Aos poucos o frio polar e o vento começaram a se fazer cada vez mais presentes e a incomodar.

– Bem, senhor Bruno, vou ter que ir embora, senão vou morrer congelado. Você fica aqui quieto. Mais tarde eu volto – e fui me levantando.

Mas bobo ele não era. Rapidamente se levantou e, com a cabeça ligeiramente inclinada, ficou me encarando, tentando me chantagear com o olhar.

– Seu espertinho, não adianta fazer essa carinha triste não, que você não vai me fazer mudar de idéia. Até logo – e comecei a caminhar de volta para o hotel, ignorando seus lamentos.

Dias depois, durante nossa caminhada solitária pelos confins do Ártico, mal sabia eu o quanto minha vida dependeria da inteligência e da tranqüilidade desse belo animal.

Nos dias que se seguiram, enquanto fazia os últimos ajustes nos meus equipamentos, o hotel da Terry foi ficando cada vez mais lotado. Chegaram duas expedições grandes. Uma da Suíça, com 10 integrantes, que planejava alcançar o Pólo Magnético com a ajuda de trenós e cães, e uma da Inglaterra, com 16 pessoas, que planejava ir a pé, mas com uma série de reabastecimentos aéreos no meio do caminho. Cada membro levaria apenas 22 quilos no trenó.

Por fim chegou uma expedição de 6 italianos, que estava se dirigindo ao Pólo Magnético calculado pelos pesquisadores italianos, que o colocaram mais de 300 quilômetros distante do Pólo calculado pelo INPE e uns 100 quilômetros do calculado pelos canadenses. Como eles só planejavam caminhar 100 quilômetros, eles iam começar num ponto mais ao norte de onde eu intencionava chegar.

Curioso isso: as expedições tinham o mesmo objetivo, mas estavam indo para pontos diferentes.

Infelizmente, junto com os aventureiros chegou outro tipo de turista: caçadores. Em Resolute é permitido caçar (aliás, em todo, ou quase todo, Canadá) e a atividade é bem organizada. A associação local de caçadores faz um censo para saber a população de ursos na região, anilha todos eles (ou quase) e estipula uma cota que pode ser abatida.

Na temporada que foi de outubro de 1995 a 31 de maio do ano seguinte, por exemplo, 38 ursos podiam ser abatidos. A associação decide então quantos desses ela quer para seus associados e vende (por cerca de US$ 15 mil cada autorização) o restante da cota para caçadores estrangeiros. Embora uma autorização dure apenas 2 semanas, não há prejuízos, pois ela pode ser prorrogada ou transferida para o ano seguinte caso o interessado não consiga avistar nenhum urso dentro desse período.

Como a maioria dos estrangeiros só aparece em Resolute na primavera – final de março a maio –, o hotel da Terry agora estava cheio de ingleses, americanos e noruegueses, entre outros, que tinham viajado até lá especificamente para matar ursos, e falavam sobre isso durante as refeições com a maior naturalidade do mundo. Eu mal conseguia disfarçar meu mal-estar.

Com o mês de março chegando ao fim e a noite polar se despedindo, estava chegando a hora de partir. Para registrar esse momento, a TV Globo de Nova York enviou o cinegrafista Orlando Moreira e a repórter Sônia Bridi. Antes, porém, filmaram Resolute, eu puxando o trenó, montando a barraca, falando no rádio, testando alguns equipamentos e, claro, lidando com o Bruno. Entrevistaram alguns esquimós, também. Na véspera de eu começar, contrataram o Simon para um passeio de *snowmobil* pela calota de gelo, para ver se achávamos alguma pegada de urso (e de preferência o dono delas), e me ensinar a construir um iglu.

Durante séculos, a habilidade para construir um iglu com rapidez foi, sem dúvida, uma das mais importantes para a sobrevivência dos esquimós. A fome era enfrentada pela eterna esperança de se conseguir alguma caça no dia seguinte, e falhas de equipamentos podiam ser contornadas pela improvisação. Mas não havia outras alternativas de abrigo no ártico, principalmente quando os ventos sopravam com fúria, produzindo uma sensação térmica de dezenas de graus abaixo de zero.

Os esquimós se orgulham de não passar seus ensinamentos através de livros, e as técnicas de como caçar, pescar, construir um caiaque ou um iglu passam de pai para filho oralmente.

Para construir a casa de gelo Simon usou apenas duas ferramentas domésticas: um facão e um serrote comum, desses de cortar madeira. A técnica consiste basicamente em achar uma superfície com uma espessa camada de neve compactada e abrir uma trincheira, cortando a neve em blocos. Como os blocos eram grandes e pesados, Simon cavou com a faca uma espécie de alça na lateral dos blocos, para poder levantá-los. Depois, ligeiramente inclinados para a frente, os blocos foram sendo colocados em círculo, numa espiral, até ficar só um buraco no topo, que foi preenchido por um pequeno bloco, como se fosse uma rolha. Para finalizar, Simon cortou uma entrada com o facão e preencheu com neve os buracos entre os blocos. Estava pronto o iglu.

Fazendo com calma e com minha ajuda, Simon levou quase duas horas para terminá-lo, mas garantiu que numa emergência, mesmo sozinho, daria para fazer em 30 minutos. Explicou que hoje em dia, graças aos *snowmobils*, o hábito de fazer iglus está quase extinto, porque os esquimós podem voltar mais rápido para suas vilas e não precisam mais pernoitar no caminho. E, se for o caso, montam uma barraca mesmo. Iglus somente no caso de serem surpreendidos por uma violenta tempestade.

O interessante do iglu é que o gelo é um bom isolante térmico e o próprio calor gerado pelas pessoas fica aprisionado lá dentro, aquecendo o ambiente. Depois de um tempo dá até para ficar sem camisa.

Dentro dele começamos a conversar e ele, emocionado, confidenciou que tinha nascido dentro de um iglu como aquele, construído por seus pais para se protegerem de uma tempestade durante uma longa viagem de caça. Depois ficou um tanto sem graça quando a Sônia lhe perguntou o que ele achava de um homem caminhar sozinho a pé pelo Ártico. Balançando a cabeça, disse que não entendia como é que alguém podia se arriscar num lugar tão perigoso a não ser para caçar ou pescar para sobreviver.

– Simon – perguntou a Sônia –, tem algum segredo que você gostaria de ensinar ao Thomaz antes de ele começar a sua caminhada?

Olhando para mim com ar de professor, com voz grave ele disse: – No Ártico, não se guie pelo relógio. Esqueça que ele existe. Baseie-se apenas no tempo. Se ele estiver ruim você pára e aguarda; e que o tempo bom o encontre caminhando.

Eu estava pronto para começar.

# O INFINITO PELA FRENTE – TEM INÍCIO A JORNADA

*"Antes de partir a primeira coisa a fazer é confiar em você mesmo."*

UM ESQUIMÓ

PRIMEIRO DIA

## 31 de março – Latitude 75°23' Norte, Longitude 96°56' Oeste

Na manhã do dia 31 de março acordei pouco antes do despertador tocar e espiei pela janela. Como previsto, o tempo estava perfeito, ensolarado e sem vento. Com toda a calma do mundo, como que querendo fazer disso um hábito para os próximos dias, vesti minhas roupas e fui tomar café no refeitório. A sensação que dali a pouco eu estaria partindo para o gelo me deixou um pouco ansioso, é natural, mas não muito. Na verdade acho que, na minha cabeça, eu já tinha partido há muito tempo. Com a paciência de um monge, havia meses vinha me preparando para enfrentar sozinho a calota polar, conviver com o silêncio e a solidão, driblar os perigos, me seduzir pelo desconhecido e curtir a brancura infinita daquele fim de mundo.

Terminado o café me despedi da Terry, dos holandeses e dos demais hóspedes, que me desejaram toda a sorte do mundo.

Eu, que não gosto de despedidas, estava emocionado, pois não sabia quando os veria novamente. Mas em nenhum momento me passou pela cabeça que talvez nunca voltasse a vê-los.

Conforme o combinado, às 8h apareceu Greg White, encarregado da First Air. Levantei a enorme porta da garagem e tirei minhas coisas para fora, que foram sendo ajeitadas na caçamba da caminhonete: trenó, esquis, mochila. Por último entrou o Bruno. Ele me olhava assustado, como que pressentindo o que estaria por vir. Fiz um cafuné, mas pela carinha dele não adiantou muito. Eu também falava pouco. Rapidamente chegamos ao aeroporto e Greg estacionou o carro bem ao lado do pequeno Twin-Otter branco, decorado com algumas listras coloridas. Era uma aeronave adaptada para pousar no gelo, pois junto de cada roda ia preso um gigantesco esqui metálico.

Depois que os pilotos prenderam a carga na parte de trás do avião, era a vez de embarcar o Bruno. Eu mesmo fiz questão de pegá-lo nos braços, levantá-lo e colocá-lo dentro do avião, o que não foi uma tarefa fácil visto que ele pesava uns 45 quilos, muito para um cão do seu tamanho. Mas eu não queria desgrudar do meu parceiro, afinal, se a partir dali minha vida poderia depender dele, era fundamental que confiasse em mim. Por fim foi minha vez de embarcar, junto com a dupla da Globo.

Felizmente, durante o vôo Bruno ficou bem quieto e comportado, e me olhava com a carinha alegre que todo cão faz quando sai para passear. Para que não fizesse cocô dentro do avião, segui as recomendações do Greg e o deixei 24 horas sem comer.

O vôo até a mina de zinco Polaris, na Ilha Little Cornwallis – último ponto onde eu encontraria pessoas –, durou 40 minutos. Às 10h em ponto o avião pousou sobre o mar congelado, próximo à costa, bem na frente de um gigantesco galpão metálico, pintado em branco e vermelho, as cores do Canadá. Antes de abrir a porta o piloto avisou que a temperatura lá fora era de 33 graus abaixo de zero, mas o vento era insignificante, de apenas 1km/h.

Excitado, nem senti o frio quando pulei do avião diretamente sobre o gelo e ajudei a descer o trenó, tomando o cuidado para que nenhuma das extremidades batesse com força no chão, o que poderia danificá-lo. Da porta do avião Bruno pulou nos meus braços, um pouco assustado. Coloquei-o no chão e o prendi no trem de pouso para que não saísse correndo a esmo.

Depois terminei de ajeitar trenó. O pessoal da Globo, o piloto e o co-piloto me rodeavam, observando os últimos detalhes.

Por cima do trenó coloquei a barraca, ao comprido, presa somente por fitas. Ao contrário de estar fechada e empacotada dentro de um saco, preferi deixá-la quase pronta para ser montada, com as varetas enfiadas nas mangas e tudo. Era só esticá-la e prendê-la no chão.

Mas a preocupação maior era deixar bem à mão a espingarda. Dois dias antes, a Debbie – uma inglesa que tentava o mesmo feito que eu – havia se deparado com dois ursos, e eu tinha que estar atento. Coloquei então três balas de verdade e um *banger* no magazine e a deixei destravada. Para não me precipitar deixei a agulha vazia e mais dois *bangers* no bolso, que seriam os primeiros a serem utilizados. Em seguida a prendi no topo do trenó, bem na frente, e com o cano voltado para trás para não me ferir no caso de um disparo acidental.

Eu estava todo encapotado: bota polar, três camadas de roupa nas pernas, seis em cima, luvas, óculos de esqui e gorro. E ainda tinha uma máscara de neoprene atada ao pescoço caso começasse a ventar. Pendurei no pescoço, com cordinhas de cores diferentes, meu GPS e a máquina fotográfica e os enfiei por baixo das roupas. No bolso frontal do *anorak* guardei os dois *bangers* de reserva , um tubinho de filtro solar para os lábios e meu canivete. No cursor do zíper já tinha uma argola onde estavam presos um pequeno termômetro e um apito. O apito era para, quando tivesse que caminhar numa área cheia de blocos de gelo, eu avisar da minha aproximação para algum urso que eventualmente estivesse por ali.

Tentando disfarçar uma certa ansiedade, dei uma última checada em tudo, lambuzei o rosto e os lábios com filtro solar e logo estava pronto para começar.

Sob um frio implacável, a primeira meia hora após o pouso foi gasta fazendo algumas tomadas para o câmera da Globo e uma entrevista para a Sônia. Mesmo sabendo que aquelas imagens em breve estariam sendo vistas por milhões de brasileiros, não consegui conter as lágrimas ao me despedir deles. Talvez por serem brasileiros, falarem minha língua, sei lá. Os minutos derradeiros são os piores mesmo. Rapidamente enxuguei os olhos para que os cílios não se congelassem e me impedissem de abri-los. Depois, ainda emocionado, me virei para trás e com a voz embargada repeti a saudação que aprendi com o velho Simon: – Tavanvuti – que significa "até breve". – Até breve, repetiu Sônia, também em lágrimas.

Aí, me virei de costas, empunhei meus bastões de esqui, deixei qualquer resquício de insegurança para trás e comecei a me afastar. No começo dispensei os esquis, que ficaram presos no trenó, que estava pesando 80 quilos, 7 a mais que eu.

A superfície gelada estava dura e lisa, facilitando meu trabalho, e aos poucos fui me distanciando do avião. Comecei indo para noroeste, em direção à minúscula Ilha Emikutailaq, próxima à costa leste da Ilha Bathurst.

Enquanto arrastava o trenó, de vez em quando olhava para trás para ver quando o avião iria decolar. Não via a hora também de me afastar daquela construção feiosa da mina, que destoava totalmente daquele cenário.

Não demorou, ouvi o ronco dos motores e vi quando o avião, fazendo um barulho infernal, sobrevoou minha cabeça e deu uma volta para o pessoal da Globo me filmar. Fiz um rápido aceno e continuei andando. Assim que desapareceram no horizonte, o silêncio voltou a reinar. Eu nunca tinha me sentido tão sozinho em minha vida.

Com a partida do avião, era como se o cordão umbilical que me ligava ao mundo tivesse se rompido. E a sensação de me ver como um ser autônomo num outro mundo e numa outra dimensão foi uma das maiores emoções que senti na vida. Eu me sentia minúsculo por estar sozinho mas gigante por me transformar no "dono"de tudo aquilo.

Com as emoções à flor da pele mil coisas começaram a passar pela minha cabeça. Como num filme passado de trás para a frente fui voltando no tempo. Lembrei da chegada a Resolute, da cabana em Missoula, dos treinos no Brasil. Lembrei que seis meses antes eu estava numa sala acarpetada e com ar condicionado no alto de um prédio da Avenida Paulista, em São Paulo, negociando com os diretores da Real Seguros um contrato de patrocínio exclusivo. Um deles até brincou comigo: –"Pôxa, nós aqui pensando nas melhores estratégias para a empresa e um maluco pensando numa estratégia para driblar ursos polares e chegar no Pólo Norte Magnético... A pé, ainda por cima!"

– Agora é pra valer – eu dizia para mim mesmo. – Acabou o planejamento, o treino e a segurança. Os problemas corriqueiros do dia-a-dia – dinheiro, horários, filas, compras – fazem parte do passado. Não haverá mais ninguém para dar qualquer ajuda. Nenhum lugar para me abrigar quando ficar cansado, fraco ou indefeso. Agora só posso contar com uma coisa: comigo mesmo!

Eu sabia que sozinho, naquele infinito de gelo, tinha pela frente muitos quilômetros de emoções, sustos e descobertas; e a sensação de não saber o que me esperava me deu um frio na espinha. Mas não me sentia triste ou desamparado, pelo contrário, é nos maiores desafios onde me encontro mais entusiasmado. Eu estava numa euforia contida, feliz por ter superado a preguiça, o descaso ou medo que a maioria das pessoas têm de levar seus projetos adiante, embora estivesse consciente que precisaria de muita força de vontade para superar as dificuldades.

À minha frente tudo era desconhecido, até mesmo minhas reações. Para manter o alto astral o segredo era transformar cada passo numa conquista, e cada dia caminhado numa vitória.

– Caminhe com calma, e se concentre no que está fazendo. Mantenha a lucidez. Observe a natureza e ajuste seu ritmo. Nada de pressa.

Nos primeiros dias, com o trenó mais pesado, tinha decidido caminhar num ritmo mais suave, me poupando um pouco para os últimos dias, quando o trenó estaria bem mais leve e eu mais treinado. Para os primeiros cinco dias determinei objetivos pouco ambiciosos. Se conseguisse avançar dez quilômetros no primeiro já estaria bom. Era importante, principalmente no início, que eu alcançasse o objetivo proposto, até para melhorar minha auto-confiança. Se pudesse superá-lo, melhor ainda. Mas se não alcançasse, não poderia me desesperar. Eu tinha que ter um controle total e absoluto da minha mente. Seria a minha cabeça que me levaria ao Pólo, não minhas pernas.

Contava basicamente com minha experiência e meu planejamento. Eu tinha levado meses "fechando" o trenó, e o que me tomou mais tempo não foi pensar no que levar, mas no que deixar pra trás. Para achar o ponto de equilíbrio entre levar o mínimo sem comprometer a segurança, tudo teve que ser rigorosamente avaliado. Na dúvida, eliminava. Têm coisas que a gente leva pela vida, durante anos, e nunca usa. Cortei sem dó.

Eu tinha comida para 36 dias e combustível para um pouco mais, apenas por precaução.

Roupas? Só as do corpo. Como não estava previsto nenhum banho pelo caminho, pra que trocar de roupas, não é mesmo? Por medida de segurança, levei a mais apenas alguns pares de luvas, por que furam com certa facilidade; meias, que suam muito e podem criar bolhas; outro gorro e um segundo forro de feltro para minhas botas.

Quanto a levar equipamentos sobressalentes, parti de duas premissas: numa expedição polar a pé não existe equipamento inquebrável, e as soluções mais simples são as mais confiáveis. O segredo é saber quais itens são imprescindíveis e quais não. De reserva, então, eu tinha: um par de bastões de esquis, outro GPS, um fogareiro completo, um segundo par de *binding*, uma vareta para a barraca e pilhas extras para o GPS e o rádio. Enfim, somente coisas leves e pequenas, mas que seriam fundamentais para minha segurança ou conforto caso o equipamento titular quebrasse. É claro que a barraca poderia rasgar, o saco de dormir sair voando, os esquis se partirem ao meio, mas se fosse levar todos os itens de reserva meu trenó ficaria tão pesado, e eu levaria tanto tempo para percorrer meu trajeto, que as chances de algo quebrar aumentariam.

Em relação aos medicamentos, eu tinha o mínimo que pudesse resolver o máximo de problemas. Ao invés de levar um remédio para cada coisa, procurei levar aqueles mais ecléticos. Dei preferência aos comprimidos, visto que qualquer líquido se transformaria em gelo. Primeiros socorros? O mínimo necessário para pequenos acidentes. Se algo realmente sério acontecesse provavelmente eu não teria condições de resolver.

Eliminei as embalagens dos alimentos, me permiti um rolo de papel higiênico por semana e só levei uma pasta de dente, depois de testar várias marcas e descobrir uma que resistia bem ao frio polar.

De supérfluo (mas indispensável ao espírito) eu tinha apenas as fotos de alguns amigos e parentes. É bem verdade que a máquina fotográfica, a filmadora e o tripé não me ajudariam em nada a chegar ao Pólo, mas sem eles eu corria um sério risco de, na volta, ter meu pescoço torcido pelo patrocinador.

Além do trenó eu carregava uma mochila de 10 quilos nas costas, contendo duas garrafas térmicas e um cantil com bebidas quentes, as luvas e o gorro extras e outros pequenos acessórios. Além de não ter que abrir o trenó a toda hora, a mochila poderia ser útil caso eu precisasse me deslocar com rapidez por algum motivo. Talvez eu tivesse que dividir a carga do trenó e transportá-la nas costas para superar algum obstáculo mais difícil. Sozinho e sem reabastecimento aéreo eu tinha que pensar em todas as possibilidades.

Andei uns 10 minutos, dei uma espiada para ver se não tinha ursos na redondeza e, como se tivesse esquecido de algo, parei. Antes de continuar eu tinha que me integrar àquele meio.

Apoiado nos bastões, fechei os olhos e comecei a respirar fundo, bem lentamente, como se estivesse meditando.

Depois abri os olhos novamente e fiquei observando atentamente os arredores. Deixei as imagens do céu azul, da textura do gelo cintilante, da luz no horizonte e até de mim mesmo ao lado do Bruno serem "fotografadas" devagar, dando o tempo necessário para que entrassem suavemente em minhas retinas. Eu queria absorver aquele lugar. Captar sua alma e interpretar o que aquele incrível cenário me dizia. Tirei o gorro e me deixei "ouvir" o silêncio. Uma brisa quase imperceptível soprava do norte e foi para lá que olhei, deixando-a tocar minha face.

Gozado. Não me senti um estranho. Pelo contrário. Sozinho, naquele lugar tão selvagem, tão puro, tive uma profunda, bonita e orgulhosa sensação de pertencer a esse planeta. Sensação bem diferente de quando se está numa fila de banco ou engarrafado no trânsito.

– Que lugar maravilhoso – exultava.

Sentia meu coração bater forte, o sangue correndo e a mente límpida. Não existem potes de ouro em nenhuma parte do Ártico. Acho que é o que eu sinto, vivo e aprendo que me leva a esses lugares.

O silêncio era desconcertante. Eu tinha até esquecido do Bruno, que estava deitado ao meu lado todo esparramado no chão. Comecei a rir: – Levanta, Bruno, vamos embora daqui. – Ele só levantou a cabeça e me olhou, como que checando se era mesmo para ir e recostou a cabeça.

– Ô, seu preguiçoso, levanta – e fiquei fazendo um agrado nele.

Lentamente ele se levantou e ficou em posição para puxar seu trenó. Ele seguia à minha direita, puxando seu trenozinho de madeira, com uma enorme bolsa em cima, presa por quatro cintas, contendo 47 quilos de ração. No total, seu trenó pesava 63 quilos. Ele estava preso a mim por uma cordinha de nylon de uns 2 metros que ligava sua coleira a um mosquetão preso à minha cinta-barrigueira.

Percebi que a cordinha que nos unia havia enroscado sob suas pernas, então perdi um tempo arrumando. Recomeçamos a caminhar. A visibilidade era perfeita. Sobre o gelo a camada de neve tinha uns 20 centímetros de espessura, mas estava bem compacta, ideal para esquiar. Bruno puxava seu trenó com extrema facilidade. Não demorou e ele farejou alguma coisa no chão. Logo vi que eram marcas de esquis no gelo. – Devem ser da Debbie – concluí. Entretido com a descoberta, Bruno acelerou o passo e começou a me "fechar" pela frente ou a se meter no espaço entre eu e meu trenó. Não demorou para os trenós se chocarem, as cordas dos dois se enroscarem e fazer a maior bagunça.

– Pára, Bruno, pára.

Ele me olhava excitado, querendo seguir adiante.

– Assim não dá Bruno. Nós temos que andar juntos – disse, olhando para ele, enquanto desenroscava as cordinhas. Ele se limitou a dar uma abanada de rabo como resposta.

– Caramba, olha só o nó que você fez aqui!

E ele continuava a abanar o rabo meio sem graça, ora olhando pra mim, ora pra frente.

– Não tem graça nenhuma!

Afinal eram quatro cordas para desenroscar. Uma preta, que nos unia; uma branca, mais grossa, que atava a coleira ao seu trenó; e duas vermelhas, mais longas, que me ligavam ao meu. Eram todas de fios de plástico, iguais àquelas que se usa como varal no Brasil. São leves, não encharcam e não congelam.

Bruno usava uma coleira especial, formada por um conjunto de grossas fitas de nylon, vermelho desbotado, que era enfiada na sua cabeça, nas patas dianteiras e passava sob seu peito. Segundo Simon, eu deveria evitar de tirá-las, mesmo que ficassem úmidas de suor, pois eram trabalhosas de serem encaixadas novamente.

Decidi diminuir a distância que nos separava. Prendi as duas pontas da cordinha preta no meu mosquetão e passei a metade dela no mosquetão que estava preso na sua coleira.

Além de ficar mais fácil controlá-lo seria mais rápido soltá-lo caso aparecesse um urso: batava apenas soltar uma das pontas da cordinha que passava pelo meu mosquetão e ele estaria solto.

– Pronto, nada como uma equipe mais "unida".

O frio era tão brutal que dois minutos parado já era o suficiente para incomodar. O vapor que saía da boca deixou a cordinha do meu gorro, que passava sob o queixo, dura como um arame e o pequeno zíper do *anorak* totalmente coberto de gelo.

Andamos mais um tempinho e logo vi alguma coisa estranha à minha frente. Apertei os olhos, mas estava tão longe que não consegui distinguir o que era. Minutos depois pude perceber que era uma pessoa. – Será a Debbie? Não pode ser. Ela saiu já faz dois dias – pensei.

– Qual será a distância daqui até lá? Um quilômetro? Dois?

É difícil calcular distâncias no Ártico. O ar é extremamente limpo, a neve reflete muita luz e não há pontos de referência nem perspectivas. Mais do que distância, eu tinha que aprender a medir em tempo.

Caminhei uma hora e meia sem parar até alcançá-la. Ela estava aparentemente bem, entretida em desmontar seu acampamento, e sorriu quando me viu.

– Olá, Debbie – tentei dizer, mas a língua enrolou. Levei um susto. Eu quase não conseguia mexer meu maxilar. Foi quando olhei para baixo e levei minha mão ao rosto que percebi que minha barba e meu bigode tinham tanto gelo encrustado que travavam os movimentos da minha boca. Decidi parar para descongelar a barba e fazer um rápido lanche. Enquanto me desvencilhava do trenó e da mochila, quase como um ventríloquo perguntei a ela se estava bem.

– Ah sim, estou bem.

– Então o que você está fazendo aqui? – perguntei, fazendo gestos com as mãos.

– É, estou um pouco atrasada, eu sei. É que no primeiro dia vi um urso me seguindo e levei o maior susto. Dei um tiro para assustá-lo e ele foi embora. Duas horas depois veio outro. Dei outro tiro, ele foi embora, mas fiquei preocupada. Cheguei aqui ontem, depois de dois dias de caminhada. Faz tempo que você começou?

– Duas horas – respondi, sentado no trenó, enquanto tirava as bolotas de gelo da barba. Uma tarefa dolorida visto que com cada bolota vinham junto alguns pêlos.

Eu estava realmente preocupado com a morosidade dela, que parecia ser bastante inexperiente.

Com menos gelo na barba, consegui falar: – Você devia ter trazido um cachorro com você. É mais seguro. Se quiser pode me acompanhar. Só não vamos acampar juntos para não dizerem que nossas expedições não foram solitárias.

– Ou, *thank you*.

Terminado o lanche, me despedi e parti. Depois do que Debbie falou sobre a aproximação dos ursos, comecei a olhar para trás com maior (aliás, bem maior) freqüência para ver se não tinha nenhum me seguindo. Eu confiava no Bruno, mas era melhor não facilitar.

Depois de vinte minutos dei uma rápida parada para esperar Debbie, mas, estranhamente, ao contrário de se aproximar, parecia que ela se afastava. Sem entender o que estava se passando, segui meu caminho.

Enquanto me esforçava para me integrar àquele lugar, Bruno parecia que estava no quintal da casa dele. No meio da caminhada, de repente parou e, sem motivo aparente, começou a rolar no chão, como se quisesse coçar as costas. Rolou por uns dois minutos e se levantou como se nada tivesse acontecido.

– Bem, como esse é um trabalho de "equipe", tenho que respeitar as manias do meu companheiro – me conformei.

Aproveitei para examinar o caminho a seguir e tirar umas fotos. À minha frente já dava para ver os contornos da Ilha Bathurst, ainda uns 20 quilômetros distante. Totalmente coberta de neve, parecia apenas uma extensa elevação no horizonte. Ao invés de caminhar numa linha reta até ela e depois subir para norte, preferi cortar em diagonal e alcançá-la mais para cima.

Eu tinha que estudar bem o caminho, pois, embora tivesse todo um deserto a minha frente, permitindo que eu andasse por onde bem entendesse, qualquer desvio de rota, um grau que fosse, poderia significar alguns quilômetros a mais de caminhada. Tinha que tomar cuidado também para evitar áreas com cristais pontiagudos de gelo que poderiam ferir as patas do Bruno.

Muito bem preparado fisicamente, eu procurava manter um ritmo uniforme, mas não demorei para perceber que a mochila nas costas era um tormento. Seus 10 quilos pesando nos meus ombros começaram a me doer os músculos do pescoço, e o fato dela estar junto das minhas costas fez com que eu transpirasse ainda mais. O vapor da transpiração se condensou com absurda rapidez e não conseguiu sair pelas roupas de nylon. Quando fui ver, a roupa por baixo do *anorak* estava toda coberta por uma espessa camada de flocos de gelo.

– Putz! – Tirei o *anorak* e a calça de nylon e os prendi no topo do trenó. Em seguida comecei a fazer uma automassagem e exercícios de relaxamento e alongamento, no pescoço e nos ombros. Minhas costas também estavam em pandarecos.

Com uma escova tentei raspar o gelo que estava na roupa, mas não deu muito certo, pois ele tinha penetrado na trama do tecido. Fiquei preocupado. O gelo na roupa bloquearia a passagem do vapor da transpiração, eu passaria a suar mais e produzir mais gelo ainda.

Eu estava vestindo roupas modernas, quentes e pouco volumosas, e que "respiram" bem e não absorvem umidade, mas numa temperatura daquelas, quando o esforço físico é intenso, um pouco da transpiração sempre acaba se condensando e se transformando em gelo.

O Ártico é um ambiente tão complexo e tão diferente de tudo que eu conhecia, que muitas das vestimentas que tinha usado no Everest não funcionavam ali. A maior surpresa foi em relação às roupas de Goretex. Goretex é um tratamento interno que se dá ao nylon, deixando-o impermeável mas "respirável" ao mesmo tempo. Custa caríssimo, mas todo mundo usa. No Himalaia funcionam que é uma beleza. Mas não ali no Ártico. O frio é tão absurdo que não dá tempo da transpiração sair pelos poros do Goretex. O vapor condensa antes e forma uma placa de gelo por dentro da roupa. Dizem os experts que o Goretex só funciona até 22 graus negativos.

Ao invés de sofisticar, a solução que encontrei para enfrentar temperaturas ainda mais baixas foi a mais simples possível: levar roupas de nylon "não" impermeáveis. Como não têm resina por dentro, são ainda mais respiráveis que o Goretex. Além do mais, para que ser impermeável? No Ártico não chove!

Mesmo assim, por mais respirável que seja, naquele frio nenhuma roupa dava conta. Mas se a roupa de dentro ficou coberta de gelo, pelo menos o *anorak* não se transformou numa armadura.

Depois de ter caminhado quatro horas, decidi que dali para frente caminharia sem a proteção de nylon, pelo menos enquanto não estivesse ventando. O frio era intenso, mas sem vento era suportável.

Eu tinha que me livrar daquela mochila o mais rápido possível, mas sabia que ainda levaria uns cinco dias para arranjar um espaço no trenó para ela.

Ao meu lado Bruno adormeceu novamente.

– Pronto, seu dorminhoco, vamos.

De novo ele se levantou do lado errado e ao ficar de pé a cordinha preta acabou ficando por baixo da sua barriga. Se eu não arrumasse – o que significava puxá-lo até mim e levantar suas patas – era só começar a andar para a cordinha se enroscar nas suas pernas. Tudo seria muito fácil se eu não estivesse com dois pares de luvas, os esquis nos pés e um trenó de 80 quilos preso às costas.

Mal começamos a andar e de repente senti um tranco nas costas. Olhei para trás e vi Bruno parado, fazendo xixi. Ele parado parecia uma âncora, o danado.

– Porque você não fez xixi enquanto eu estava parado, hein? – Senti apenas aquele olhar de "ah, eu sou assim mesmo".

Continuei arrastando meu trenó. O terreno continuava liso. Bruno seguia quieto do meu lado, bem na dele. A essa altura minha barba estava novamente coberta de gelo. Minha garganta ardia com o frio, minha pele estava ressecada, a coriza do nariz congelada, os dedos duros e os lábios rachados. Apesar de usar óculos especiais, a neve refletia tanta luz que chegava a incomodar.

De vez em quando olhava para trás para ver se não tinha nenhum urso. A paisagem era sempre igual, mas eu achava maravilhosa. Não trocaria de lugar com ninguém.

As horas foram passando e aos poucos fui me aproximando da Bathurst, ou melhor, ficando menos longe dela. Atrás de mim Polaris ainda era visível, mas bem pequeninha. Meia hora depois chequei no GPS o quanto já tinha percorrido. Era uma boa desculpa para descansar.

Minhas mãos já estavam quase congelando quando ele finalmente captou minha posição. – Hum, 10,4 quilômetros*, nada mal. – Eram três horas da tarde e o tempo continuava maravilhoso.

Continuei andando. O tempo passava devagar. De vez em quando parava para tirar mais fotos, ajustar uma luva ou a barrigueira. O pensamento voava para o Brasil, Minha família, meus amigos. Todos tão distantes agora.

Prossegui por mais 1h15 e chequei o GPS novamente: 14 quilômetros. – Excelente para um primeiro dia. Fim do expediente, Bruno – decretei. Eu já estava cansado e não queria forçar. Além do mais já havia ultrapassado em muito meu objetivo para aquele dia. O Bruno também não estava lá essas coisas. Assim que paramos ele se deitou e logo adormeceu.

Como era importante que nada desse errado, principalmente nesse começo, eu queria montar o acampamento com

* As distâncias mencionadas, medidas pelo GPS, são sempre em linha reta, sem considerar os desvios.

calma, instalar a antena do rádio com cuidado e esquentar as baterias da filmadora para fazer umas tomadas. O câmera da Globo havia me orientado que filmar meu primeiro contato de rádio com Resolute seria muito importante para a edição de um eventual programa.

Com o GPS ligado, gravei na memória do aparelho as minhas coordenadas e depois chamei a posição de Resolute. Eu tinha que saber em que direção estava o vilarejo para poder direcionar a antena do rádio. Quando apareceu a flechinha no visor indicando a direção, fiz uma seta no gelo e desliguei o aparelho.

Olhei em volta e percebi que estava no meio de lugar nenhum. Para onde quer que olhasse era tudo igual: um imenso deserto de gelo. A sensação de liberdade era total. A Ilha Bathurst, bastante visível, ainda era apenas uma ligeira elevação no horizonte.

Procurei um lugar mais liso e montei a barraca. Comecei a montar pela parte traseira, que coloquei de frente para noroeste, de onde geralmente vem o vento naquela região. Era importante que a barraca, em formato de túnel, sustentada por dois arcos paralelos, ficasse paralela ao vento e não atravessada.

Conforme ia montando fui enfiando os espeques. Depois prendi os estirantes. Com o sobreteto montado, abri o zíper, entrei embaixo e instalei o vestíbulo, que ficava preso ao teto por fivelas de encaixe. Por fim, para deixá-la mais firme e estável, peguei a pá e joguei neve na saia da barraca – um prolongamento do sobreteto, que dava a volta nela toda. Feito isso, enfiei uma pequena estaca a uns quatro metros de distância e ali prendi o Bruno. Dali ele teria uma boa visão geral do acampamento e, como a cordinha tinha dois metros de comprimento, teria um bom espaço para se mexer. Para não correr o risco dele escapar prendi uma segunda estaca.

Notei que ele não gostou muito. Os cães esquimós são selvagens e por isso têm uma "personalidade" forte e independente. Eles são quietos, afetuosos e cumpridores fiéis do seu “dever”, mas não gostam de muita intromissão nos “seus” assuntos.

Rapidamente joguei minhas tralhas dentro da barraca e anotei no diário minha posição: 75°28’ Norte e 97°17’ Oeste. Para escrever eu tinha levado minha lapiseira de estimação e dois lápis de reserva. Em seguida chequei a temperatura: – Oba, esquentou, agora está “só” 31 abaixo – ironizei.

Minhas roupas ainda estavam cobertas de gelo quando comecei a arrumar a casa. À direita de quem entra coloquei meus dois colchonetes, feitos numa espuma especial que isola o dorminhoco do frio que vem do chão. Sobre eles, meu saco de dormir. O restante pus à esquerda. No espaçoso avancê* da barraca instalei o fogareiro, as panelas e o rádio. Pronto. Estava instalado.

Olhei em volta e tudo estava em ordem. Me peguei falando sozinho:

– O que é que o amigo vai querer para comemorar esse dia?

– Ah, vou querer um filé à parmegiana e um suco de laranja... ah, sem gelo, viu.

– Lamento, senhor, mas o filé e o suco estão em falta no momento.

– Bem, então me traga algumas castanhas e um pouco de chá.

– É pra já senhor.

E comecei a devorar todo o lanche que havia sobrado.

Olhei no relógio: era cedo ainda. Mesmo assim, comecei a montar a antena do rádio, pois não sabia quanto tempo ia levar para montá-la corretamente. O aparelho, alugado da Terry, servia basicamente para comunicar minha posição para o pessoal da First Air, fazer um rápido relato sobre meu dia e, em troca, receber alguma previsão do tempo. Ele tinha alcance de centenas de quilômetros e era igual aos que são utilizados por todos os expedicionários que se aventuram por ali. Era o item mais pesado dos meus equipamentos: 3,5 quilos, fora as

* Área externa ao vestíbulo mas ainda coberta pelo sobreteto.

baterias extras que tive que levar, porque não poderia me dar ao luxo de levar um painel solar.

Embora fosse meu único elo de ligação com o mundo exterior, não bastava ligar um botão e falar. Primeiro eu tinha que aquecer as baterias. Embora fossem de litium, material altamente resistente às baixas temperaturas, se não fossem devidamente aquecidas o rádio não funcionaria ou o faria por pouco tempo. Para esquentá-las só havia um jeito: colocá-las no bolso do macacão e esperar pelo menos uma hora até que o calor da minha barriga fizesse o serviço.

Depois, o próximo passo era montar a antena, uma tarefa banal se a temperatura estivesse uns 30 graus mais acima, mas que demandava um tempão naquele frio polar.

A antena era um conjunto de três fios, um principal – cabo coaxial – mais curto (uns 4 metros), e dois de 15 metros (positivo e negativo). Os três eram unidos por uma minúscula placa metálica conhecida por castanha ou isolador central, e que serve para formar o elemento terra. Primeiro prendi a castanha com uma fita no topo do mastro, que nada mais era que um dos meus esquis enfiado na neve. Para deixar a castanha mais firme, estiquei o fio coaxial junto ao esqui, dei duas voltas no *binding* e continuei esticando-o para baixo até poder jogar a ponta, que tinha uma pequena tomada, dentro da barraca.

Depois comecei a parte mais chata: esticar os outros dois fios da antena, enrolados num carretel de plástico. Era importante que a antena ficasse totalmente aberta e esticada de frente para Resolute.

Daí a importância da seta que eu havia feito no chão antes de montar a barraca, apontando para Resolute. Sem a seta teria que ligar o GPS de novo, o que demandaria tempo, bateria e desconforto.

Comecei a desenrolar o fio branco da direita. Muito fino e muito leve, era difícil manuseá-lo com dois pares de luvas grossas. Eu tinha medo de parti-lo. Endurecido pelo frio, o fio se desenrolava com dificuldade e escapou da minha mão três vezes. Ao cair no chão ele se encolheu como um fio de telefone, então tive que começar tudo de novo.

Para fixar a extremidade da antena finquei no chão o primeiro bastão de esqui, de ponta-cabeça, e, esticando o fio o máximo que pude, encaixei o carretel nos furos da rodinha de plástico que fica presa próxima à ponta do esqui. Era importante não deixar o fio frouxo, pois ele não podia tocar o chão.

Feito isso voltei ao mastro, peguei o outro fio e refiz o processo para a esquerda. Finquei o outro bastão na neve, estiquei o fio e quando fui prendê-lo percebi que tinha ficado frouxo. Olhei para trás e vi que o primeiro bastão havia caído e soltado o fio da direita.

Já tremendo de frio e impaciente tive que começar novamente. Tentei enfiar os bastões mais fundo no chão, mas era impossível. A camada de neve era fina e embaixo era gelo puro. Pensei em achar um lugar com neve mais funda e mudar toda a antena de lugar, mas aí teria que mudar também o acampamento de posição, e logo desisti.

Resolvi inclinar um pouco os bastões e depois de algumas tentativas consegui fixar a antena. Enquanto isso Bruno dormia a sono solto, todo enrolado e com o focinho enfiado sob o rabo peludo.

Aí lembrei que precisava lhe servir o jantar. Só de chegar perto do trenó Bruno acordou e já ficou excitado. Enchi seu prato de ração e antes que o colocasse no chão ele deu um pulo e quase mordeu meu dedo.

Enquanto devorava seu jantar aproveitei para observar a paisagem. O sol já estava escondido atrás da Bathurst, dando um tom avermelhado ao crepúsculo a oeste, enquanto do outro lado uma gigantesca lua cheia se destacava num céu azul. Aqui e ali uma ou outra estrela cintilava em meio a um céu que a cada dia se recusava a escurecer. Ao meu redor a neve se transformou num tapete cinza-azulado que se estendia em todas as direções, a perder de vista. Felizmente minha pequena máquina fotográfica ainda estava aquecida, pendurada em meu pescoço por dentro das roupas, e pude tirar algumas fotos.

Não demorou muito para o Bruno chamar minha atenção e me olhar com aquela cara de "quero mais", enquanto lambia os beiços.

– Já acabou, seu guloso!? Eu lamento muito, mas por hoje é só.

Mas ele não estava disposto a se entregar assim facilmente e começou a usar suas artimanhas: choramingou, fez uma carinha triste, abanou o rabo e não parou de me olhar.

Seu olhar indicava que aquele meu comportamento não era digno de um companheiro de expedição. Constrangido e com o coração partido, relutantemente amoleci.

– Tá bom, só mais um pouquinho – assenti. Dei mais um punhado, mas ele continuou com cara de chantagista barato.

– Sinto muito Bruno, mas agora é minha vez de comer – e tiritando de frio me enfiei na barraca.

Meu horário de falar no rádio era 19h15. Do outro lado estaria a Morag, uma simpática escocesa que trabalha na First Air. Eu estava ansioso para conseguir falar. Se logo no primerio dia o rádio não funcionasse eu teria que voltar até a mina Polaris e pedir outro. Uma enorme perda de tempo.

Um minuto antes do horário marcado encaixei as baterias no fundo do aparelho, conectei o cabo coaxial, liguei o rádio e apertei o botão de transmissão ao lado do microfone:

– Seis-nove Resolute, seis-nove Resolute, aqui é "Brazilian expedition", está me ouvindo? Câmbio.

"Seis-nove Resolute" era o código da First Air.

Do outro lado apenas silêncio. Duro de frio e com a barba parcialmente congelada apertei o botão mais uma vez. Nada. Nenhum ruído. Rapidamente o microfone ficou coberto com uma película de gelo provocada pela minha respiração. Esperei mais alguns segundos e tentei de novo. Outro longo silêncio se passou até que ouvi a voz da Morag, estalando do outro lado do aparelho.

– Aqui seis-nove Resolute, prossiga Thomaz.

Ouvir a Morag me deixou radiante, mas a transmissão estava horrível e tive que repetir várias vezes cada número da minha posição.

– Você está bem?

– Roger, roger – respondi, usando o código do "sim".

Depois perguntei pela Debbie e fiquei sabendo que havia mesmo desistido.

Quando lhe informei a distância percorrida – 14 quilômetros – ela deu uma risada e me pediu brincando para diminuir o ritmo. – Muito rápido, Thomaz. Devagar, vá mais devagar.

Ela se despediu com um boa-noite e um conselho para me manter aquecido. Ela sabia que não seria fácil nas minhas circunstâncias.

Com receio que Bruno escapasse durante a noite e começasse a rondar em volta da barraca, correndo o risco de tropeçar nos fios, decidi desmontar a antena.

Assim que comecei me arrependi amargamente. Depois de mais de uma hora parado, quando saí da barraca o frio já estava fora de qualquer compreensão humana.

Eu tremia de bater os dentes, com o frio me invadindo a garganta e congelando até os ossos, enquanto enrolava os fios. Levei uns 5 minutos para recolher tudo e já não sentia minhas mãos quando terminei o serviço. Entrei na barraca ofegante e não conseguia parar de tremer. O termômetro indicava cruéis 35 graus negativos. Fiquei um tempão esfregando as mãos e os dedos dos pés.

Para me esquentar eu precisava acender o fogareiro, mas com os dedos duros eu mal conseguia operar a válvula para dar pressão. A essa altura o interior da barraca já estava escuro. Havia uma camada de gelo por dentro, parecida com talco, e onde quer que encostasse o gelo grudava na roupa, aumentando minha sensação de frio. Esse gelo era formado pela minha transpiração que se condensava ao encostar na parede fria de nylon.

Depois de muita insistência consegui ligar o fogareiro e o acomodei bem no meio do avancê, afixado a uma prancheta sobre a neve. Para acendê-lo usei um fósforo especial, que resiste ao vento. Naquele frio isqueiros costumam engripar e só funcionam se bem aquecidos dentro dos bolsos.

Com o fogo ligado, usei a pá para jogar neve na panela. Mas derreter neve é uma coisa enfadonha, demorada. Depois de um tempão a neve que lotava a panela se transformou num dedinho de água e tive que ficar acrescentando mais e mais. Levou uma eternidade até a água começar a ferver. Enquanto isso fiquei vasculhando meu saco de comida em busca de algo apetitoso. Aos poucos o ambiente dentro da barraca foi esquentando, a neve grudada nas paredes internas começou a derreter e logo estava chovendo dentro do avancê.

Exausto, com frio e com fome, comer alguma coisa quente era o momento mais esperado do dia. Comecei com uma sopa fumegante, que desceu como se tivesse entrado pelas minhas veias de tanto que me esquentou. Depois fiz um nada original macarrão com molho de tomate em pó, queijo ralado e uma porção de purê de batatas preparado com bastante manteiga. Refestelado sobre o saco de dormir ainda consegui enfiar goela abaixo uma barra de chocolate como sobremesa, acompanhada de uma caneca de chocolate quente e um pouco de chá.

Estufado e sonolento de tanto comer dei mais uma espiada no tempo e olhei em volta para ver se não havia nenhum urso espreitando. Nada. Naquele mundo silencioso, exceto pelo Bruno, eu estava absolutamente sozinho. Relaxei.

Às 9 horas da noite o frio era insuportável e devia estar beirando os 40 negativos. Para oeste o céu ainda resplandecia. Do outro lado, além da lua cheia, apenas o Bruno, dormindo, e os trenós, cheios de mantimentos colocados numa posição estratégica, na frente da barraca, mas distantes o suficiente para entreter um urso enquanto desse tempo de pegar minha *shotgun*. Enregelado até os ossos fechei o zíper e me recolhi. O frio era cruel e tive que esfregar as mãos e os dedos dos pés mais uma vez para voltar a senti-los.

Antes de entrar no saco de dormir, no entanto, existia todo um ritual do qual eu não podia fugir. A primeira providência era colocar para secar o suor as meias, luvas e gorros usados durante o dia. Para isso eu dispunha de um sofisticado secador, que tinha até regulagem de temperatura: meu próprio corpo. O serviço era de primeira: além de secar, deixava tudo quentinho e pronto para uso. O que precisava de mais calor – minhas meias, por exemplo – coloquei diretamente sobre minha barriga e peito, por baixo das roupas. O que não necessitava de tanto ficou por cima de uma ou mais camadas de roupas. Objetos pequenos que precisavam permanecer aquecidos – tubo de filtro solar, pomada cicatrizante, pilhas de reserva para o GPS, isqueiro e até um filme fotográfico – acondicionei nos bolsos do macacão. O gorro e as luvas, úmidos, foram colocados diretamente dentro do saco do dormir. Por fim ajeitei a espingarda. Deixei só a coronha para dentro da barraca, perto da minha cabeça. O restante enrolei num nylon e deixei sobre o gelo, no avancê, ao comprido, junto à porta. Eu tinha que ter um cuidado extremo com ela e nunca trazê-la para dentro da barraca. Se um pouco de neve se infiltrasse no seu mecanismo, um tanto a mais de calor poderia derreter essa neve, transformá-la em gelo e travar o gatilho.

Eu tinha que ficar atento a todos esses detalhes. Sempre.

Com tudo OK dei boa-noite para mim mesmo e me aconcheguei nas profundezas do saco de dormir. Para deixar o ambiente mais escuro eu tinha um gorro preto, pouco maior que minha cabeça, que enfiei até os olhos.

Por um instante lembrei que o acampamento estava montado sobre uma placa de gelo de 1,60 metro de espessura. Embaixo um oceano inteiro. Será que eu ia conseguir dormir?

### Segundo dia

## 1º de abril – 75°28' Norte, 97°17' Oeste

Embora lá fora não houvesse mais escuridão, a penumbra igual a um fim de tarde foi o suficiente para escurecer bastante o interior da barraca. Nessa primeira noite pude sentir que meu saco de dormir, feito para me proteger de 40 graus abaixo de zero, chegou no seu limite. Conclusão: passei a noite toda mudando de posição dentro dele, lutando contra um frio desumano e insidioso que não deu tréguas. Em nenhum momento cheguei a ficar confortável.

Fechei o zíper interno para deixar a barraca menos fria, mas ao amanhecer o ambiente interno estava miseravelmente úmido e todo branco, coberto de gelo. Para piorar, cada vez que me virava dentro do saco ele resvalava na parede de nylon e uma micro avalanche de gelo caía sobre meu rosto. Acordei às 6 horas, mas fazia tanto frio que resolvi ficar mais um pouco deitado.

Às 7 horas chequei o termômetro no interior da barraca: 26 graus negativos. Só para se ter uma idéia, a temperatura dentro de um freezer doméstico fica por volta de menos 18. Sair de um ambiente quente e, todo encapotado, enfrentar tal temperatura é uma coisa. Sair de dentro de um saco de dormir diretamente dentro de uma geladeira é outra.

Entorpecido, a vontade que tive foi de ficar lá dentro até a chegada do calor, que jamais viria. Eu só voltaria a entrar num lugar quente dali a uns 30 dias, quando voltasse para o hotel.

Preguiçosamente fui levantando. As juntas pareciam congeladas e eu não conseguia me mexer direito. A barraca era baixinha e foi só encostar a cabeça no teto para meu gorro e blusa se encherem de neve.

Tentei abrir o zíper interno, mas ele estava congelado. Forcei, e nada. Raspei o zíper com minha luva, dei uma puxada com força e ele abriu. Depois me espichei, abri o zíper do sobreteto e dei uma espiada no tempo: outro lindo dia polar, sem vento.

A paisagem imaculadamente branca e silenciosa, emoldurada pelo céu azul, dava ao cenário algo de suavidade e leveza que inundava os olhos. Sem um tico de vento, parecia que ali sempre fora assim. – Nada como um bonito visual para animar a expedição, hein Bruno? – Ele já estava de pé e me olhava ansioso.

– Bom dia, dormiu bem? – Algumas abanadas de rabo me disseram que sim. – Muito frio aí fora? – Ele não se agüentava de contentamento. Tentou se aproximar da barraca, mas ainda estava preso.

Dei uma olhada no termômetro que ganhei do Kohno, que estava do lado de fora da barraca, e vi que a temperatura ambiente era de 32 abaixo de zero.

– Daqui a pouco eu saio – e para sua decepção fechei o zíper e voltei para dentro do "calor" da barraca.

Sentado com as pernas cruzadas e a cabeça raspando o teto cheio de gelo, me preparei para o primeiro café da manhã da caminhada. O fogareiro estava todo coberto de gelo.

Fiquei bombeando a válvula do tanque de combustível até conseguir a pressão desejada, e cuidadosamente o acendi. A última coisa que poderia acontecer ali era pôr fogo na barraca ou me queimar.

Pus a panela cheia de neve no fogo e comecei a preparar o café. Lentamente o fogo foi aquecendo o ambiente. Para economizar combustível tudo tinha que ser sincronizado. Enquanto a neve ia se transformando em água, coloquei na minha inseparável caneca azul chocolate e leite em pó, café solúvel, açúcar e granola, suficientes para fazer quase meio litro de *capuccino*. Em seguida, espalhei na minha frente a cota diária de oito biscoitos para o café.

Quando a água já estava quente peguei um pote de manteiga e um de geléia e coloquei dentro da panela para amolecê-las. Assim que a água ficou pronta para o *capuccino*, a geléia e a manteiga já estavam descongeladas e prontas para serem passadas nos biscoitos, em "generosississíssimas" porções.

Enquanto comia, fui acrescentando mais neve na panela para fazer bebidas quentes para tomar durante o dia. Meu plano era sair para caminhar sempre com um litro de chá sem açúcar, um litro com açúcar e meio litro de suco de maçã.

São bebidas fáceis de preparar, digestivas, não enjoam e, muito importante, não pesam quase nada para transportar.

No Ártico, beber é tão importante quanto comer. O ar seco e frio desidrata as pessoas com muita rapidez, aumentando o cansaço e diminuindo a capacidade de se manter aquecido. Infelizmente, como a neve derretida se transforma em água destilada, carente de sais minerais, eu não podia beber água pura.

Para manter as bebidas aquecidas eu tinha três recipientes: uma garrafa térmica de um litro, uma de meio litro e um cantil plástico de um litro. Optei por um cantil ao invés de uma terceira garrafa por ser bem mais leve. Protegido por uma capa térmica especial, ele retinha o calor da bebida o suficiente até minha primeira parada para descanso.

Para complementar minha alimentação e manter o equilíbrio do organismo, eu também tinha vitaminas, minerais e aminoácidos. Esses complexos faziam parte de uma terapia ortomolecular que eu havia adotado meses antes, para aumentar minha resistência a doenças e acelerar a recuperação em caso de contusões.

Enquanto a neve ia sendo derretida, tinha uma série de providências a serem tomadas: fechar os sacos com comida, trocar as luvas e meias de dormir pelas de caminhada, passar filtro solar, montar a mochila, guardar as coisas soltas, enfim, me preparar para sair.

Com as garrafas térmicas cheias, desliguei o fogareiro e a temperatura despencou de novo, na mesma hora. Calcei as botas, respirei fundo e me preparei "psicologicamente" para o momento seguinte: a hora de sair da barraca para acondicionar tudo no trenó.

Eu sentia um frio absurdo. Nem na expedição que fiz ao Monte Makalu, em pleno inverno himalaiano, nem no Everest, nem nas duas vezes que estive na Antártica e nem no alto do McKinley, em pleno Alaska, senti um frio tão cruel. Lembrei-me das palavras da Terry: "É sempre assim. Os alpinistas vêm aqui e pensam que só porque já estiveram no Himalaia e no Alaska sabem o que é frio. Não existe nada parecido com o Ártico". Ela tinha razão. O impressionante era que o sol brilhava, mas era como se não existisse. Ainda bem que não estava ventando.

No trenó cada coisa tinha seu lugar definido: o rádio, mais pesado, pus atrás; depois um saco com mantimentos, as três latas de benzina, mais comida e, para deixar a frente mais leve, tralhas em geral e o saco com as meias e luvas extras.

Por cima da carga coloquei os colchonetes e o saco de dormir. Ele tinha que ser transportado aberto para evitar ao máximo que a umidade retida nas suas fibras se congelasse e o deixasse imprestável. Em seguida era a hora de desmontar a barraca.

Bruno assistia a tudo calado, com aquela cara de "pra que tudo isso?"

– Você não quer vir aqui me ajudar, não? – perguntei. Sua resposta não foi nem um pouco sutil: deu um longo bocejo, virou de lado e se deitou.

Antes de desmontar a barraca, porém, varri com uma pequena escova toda a neve e gelo que estavam dentro. Era tanta neve que agradeci a mim mesmo pela feliz idéia de ter trazido a escova. Desconectei o vestíbulo do sobreteto, que permaneceu montado, e o guardei no trenó. Depois foi a vez de desmontar o sobreteto. No que entrei embaixo fiquei surpreso com a quantidade de gelo que estava grudado no nylon. Pareciam placas de vidro. Só consegui tirar as maiores, com extremo cuidado para não rasgar o nylon. Deixei os dois arcos enfiados nas mangas, enrolei tudo e prendi no topo do trenó.

Uma das últimas coisas a guardar foi o fogareiro. Como ele ainda estava morno e o tanque de combustível cheio de pressão, tive que esperar até o último instante para poder desmontá-lo.

Com tudo colocado, apertei as cintas laterais para comprimir a carga, e sob elas enfiei o tripé, a pá e um saco de lanche, que ficaram bem à mão. Por fim a espingarda, no topo de tudo. As garrafas térmicas continuaram na mochila.

Antes de começar a andar dei uma última ajeitada nas minhas roupas. Amarrei as botas, fechei o zíper do casaco, apertei a cordinha do gorro e prendi as luvas. Estas ficavam presas por elásticos ao antebraço, para ficarem penduradas e não serem carregadas pelo vento caso necessitasse tirá-las. Deixei minha máscara de neoprene presa no pescoço, para o caso de começar a ventar. Caso o tempo esquentasse eu ainda tinha à mão, para substituir o gorro de pele, minha *headband,* que é uma grossa faixa elástica que protege apenas as orelhas e a testa, permitindo à cabeça respirar melhor.

Com tudo pronto alinhei o trenó do Bruno ao lado do meu, conectei o Bruno nele, prendi a cinta barrigueira do meu trenó, calcei os esquis, agarrei os bastões e, ufa, comecei a andar.

Sem ter com quem dividir as tarefas, entre levantar, tomar café, encher as garrafas de chá, desmontar a barraca e montar o trenó, levei 2h45 para ficar pronto. Isso com tempo bom e sem pressa. Mas eu esperava com o decorrer dos dias ganhar mais prática e diminuir esse tempo.

– Vamos lá, Bruno. – Com um tranco tirei meu trenó da inércia e comecei a caminhar. Bruno seguia à minha direita. Eram 9h45 da manhã.

Como não estava ventando, assim que meu corpo se aqueceu com a marcha tirei meu *anorak*. Eu queria evitar que minhas roupas formassem uma camada de gelo por fora, como acontecera na véspera. Quanto à barba não teve jeito. Em poucos segundos o ar quente que saía da boca se condensou e formou uma espessa placa de gelo em volta do rosto. Até o zíper do casaco se congelou. A cordinha que prendia o gorro, então, mais parecia um cabo de aço de tão duro.

Durante quase três horas caminhei sobre uma superfície dura e lisa, tão firme que pude mais uma vez dispensar os esquis e caminhar só com as botas. Eu me sentia como urso, migrando pelo gelo. O mundo à minha volta tinha só duas cores: o azul do céu e o branco da neve. Nenhuma nuvem. Nenhuma sombra à minha frente, obstáculo, nada. Eu tinha uma visão aberta do espaço. Total e absoluta. Era como se estivesse em alto-mar. Aliás, eu estava em alto-mar. Só que congelado.

A me acompanhar, somente Bruno e a minha sombra, que me ajudava a navegar. Dependendo da hora eu sabia onde ela deveria estar. Se não estivesse, eu é que estaria caminhando na direção errada.

Enquanto arrastava o trenó, o tempo passava lentamente. Era o melhor momento para pensar na vida, no futuro, nas coisas que deixei para trás e no trabalho que deu planejar tudo.

Sem nenhuma referência no Brasil, qualquer informação, por menor que fosse, tive que buscar no exterior. E o trabalho que deu para achar as pessoas que já estiveram no Ártico antes? Ninguém sabe o telefone ou o endereço deles. Tive que fazer um trabalho de Sherlock Holmes até achar todo mundo.

Sem ninguém para me ajudar pessoalmente, e sem nenhuma experiência anterior em Ártico, tive que aproveitar a fase de preparação, em Missoula, para buscar minhas próprias soluções e aprender com os erros. Nesse sentido, os erros deixaram de ser um problema para fazer parte da solução.

Sabia que uma vez começada a caminhada eu teria que tomar uma série de decisões. Desde qual rota a seguir, que roupa vestir e em qual ritmo andar, até quantos goles de chá eu poderia dar em cada parada. Só que tinha um detalhe: eu não poderia errar nenhuma decisão. Um erro, *unzinho* só, poderia comprometer meu conforto e segurança, e até minha vida.

Eu não teria que discutir com ninguém para impor meu ponto de vista, é verdade, mas seria só eu a vítima de uma decisão errada.

E eu sabia que muitas decisões seriam tomadas em momentos de estresse, medo, cansaço e pressa. Por isso era importante estar sempre observando a natureza – nuances na cor e na textura do gelo, a direção do vento, a temperatura e muitos outros detalhes – para não ser pego de surpresa; e prever tudo o que poderia acontecer e ter uma resposta adequada para cada problema que surgisse.

Agora, é claro, eu tinha consciência de que, por melhor que fosse o planejamento, numa expedição desse tipo – solitária, a pé – eu estaria muito vulnerável e que a linha que divide a vida da morte seria muito tênue. A natureza é muito mais forte, ainda mais no Ártico, onde se caminha por sobre um oceano infestado de ursos. Nessas condições não dá para ser infalível e ter a certeza de chegar a parte alguma. Uma simples distensão muscular e pronto, eu teria que parar. Qualquer atleta está sujeito a esse risco.

Eu procurava sempre controlar o ritmo dos meus passos. Nem muito rápido, para não me desgastar, nem muito lento, para não perder tempo. O trenó, praticamente com os mesmos 80 quilos da véspera, vinha bem e sem solavancos. Bruno seguia tranqüilo à minha direita.

O projeto do trenó tinha sido muito importante dentro do meu planejamento. Afinal, ele seria meu "barco". O inconveniente era que o motor seria o próprio tripulante, que iria do lado de fora... puxando.

Ele foi especialmente projetado de acordo com meu peso, tamanho, tipo de terreno que iria enfrentar e o peso da carga a ser transportada.

Era pequeno, para poder manobrá-lo com as mãos na travessia entre blocos de gelo, mas grande o suficiente para encaixar todos os mantimentos e equipamentos. E era forte para agüentar o impacto com os obstáculos de gelo e ao mesmo tempo ultraleve para não sobrecarregar o "motor". E um detalhe importante: se numa emergência eu perdesse a barraca eu poderia me encaixar dentro dele para me proteger.

Meu trenó tinha ainda dois trilhos de um plástico especial sob o casco, seguindo todo o comprimento. A distância entre eles era exatamente igual à largura das minhas passadas com os esquis. No gelo duro só eles é que tocariam no solo, mas na neve mais fofa eles seguiriam pelos sulcos que eu fosse fazendo com os esquis, diminuindo assim o atrito. Para proteger a carga o trenó tinha uma cobertura dupla de nylon. A primeira cobria tudo e era fechada por velcron. Eu não queria correr o risco de ter algum zíper emperrado pelo frio. A segunda, bem estreita, vinha por cima e era ligada à beirada do trenó com fitas de ajuste. Asim eu poderia comprimir a carga e rebaixar o centro de gravidade do trenó, aumentando a sua estabilidade.

Para puxá-lo eu vestia uma cinta-barrigueira acolchoada acoplada a uma espécie de suspensório que mais parecia as alças de uma mochila. Nas laterais da cinta havia duas argolas metálicas onde eu me conectava a duas cordas de nylon com um mosquetão na ponta.

Alguns aventureiros preferem, no lugar das cordas, usar duas barras de fibra de vidro. A vantagem delas é que mantêm a distância entre a pessoa e o trenó sempre constante, diminuindo os solavancos. É o ideal nas descidas. Mas depois de experimentar as duas opções acabei preferindo as cordas. Se quisesse pegar alguma coisa no trenó bastava caminhar para trás, sem a necessidade de me desconectar. Além do que, no Ártico o terreno seria sempre plano.

Aos poucos fui deixando as pequenas Ilhas Emikutailaq e Kalivik à minha direita e continuei seguindo paralelo à costa da Ilha Bathurst, à minha esquerda. Vez por outra eu olhava para trás para ver se não tinha nenhum urso nos seguindo. Exceto por uma ligeira dor nos músculos da base do pescoço, causada pela mochila, tudo ia bem e eu me sentia confiante.

Às 12h30 parei para fazer o primeiro lanche. Estava cansado e morrendo de fome. O ar estava parado. Nem uma brisa. Só havia uma nuvenzinha no céu, lá longe, para os lados de Resolute. Sentei de frente para o sol, que brilhava inundando o Ártico de luz. Quando fui fazer xixi percebi que o cursor inferior do zíper frontal do macacão estava congelado e emperrado.

Meu macacão, na realidade uma jardineira com duas alças elásticas, se abria com um longo zíper frontal, que podia ser aberto de cima para baixo ou de baixo para cima, mas como estava vestindo um casaco e um colete por cima, a única maneira de abri-lo sem tirar as roupas era por baixo. Mesmo sem o *anorak*, minha roupa já estava toda coberta de flocos de neve e pelotas de gelo. Enfiei o dedo na cordinha do cursor do zíper e dei uma forçada, com cuidado para não arrebentar. Nada. Ele se recusava a subir. Com meu corpo esfriando rapidamente, a vontade de fazer xixi aumentou e nada dele abrir. Já estava quase fazendo nas calças quando finalmente consegui levantar o zíper.

Que alívio! Foi por pouco. Depois comecei a rir. Se molhasse as calças o desconforto ia ser grande. Primeiro, não ia dar para trocar de roupa naquele frio. Segundo, eu só tinha uma cueca de reserva, que estava reservando para usar após o vigésimo dia. (Nesse dia, sim, eu iria trocá-la. Tá pensando o quê?... Mesmo que não precisasse.)

Já aliviado, vesti o *anorak* para me proteger mais um pouco do frio e, usando o trenó do Bruno como assento, tranqüilamente comecei a comer parte do meu lanche. Era um momento ansiosamente esperado. Eu tinha várias opções no meu cardápio: nozes, amêndoas, avelãs, castanhas de caju, do Pará, uma enorme barra de chocolate suíço (uma por dia), um pequeno tijolo de trufas (um por dia), biscoitos salgados e bife seco, além de três opções de bebidas. Um luxo!! Eu degustava tudo devagar, sentindo o gosto dos alimentos. Olhava para cada castanha como uma dádiva dos deuses.

Para chegar onde queria teria apenas que andar, comer e dormir. Tudo tão simples mas, ali no Ártico, tão complicado. Apesar do frio, me sentia em paz e curtia aquele momento.

Estava longe, admirando aquela bela paisagem, quando de repente levei um susto: Bruno deu um pulo e começou a rosnar. Quase engasguei com o chá. – Um urso!! – Me livrei do saco de comida, levantei correndo, agarrei a espingarda e olhei para trás.

A princípio não vi nada, mas Bruno continuava rosnando em direção à Ilha Kalivik, à nossa direita. Ele só não correu naquela direção porque estava preso a mim. Será que o urso é tão branco que não dá para ver?, pensei, enquanto sentia meu coração disparar. Instintivamente eu vasculhava a área com os olhos. Até que de repente vi alguma coisa se mexendo. Não era um urso. Felizmente era só um lobo, todo branco. Devia estar a uns 400 metros de distância, é difícil calcular, mas estava se aproximando. Timidamente foi chegando cada vez mais perto. Só fiquei parado, observando. Notei que era um lobo pequeno, talvez um filhote ou um fox, primo menor dos lobos. Quando chegou a uns 80 metros parou e ficou olhando para o Bruno, que a essa altura estava mais do que excitado. Ele queria de qualquer jeito ir de encontro ao animal.

– Quieto, Bruno – ordenei, mas era o mesmo que falar com uma porta. Se não estivesse preso iria atrás do bicho sabe-se lá até onde. Provavelmente voltaria, mas depois de quanto tempo? E se me aparece um urso enquanto isso? Ele tinha que estar sempre preso a mim. Depois de uma prolongada troca de olhares, o lobo virou as costas e desapareceu na mesma direção que veio.

– Caramba, Bruno, que susto! – Aí dei um abraço nele.

– Bom trabalho, percebi que você está bem atento. – Mas ele não queria saber de conversa. Queria ir atrás do lobo de qualquer jeito. Nem oferecendo um biscoito ele se acalmou.

Guardei meu saco de lanche e o cantil e recomecei a andar. À tarde entrei numa zona de gelo áspero e ondulado. A cada ondulação eu tinha que puxar com mais força o trenó, o que foi me deixando cada vez mais cansado. Aqui e ali comecei a ver um dos maiores perigos do Ártico: fissuras no gelo. Eram longas, mas tinham apenas alguns milímetros de abertura. Na tentativa de achar uma superfície mais lisa e firme fui me aproximando da costa e cheguei a 50 metros dela.

Agora dava para ver bem a rampa que levava ao topo da ilha. Uma rampa contínua de uns 20 a 30 metros de altura e sempre igual.

O terreno estava cheio de obstáculos de gelo me forçando a fazer inúmeros desvios. Tinha que tentar achar um ponto de equilíbrio entre o caminho mais rápido e o mais seguro. Os obstáculos nada mais eram que pequenas formações, lombadas e protuberâncias na superfície. Eu queria a todo custo evitar de entrar num beco sem saída e ter de voltar alguns metros.

Com um trenó de 80 quilos nas costas qualquer centímetro para trás seria uma tortura. Aos poucos o cansaço foi batendo e fui parando cada vez com mais freqüência. Bruno também estava cansado, e nas últimas paradas deitava e adormecia.

Percebi que com os desvios eu estava novamente me afastando da costa irregular da ilha e aumentando meu trajeto. Às 16 horas resolvi parar. O dia estava maravilhoso, mas eu estava exausto e com frio, com as roupas cobertas de gelo. Decidi encerrar o expediente enquanto ainda tinha forças. Um corpo cansado fica mais vulnerável ao frio, que ali não estava para brincadeira: 29 graus abaixo de zero. Chequei o GPS: 13 quilômetros percorridos.

Eu estava agora a uns 200 metros da costa da Ilha Bathurst, que seguia em frente à minha esquerda.

A ilha leva o nome de um antigo Secretário de Estado inglês e tem uma área de aproximadamente 17 mil quilômetros quadrados, localizada no centro das Ilhas Queen Elizabeth, no extremo norte do Canadá. Sua costa é bastante recortada, cheia de pequena baías e longos fiordes, principalmente na costa oeste.

No interior da ilha alguns pontos chegam a atingir pouco mais de 300 metros de altitude, mas no geral o relevo é apenas ondulado, monótono e totalmente árido. A ilha está a centenas de quilômetros acima da linha onde ainda nascem árvores e faz parte de um imenso deserto polar que começa ao sul de Resolute e se estende até o Pólo Norte Geográfico da Terra. O ar é tão frio e seco naquela região que quase não há nuvens produtoras de neve, por isso a precipitação é muito pequena.

Perdi um tempo procurando um lugar sem fendas para montar a barraca, mas acabei não achando. As fendas se espalhavam por todo lado. Meu medo era delas se abrirem durante a noite. Eu sabia que isso dificilmente aconteceria mas... e se acontecesse? Eu estava sozinho! Sem opções, escolhi a fenda mais fechada e montei acampamento a uns cinco metros de distância.

Antes de montar a barraca calculei mais ou menos um lugar e prendi Bruno antes dele adormecer. Com o acampamento instalado, peguei meu facão e fiz uma pequena parede com blocos de gelo em volta para protegê-lo caso ventasse durante a noite. Depois instalei a antena do rádio – uma chatice.

Terminei o serviço novamente com as mãos quase congeladas e tremendo de frio. Enquanto montava percebi que havia alguns pontos pretos no topo da costa da ilha. Deviam ser *musk-oxes* me observando.

Entrei ofegante na barraca. Eu precisava me esquentar. Comecei a esfregar as mãos e os braços para ativar a circulação. Enquanto esperava a hora de chamar no rádio, aproveitei para descansar, relaxar e comer alguma coisa. Depois, com as baterias do rádio enfiadas dentro das roupas, fiz minhas anotações no diário. Largados ao meu lado, o GPS e a câmera fotográfica já estavam congelados e não funcionavam mais.

No horário combinado liguei o rádio e a resposta veio rápida. Dessa vez o contato foi excelente. O difícil foi desmontar a antena em seguida. Um verdadeiro suplício: a temperatura estava em 32 negativos e congelava até a alma. Para piorar, quanto mais rápido eu queria enrolar os fios mais eles escapavam das mãos.

Entrei na barraca com as mãos e os pés gelados, e assim eles ficaram enquanto preparei o jantar. Pus talco nos pés para eliminar a umidade gelada, esfreguei com as mãos, troquei de meias mas não adiantou: meus pés continuaram frios.

Frio é uma das piores sensações que existem, e comecei a ficar preocupado. Meu medo era congelar os dedos dos pés e não perceber. Como eles estavam sempre com meias e botas, quando visse poderia ser tarde demais. Tinha que ficar atento a isso.

Para comemorar esse segundo dia fiz um ensopado de frango após a sopa, e terminei o dia tomando meio litro de chá fumegante.

Antes de entrar no saco de dormir resolvi dar uma última olhada para me certificar que não havia nenhum urso nas redondezas. Nisso Bruno acordou e me lançou um olhar tristonho, como se estivesse se sentindo meio desprezado por ter sido colocado tão longe da barraca.

Aquele olhar me partiu o coração, mas o que é que eu poderia fazer? Eu sabia que ele estava acostumado a dormir no relento, e estava tão-somente seguindo as instruções do seu dono, de não tratá-lo como um bichinho de estimação. Mesmo assim fechei o zíper chateado, entrei no saco de dormir e me preparei para mais uma noite desconfortável.

# A ÚLTIMA NOITE

## TERCEIRO DIA

## 2 de abril – 75°35' Norte, 97°24' Oeste

Depois de achar uma posição mais quentinha dentro do saco de dormir, praticamente não me mexi mais e só acordei às 7h10. Novamente foi cruel sair do saco de dormir e começar a fazer o café. Tudo estava terrivelmente gelado. O termômetro era implacável: 30 abaixo de zero. Isso chega a doer no corpo.

Um frio desses também exige mais esforço do fogareiro, o que me fez perder mais tempo.

Assim que abri o zíper da barraca para sair o Bruno fez a maior festa. Pela manhã ele estava sempre bem disposto, pronto para andar.

– E aí, amigão, dormiu bem? – Pela festa que se seguiu, percebi que ele dormira muito bem. O gozado é que mesmo abanando o rabo violentamente e se esfregando no gelo, para brincar, ele não me lambia e não latia. Era como se isso não fosse digno de um bravo cão esquimó.

Dei uns tapinhas carinhosos nele, apertei as bochechas e fiquei "conversando", perguntando se ele ainda estava chateado por eu tê-lo prendido longe da barraca. Pela sua reação acho que tinha sido desculpado. Embora o tenha tratado na véspera como um cão esquimó deve ser, eu não conseguia me furtar de brincar com ele, que era meigo e até um pouco tímido. Talvez por ainda não nos conhecermos bem.

Do lado de fora a manhã estava bonita como as anteriores, mas eu, ainda lento nos movimentos, só consegui começar a andar às 10 horas.

Naquele dia minha intenção era tentar alcançar o Black Point, o primeiro ponto importante que tinha nome no meu mapa. Era um ponto estratégico. Fica na borda do Goodsir Inlet, uma enseada com pouco mais de 18 quilômetros de largura e que adentra 10 quilômetros na costa leste da Ilha Bathurst. A enseada fica na desembocadura do Polar Bear Pass, ou Passo do Urso Polar, que é na verdade um vale pouco profundo, com cerca de 28 quilômetros de extensão que liga a costa leste da ilha à Enseada Bracebridge na costa oeste, dividindo, a grosso modo, a Bathurst em duas partes – norte e sul. No verão, vários riachos que percorrem a ilha deságuam no fundo desse vale, que fica quase ao nível do mar, formando pequenas lagoas. Talvez por isso o lugar sirva como habitat para vários animais do Ártico, incluindo o caribou (parecido com um alce), o *musk-ox*, o lobo e a lebre do Ártico; e é ali que várias fêmeas de urso polar fazem suas tocas para proteger os filhotes.

No alvorecer da primavera os rios ainda estão congelados e o vale é usado pelos ursos para irem de um lado ao outro da ilha, daí o nome do passo. Isso significava que ali estavam as maiores chances de me deparar com um *nanuk* – como os Inuits chamam os ursos polares.

Durante a primeira hora caminhei sobre um terreno áspero e enrugado, e logo surgiram os primeiros icebergs. Vários deles. A presença deles ali significava que tinham ficado encalacrados no gelo quando a calota polar começou a se congelar no último inverno.

A grande quantidade de obstáculos obstruía minha visão e só me permitia ver algumas dezenas de metros ao redor. Eu não tinha me dado conta dessa limitação de visão até o momento que Bruno começou a ficar alerta. De repente ele levantou o focinho no ar e farejou alguma coisa para trás. Aí ele parou... Olhou para trás... ficou olhando... até que desistiu e voltou a caminhar. Andamos mais uns cinco minutos e ele de novo farejou algo atrás de nós. Examinou o terreno e não viu nada. Tinha a expressão preocupada, mas não fez nenhum alarde. Se tinha algum perigo rondando, guardou para ele.

Se por um lado era interessante ver o instinto caçador do Bruno, por outro comecei a ficar assustado, pois não sabia o que poderia estar por trás das pedras de gelo. O vento frontal levava nossos odores para trás, atraindo animais, que tinham o vento a seu favor. Astuto, Bruno parecia ter consciência disso.

Eu, que tinha ido ao Ártico para, entre outras coisas, observar a vida animal, agora sentia que eu era o observado. A cada instante eu parava e olhava para trás. Embora me sentisse seguro com Bruno ao meu lado, que caminhava de cabeça erguida, destemido, o silêncio de cemitério só aumentava minha ansiedade. Naquele jogo de gato e rato, eu era o rato.

No que Bruno ficava alerta eu olhava rapidamente para trás na esperança de surpreender meu observador, se é que ele existia. Para me deixar mais encafifado ainda, tinham os icebergs. Eles têm formas bizarras e lançam sombras que mudam conforme se muda de posição ao caminhar. Cada vez que olhava para trás, via um monte deles, e ao me virar pela segunda vez, uma sombra ou outra tinha mudado de forma. Dava a nítida impressão que tinha algum animal me espreitando, e que se escondia quando eu olhava para trás. Eu sabia que devia ser a imaginação me pregando uma peça, mas até provar que jacaré não tem bico...

Esculpidos caprichosamente pela natureza, os icebergs realmente são muito bonitos e alguns se parecem com reluzentes estátuas de cavalos, cabeça de leão, esfinge e muitas outras formas, conforme a imaginação do observador. O interessante é que a forma e a cor mudam completamente conforme o ângulo que se vê, e num segundo de distração a figura some de repente e nem dá para saber qual dos icebergs que se estava olhando.

Era sem dúvida um jogo de luz e sombra curioso de se admirar, mas eu, com a visão limitada e sem ter para onde correr, não estava achando a menor graça. Regiões de icebergs são as mais propícias para se encontrar focas, que por sua vez são o prato predileto dos ursos.

O número de fissuras na superfície gelada aumentou tanto que não deu mais para evitá-las. A configuração das fraturas no gelo lembrava uma teia de aranha, isto é, partia de um ponto central, geralmente um pequeno iceberg, e se espalhava em todas as direções. E entre uma fissura e outra, pequenos rachos perpendiculares.

Tudo ia bem até que, de repente, enfiei o pé até a canela numa fenda escondida. O susto foi tão grande que decidi colocar os esquis, pela primeira vez.

No Ártico os esquis são um item de segurança fundamental. Como são compridos – os meus tinham 2,05 metros – distribuem melhor o peso sobre a superfície, diminuindo as chances de afundar numa eventual fissura. Para ter alguma tração, visto que são lisos que nem quiabo, tinham uma pele colada na parte de baixo, conhecida por "pele de foca", em referência ao material usado antigamente. Essa pele hoje em dia é uma fita adesiva felpuda, de material sintético, que impede o esqui de deslizar para trás; mesmo assim, num terreno plano a tração nunca é a mesma da que se tem caminhando só com as botas. Mas numa região cheia de fendas como aquela eu não tinha escolha.

Depois de duas horas de caminhada acabei chegando numa praia. A costa da Ilha Bathurst parecia distante, mas na realidade a rampa nevada estava apenas recuada, e onde eu estava era um grande prolongamento da praia. O solo estava coberto por uma camada de neve muito fina e dava para ver várias pedrinhas se destacando da paisagem.

Como ali meu campo de visão era bem maior, resolvi parar para descansar e alegrar a boca e os olhos beliscando alguma coisa. Minha roupa já estava coberta com flocos de neve, mas dessa vez o zíper inferior do macacão, mesmo pressionado pela barrigueira, não estava congelado. Para evitar novas aflições na hora de fazer xixi, decidi não fechá-lo mais até o fim.

Assim que sentei sobre o trenó do Bruno ele veio todo dengoso, sentou na minha frente e levantou a pata dianteira me pedindo para coçá-lo. Embora ainda estivesse preso ao seu trenó, as cordas eram compridas e ele podia se mexer à vontade.

Fiz um agrado e comecei a coçar seu peito. Estava tão gostoso que ele fechou os olhos e ficou só curtindo o carinho. Aos poucos foi se deitando de lado, depois de deitou de barriga para cima. Ele adorava.

Embora fosse um destemido cão polar, que enfrenta até urso, era bonzinho e adorava um chamego. Estávamos nos tornando bons amigos e aos poucos ele estava se soltando.

Assim que parei de coçar ele levantou, sentou na minha frente e ergueu a pata de novo pedindo para que eu continuasse. Então, para provocá-lo, levantei, fingindo que ia embora. Ele me analisou por alguns instantes, depois ficou de pé e se apoiou em mim, me pedindo para continuar. Era um verdadeiro chantagista, com seu olhar "pidão", e eu não consegui contrariá-lo. Ficamos um tempão ali, brincando. Ele se sentia em casa. Me dei conta que tinha um companheiro e tanto do meu lado, talvez o melhor que poderia ter.

Depois de um longo descanso levantei e recoloquei os esquis para recomeçar a andar. – Vamos lá, Bruno. Chega de brincadeira. É hora de andar. – Mas para ele ainda não havia chegado a hora. Assim que fiquei de pé ele caminhou até a minha frente e se jogou sobre os esquis, com a barriga para cima, com aquela cara de "quem te disse que estou a fim de ir a algum lugar? Tá tão bom aqui"– Depois de mais uns segundos de cafuné me levantei e comecei a mexer no trenó, ignorando-o. Aí ele percebeu que não tinha mais jeito de me chantagear e se aprumou para começar a andar.

Assim que cruzamos a praia voltamos para cima do gelo. Aos poucos comecei a ver pegadas de lobos ou de fox. Tinham metade do tamanho das pegadas do Bruno. Mais para a frente vi várias trilhas com pegadas minúsculas, provavelmente de algum roedor. Vi também vários caroços parecidos com amendoim, de cor bem escura. Seriam fezes desses roedores? Essa grande quantidade de sinais da presença de animais indicava que eu devia estar próximo do Black Point.

Mais uma hora e meia de caminhada e fiz outra parada para lanche. Assim que comecei a me esbaldar com os diferentes tipos de castanhas e biscoitos, Bruno se aproximou. Veio timidamente, com aquele olhar de "e eu, não participo?" Dei algumas castanhas, mas ele comeu sem grande entusiasmo. Ainda bem – pensei. Depois voltou à carga e ganhou alguns biscoitos. O entusiasmo aumentou.

– Agora chega. – Mas ele insistiu.

– Bruno, você não está querendo me dizer que estou carregando comida para você, está? Sua comida está aqui no seu trenó e agora não é hora. Sinto muito.

Mas como ele não "falava" português, seu olhar "pidão" continuou me encarando. Na verdade, o que o deixou excitado mesmo foi quando abri o saco com bife seco. Para comer sossegado, resolvi virar de costas. Ele deu a volta no trenó e me encarou de novo, sempre abanando o rabo. Sentado, fui dando a volta em mim mesmo, e ele me seguindo. Joguei um pedaço de bife meio longe para ver se me livrava dele. Que nada. Segundos depois lá estava ele de novo lambendo os beiços e me olhando. Enfiei um monte de castanhas na boca, bebi o resto do chá e guardei o saco com comida. Felizmente não precisava dar do meu chá nem derreter neve para ele beber. É curioso, mas os cães esquimós não bebem água. Para matar a sede eles mastigam neve.

– Pronto, Bruno, acabou o almoço. – Enganei ele. No que ele virou de costas joguei na boca um último pedaço de trufas que tinha escondido no bolso. No que se virou de novo já era tarde demais. Mas ele ficou "visivelmente" magoado. Seu olhar dizia tudo. Quem tem cão sabe do que estou falando. Fiquei com a consciência pesada, afinal não era justo. Éramos "compadres" ou não?

– Toma, Bruno, mais um pedação de bife para você. – Ele se alegrou todo. Pôs o bife no chão e ficou segurando com as patas dianteiras enquanto curtia aquele momento. Depois fiquei pensando se não devia ter trazido um osso para ele.

Às duas horas da tarde, finalmente alcancei o Black Point, que nada mais era que alguns grandes blocos de pedras que se destacavam na neve, e fiz a virada para a enseada. O frio continuava intenso – por volta dos 26 graus negativos – e minha barba estava totalmente coberta de gelo. Do meu bigode desciam longas estalactites de gelo que se juntavam às da barba e me impediam de abrir a boca. Para tentar evitar esse incômodo comecei a "pescá-los" com o lábio inferior e enfiá-los na boca. Quando isso não era possível eu os quebrava com a mão e colocava na boca. Foi uma agradável surpresa perceber que depois de mastigados era como se eu tivesse bebido um pouco de água, e logo comecei a fazer disso um hábito.

O que mais me atrapalhava ainda era a mochila, que me fazia suar muito e aumentava um pouco minha dor nos ombros.

Para me poupar para os últimos dias, logo pela manhã comecei a manter um ritmo uniforme de caminhar e parar. Estabeleci caminhar direto por uma hora e meia e parar por 15 minutos para descansar. Nessas paradas, aproveitava para relaxar os músculos e me automassagear, o que não era fácil com as mãos cheias de luvas e os ombros cheios de roupas. Mas funcionou. Ao final de algumas horas percebi que, apesar da dor nos ombros, meu desgaste havia diminuído.

Nesse ritmo segui costeando a enseada. A tarde estava linda, com o sol já escondido atrás da Bathurst deixando o topo das encostas e o céu todo alaranjado e a neve, na sombra, ganhando tons azuis-prateados. Eram 16h30 quando resolvi montar acampamento.

Eu não queria percorrer toda a enseada por dentro, contornando a costa, pois isso encompridaria muito o caminho. O ideal seria atravessá-la por fora, numa linha reta até o próximo ponto – Rapid Point – a uns 18 quilômetros dali. Isso levaria todo o dia seguinte, e se eu começasse a travessia àquela hora teria que pernoitar bem no meio da enseada, repleta de icebergs e, provavelmente, ursos. A simples idéia de entrar numa barraca, sem poder enxergar muitos metros ao seu redor, era apavorante. Eu ainda não me sentia assim tão à vontade naquele lugar.

Perdi uns 20 minutos tentando achar um lugar seguro próximo à costa, mas não achei. Tive então que montar acampamento na praia coberta de neve, um terreno firme mas inclinado. A sensação de estar pisando em um lugar sólido, sem água embaixo, não deixou de ser um alívio.

Mas o Ártico definitivamente não é um lugar que facilita a vida das pessoas. Na montagem da antena do rádio percebi que acampar na praia tem lá suas desvantagens: a neve tinha a consistência de isopor, e se quebrava com irritante facilidade, dificultando a fixação dos bastões de esquis nas extremidades. Conclusão: sempre que esticava o segundo fio, o primeiro caía e eu tinha que começar tudo de novo. A 26 graus abaixo de zero isso era uma delícia. Montar a antena era um verdadeiro teste de paciência. Como estava sozinho e não podia delegar essa função para ninguém, a solução achada por mim foi esticar ao máximo o limite da tolerância. Acontecesse o que acontecesse eu tinha que me comportar como um monge tibetano.

Outra desvantagem era que eu não conseguia prender o Bruno. Por mais fundo que enfiasse a estaca de fixação, ela simplesmente escapulia ao menor tranco dele. Na última tentativa cravei uma estaca, um espeque da barraca e até um grampo de gelo, desses que os alpinistas usam para se fixar numa encosta gelada, mas não funcionou. A neve não segurava. Bruno, que a tudo observava, ao perceber meu insucesso ficou todo radiante e não parou de se agitar, me chamando para brincar. – Vai ficar livre esta noite, hein, *seu* Bruno. – Seu contentamento era tão grande que ele se deitou de pernas para cima me pedindo para coçar seu peito. – OK, Bruno, você venceu, mas vê se não vai me abandonar durante a noite indo atrás de outros bichos, hein.

Para comemorar os 14,8 quilômetros percorridos naquele dia, após a sopa preparei uma lasanha ao sugo, com queijo ralado. Teve até sobremesa: o resto de um tijolo de trufas, poupado com muito sacrifício especialmente para aquele momento.

Era comemorando pequenas vitórias assim que eu planejava me incentivar. Eu mesmo tinha que criar um ambiente alegre e otimista para a "equipe". Por coincidência ou não, naquela noite recebi uma mensagem pela Morag que meu patrocinador estava muito feliz com o andamento da expedição. Meu pensamento começou a voar:

– Ah, o Brasil... tão quente... tão distante... Terá algum brasileiro mais isolado do que eu agora? Será que alguém na Real Seguros conseguiria imaginar esse lugar onde estou? Rodeado por todo esse silêncio, esse visual, essa paz... esse frio de lascar, os ursos me ameaçando... Duvido.

– Muita gente inveja essa vida que eu levo, cheia de viagens e aventuras, mas quantos trocariam de lugar comigo, agora? Ah, se eles soubessem o trabalho que deu para chegar até aqui...

Pouco depois da meia-noite tomei coragem e dei uma saidinha da barraca. O sol resplandecia atrás da Bathurst e o céu agora estava azul como se fosse um fim de tarde. Os últimos vestígios de escuridão estavam desaparecendo e a noite polar indo embora, levando consigo a lua e as estrelas. Eu tinha que me despedir.

# O passo do urso polar

## Quarto dia

### 3 de abril – 75°42' Norte, 97°29' Oeste

Acordei ao som de um motor e de um cão latindo. Que coisa mais esquisita! – pensei. Abri o zíper da barraca e vi que Bruno estava deitado bem junto à porta. Ao invés de fugir, ele aproveitou que estava solto e se aproximou da barraca, como que para ficar mais perto de mim e me proteger. Aquilo me deixou contente e senti orgulho pelo meu companheiro de expedição. São pequenas coisas assim que tornam uma expedição mais gostosa e amenizam o sofrimento e o desconforto.

Enquanto preparei o café continuei a ouvir o som do motor e do cão latindo. Percebi que Bruno também estava intrigado, embora sua expressão fosse de absoluta tranqüilidade. Mas, o que seria aquilo?

Antes de sair abri um espaço dentro da barraca e fiz um pouco de alongamento. Os 41,8 quilômetros – fora os desvios – percorridos em apenas três dias me deixaram com um pouco de fadiga muscular. Embora não fosse nada grave, sentia um pouco o joelho direito. E dor nas costas também. Mas não era de puxar o trenó. Era da posição que eu ficava dentro da barraca durante mais de uma hora. Como a barraca era muito baixa, eu tinha que preparar o café sentado e curvado, numa posição bastante desconfortável.

Terminei os exercícios com a roupa coberta de neve, arrancada do teto a cada raspão. Onde quer que encostasse a neve grudava em mim e não tinha jeito de tirá-la. Eu tinha que conviver com as luvas úmidas e os dedos duros, quase congelados.

Antes de começar a andar dei uma subida pela rampa de neve atrás do acampamento e dei uma espiada na enseada. A superfície da calota ali mais parecia um cemitério de icebergs, tamanha a quantidade de blocos encalacrados. Deu para ver que a melhor maneira de evitá-los era seguir pela costa, mas isso aumentaria meu trajeto e me levaria na boca do Polar Bear Pass, que eu queria a todo custo evitar. A outra alternativa seria seguir numa linha reta, me enfiando no meio deles. Era uma aposta arriscada, pois se o terreno ficasse muito acidentado eu teria que voltar para trás, fazer grandes desvios ou seguir em frente manobrando o trenó com as mãos por cima de cada obstáculo. Poderia levar horas para avançar poucos quilômetros. Isso sem falar nos ursos. Como não esperava encontrar moleza no Ártico, decidi arriscar.

O sol estava radiante e a temperatura por volta dos 26 graus negativos. Para diminuir a dor nos ombros deixei minha mochila o mais leve possível, transferindo alguns objetos para o trenó.

Durante a travessia, mais uma vez me deparei com icebergs com as formas mais estapafúrdias. Alguns lembravam um enorme cogumelo, outros uma torre do jogo de xadrez, uma noiva, uma orelha, uma quilha de navio, e por aí vai. Tão atraente quanto as formas, são as cores. Além do branco, nas faces iluminadas diretamente pelo sol, eles têm um bonito tom azulado, às vezes suave, às vezes intenso, conforme a luz. Algumas partes são acinzentadas e até mesmo esverdeadas, quando despidas da sua capa de neve. Mas na calota polar não existem somente icebergs, existem várias outras formações. Vi muitos calombos de gelo duro, parecidos com vidro, incrustrados na superfície. Alguns eram rodeados por um anel que parecia espuma do mar congelada. Esses calombos são terríveis para ultrapassar, pois o esqui simplesmente não adere no gelo e eu sempre escorregava quando não desviava a tempo. Existem também ondulações suaves, como se o mar tivesse se congelado na sua forma habitual, ligeiramente encrespado, e algumas mais agudas e próximas, conhecidas como *sastrugi*, um terror para puxar trenó. Em geral, as ondulações não eram no gelo mas na neve da superfície, constantemente varrida pelo vento.

A textura do gelo e da neve também varia a cada metro caminhado, mas a neve nunca é fofa ou profunda. Dizem que os antigos esquimós riam dos primeiros "homens brancos" quando estes vinham para o Ártico com enormes raquetes para andar na neve. Um item totalmente desnecessário naquela região.

Apesar da infinidade de obstáculos, consegui me esgueirar entre eles e aos poucos fui avançando numa linha quase reta. Entre uma barreira e outra de icebergs acabei achando imensas clareiras de gelo liso que me permitiam aumentar a velocidade. Às vezes as barreiras de gelo pareciam intransponíveis, mas ao me aproximar sempre achava um corredor por onde podia passar.

Quando tinha que contornar uma formação maior eu era mais cuidadoso. Sempre havia a chance de ter um urso atrás esperando uma foca. Para afastar meu medo de ficar cara a cara com um, comecei a usar meu apito, avisando-o da minha aproximação para não pegá-lo de surpresa e assustá-lo.

Enquanto prestava atenção ao caminho e olhava para trás para ver se não vinha um urso, eu tinha que direcionar o Bruno. Ele puxava o trenozinho como se fosse uma caixa de isopor, por isso não havia obstáculos para ele. Bruno simplesmente passava por cima das ondulações e o trenozinho o seguia.

Para direcioná-lo para um terreno mais fácil para mim, tentei usar as vozes de comando que os esquimós me ensinaram: *uai uai*, para a direita, e *ai ai*, para a esquerda. Mas não funcionou. Ou meu sotaque Iniktituk não era dos melhores ou os cães Inuits só obedecem à voz do seu dono.

– Será que o Bruno é poliglota? – tentei dar ordens em inglês, espanhol, português... mas nada dele obedecer. Depois de muitos "ai ai" pra cá e "uai uai" prá lá, em diferentes tons e entonações, comecei a me sentir ridículo.

Essa gritaria não vai me levar a nada. É melhor achar outro método – pensei com meus botões. Mas o quê?

Depois de muito matutar notei que sempre que eu, sem querer, levantava a ponta do bastão de esqui perto da cabeça dele, ele se assustava e fugia para a direita. – Aha! *Taí* a solução! – Cuidadosamente comecei a aproximar o bastão à sua esquerda, acima da cabeça, e fui controlando a distância dos seus olhos para não assustá-lo. Num determinado ponto ele percebeu o bastão e virou para a direita. Fiz do outro lado e também deu certo. Às vezes ele ficava em dúvida, olhava para mim e percebia pela ponta dos meus esquis que eu queria mudar de direção. Aí mudava também. O método deu tão certo que, depois de um tempo, só pela sombra que o bastão fazia na neve a seu lado já era o suficiente para ele seguir para onde eu queria.

A superfície da enseada também estava com várias rachaduras, então não tirei os esquis dos pés. De quando em quando uma pegada de lobo aqui, uma pegada de urso ali, me deixavam preocupado. As de urso eram pequenas, do tamanho das pegadas do Bruno (bem maiores que as dos cães normais), por isso eu não tinha realmente certeza se eram de urso. Se fossem, deveriam ser de filhotes.

De repente, no meio do dia, levei um bruta susto. Ouvi um ruído estridente vindo rapidamente na minha direção e quando olhei para trás vi que era um *snowmobil* dirigido por um esquimó. Ele estava puxando um trenó comprido, com um gigantesco caixote de madeira em cima, onde estava um turista encapotado até as orelhas. O rapaz tinha contratado o Inuit para levá-lo até o Passo do Urso Polar para tirar algumas fotos. Tinham acampado a noite anterior no Black Point, e foi o barulho deles que tinha me despertado. Trocamos rápidas palavras e eles se foram.

O problema era que junto com eles estava uma cadela linda, da cor e do tamanho do Bruno, e foi muito difícil segurá-lo quando eles se afastaram. Ele queria por que queria ir atrás da fêmea, o que me deixou bastante irritado (e com uma pontinha de ciúmes, admito).

– *Daimã*, Bruno, *daimã* – eu gritava em Iniktituk pedindo para ele ficar quieto. Mas ele simplesmente me ignorava. Tentei avançar, mas não tinha jeito enquanto ele não se acalmasse. Com ele, forte e pesado, fazendo força para trás, seria impossível puxar meu trenó, o dele e ele ao mesmo tempo. Resignado, resolvi esperar uns 10 minutos até o esquimó se afastar a perder de vista.

Passado esse tempo Bruno continuou irredutível. Fui perdendo a paciência, comecei a xingar e depois de uns cinco minutos não tive outro jeito senão lhe dar uns tapas e umas broncas. Gritei com ele em português, inglês e Iniktituk. Só assim ele cedeu aos meus apelos, mas seguiu acabrunhado ao meu lado.

Assim que começamos a andar estranhei que meu trenó ficara excessivamente pesado. Será que enroscou em alguma coisa? Olhei para trás e não vi nada de errado. Dei mais uns passos e ele ficou pesado de novo, quando percebi era Bruno que estava se deixando ficar para trás. De cabeça baixa e desanimado, ele esperava a cordinha que nos unia esticar e só então caminhava, puxado por mim. Dei mais broncas, uns puxões na corda mas nada de ele se apressar. Já estava a ponto de explodir com ele quando caí em mim.

– Está ok, Bruno, você venceu. – Parei, tirei os esquis calmamente, larguei meu trenó, respirei fundo e fui coçar seu peito. Aí ele fechou os olhos e logo se esparramou no chão. – Pronto, nada como um cafuné para você voltar a ficar contente, né, seu manhoso? Desculpe-me por ter ficado nervoso. Vamos fazer as pazes. – Percebi que ainda não sabia totalmente como lidar com ele.

Minutos depois, aceitas minhas desculpas, ele já andava do meu lado todo pimposo.

Comecei a me culpar pela perda de controle emocional. Mas não era fácil evitar. Desde o início da caminhada, dias antes, a cada parada minha, por menor que fosse, Bruno dava uma olhada de esguelha, como me perguntando se eu tinha realmente parado. Se continuasse parado por um minuto ele se sentava. Mais um minuto e se deitava. A seguir ele se virava de lado e tentava adormecer. Tudo muito bom até o momento de chamá-lo para caminhar. Aí ele se levantava do lado errado, enroscava a cordinha que nos unia com a do seu trenó e eu perdia um certo tempo arrumando. Uma vez, duas, três, tudo bem, mas dez, vinte vezes por dia já estava enchendo um pouco o saco. Às vezes o nó era tão grande que eu tinha que tirar os esquis, desconectar todas as cordas, desembaraçá-las e conectá-las de novo. Sempre sob os olhares de "não tenho nada com isso" do Bruno.

Por volta das 15 horas cheguei na outra margem da enseada, ofegante mas feliz por não ter me deparado com nenhum urso. Logo começou a soprar uma brisa gelada vindo do norte. Era a primeira vez que ventava desde que tinha começado a caminhada 3 dias antes.

Com a brisa, o ar que saía da minha boca subia e embaçava os óculos, criando uma fina película de gelo difícil de tirar. Eu limpava as lentes com meus dedos, mas minhas luvas, já úmidas de suor, foram ficando molhadas e depois de um tempo eu não conseguia mais limpar os óculos direito. No final tentei seguir sem eles, mas era impossível, por causa da luz. Fui com eles meio embaçados mesmo.

Ultrapassada a enseada resolvi continuar pela costa, mais livre de icebergs e pouco mais abrigada do vento. A costa da ilha ali ainda era bastante uniforme, formando a mesma barreira interminável de antes, com uns 20 a 30 metros de altitude, sem nenhuma pedra ou pico que pudesse quebrar aquela monotonia da paisagem.

Aos poucos fui entrando numa zona extremamente acidentada. Parecia que o mar havia se congelado durante uma tormenta, com ondas altíssimas. Cada vez mais cansado, a cada desvio parava e ficava observando aquele lugar. Parecia um cenário surrealista, com vários blocos de gelo retorcidos, fantasmagóricos, rampas onduladas e pequenas crateras, tudo muito dramático.

Olhando para o alto vi um céu luminoso e sem nuvens, e o sol já estava indo se deitar atrás da ilha, à minha esquerda. Não se ouvia um som, um ruído, nada. O silêncio era absoluto.

Exausto, faminto, sedento e com dor nos ombros, comecei a procurar um lugar para montar acampamento. Bruno também estava cansado. Mas não estava fácil achar um bom lugar. Eu não queria de jeito nenhum acampar em meio aos blocos de gelo e não havia nenhuma clareira lisa. Com esforço continuei andando. Depois de um tempo avistei ao longe, junto à praia, formações que lembravam uma gigantesca gruta. Pareciam bem perto. Fui, mas acabei levando intermináveis 20 minutos para alcançar. Quando cheguei perto vi que era uma ilusão de ótica, pois na verdade era um desmoronamento de gelo e neve numa encosta mais íngreme. Continuei mais um pouco até que achei uma pequena clareira bem protegida junto à costa. O lugar era bastante abrigado do vento que poderia vir do norte e permitia uma boa visão do sul, de onde eventualmente viria algum urso.

– É aqui mesmo que vou parar – decidi. Olhei no relógio: 5 horas da tarde. Eu tinha caminhado seis horas e meia.

Com os dias cada vez mais longos e menos frios, a cada dia eu estava encerrando o expediente de quinze minutos a meia hora mais tarde.

Liguei o GPS e depois de 15 minutos ele deu minha posição: tinha avançado 14 quilômetros.

Mais uma vez o terreno não me permitiu prender o Bruno, mas ele estava exausto e logo se deitou.

Comecei então o longo ritual de montar acampamento. Dessa vez decidi não montar a antena do rádio. O terreno não ajudava e eu não tinha grandes novidades para contar. Mas o principal motivo mesmo era que eu não estava disposto a encarar o frio de desmontá-la mais tarde. A sensação de dedos quase congelados era horrível.

Para não deixar ninguém preocupado, eu já havia combinado com a Morag que eventualmente ficaria um dia ou outro sem me comunicar. Mas ficou acertado que, se eu ficasse três dias sem chamar no rádio, o pessoal da First Air poderia dar início a uma viagem de busca a partir da minha última posição.

Determinar um número de dias para se iniciar um resgate fica a critério do expedicionário, e não é fácil escolher um número. Durante meu planejamento estudei detalhadamente tudo o que poderia dar errado numa expedição desse tipo.

O que me impossibilitaria de operar o rádio, por exemplo? O mais óbvio era o rádio ou a antena se quebrarem ou acabarem as baterias. A antena era fácil de arrumar e baterias eu tinha de sobra. Mas se o rádio realmente quebrasse eu não teria como consertá-lo e correria o risco deles virem me buscar apesar de eu estar bem e com saúde. Nesse caso, ou eu daria a expedição por encerrada ou pediria um rádio novo e continuaria. Nem pensar em levar um rádio de reserva. São muito pesados.

A segunda alternativa era perder o rádio. Uma capa mais fina de gelo poderia ceder e, para meu horror, o trenó afundar com todos meus equipamentos e mantimentos, rádio incluído. Seria uma tragédia quase impossível de acontecer, mas se acontecesse eu estaria momentaneamente bem, mesmo sem minha barraca, saco de dormir, fogareiro ou comida. Não teria onde me abrigar ou me aquecer mas poderia voltar à última posição e ficar andando pela redondeza, apelando para a ração do Bruno até virem me buscar. Sem um gole d'água, é claro, a menos que eu ainda estivesse com a mochila com um cantil dentro. Em último caso poderia me enganar mastigando neve.

A terceira alternativa seria eu sofrer um acidente que me impossibilitasse de montar o rádio. Um desmaio, uma fratura, uma dor lancinante, um ataque de urso. Nesse caso três dias provavelmente seriam uma eternidade.

O que eu poderia fazer, então? Pedir para virem me buscar depois de um ou dois dias sem contato? Seria muito pouco. Três dias seria o mínimo, julguei. No Ártico, como na vida, estamos sempre julgando. No meu caso tinha que julgar tudo sozinho. A diferença era que eu não poderia cometer um erro, um só, pois poderia ser fatal. Mas se eu quisesse muita segurança teria ficado em casa.

Era justamente a sensação de total liberdade de julgar por mim mesmo, tomar todas as decisões e ser responsável por elas, um dos aspectos que mais me atraía naquela viagem. E não era meu dinheiro, patrimônio, profissão ou saúde que estava em jogo. Era minha vida mesmo! Nesse sentido a caminhada era um processo. E aceitar (ô, coisa difícil!) e vencer esse desafio psicológico, meu maior objetivo.

Quando terminei de montar o acampamento o termômetro ainda marcava 26 graus negativos, a mesma temperatura das últimas 24 horas.

Com Bruno solto e sem me preocupar com o horário do rádio, me senti mais livre. Aquele seria o primeiro dia sem falar com ninguém. O primeiro de total solitude. Sem horários. Poderia então descansar, relaxar ou tirar uma soneca quando bem entendesse. – Nada de relógio hoje – decretei.

Dei o jantar para o Bruno e me recolhi na maior e mais aconchegante residência que existia num raio de mais de 100 quilômetros: minha barraquinha. – Lar, doce lar.

Para comemorar, resolvi fazer um pequeno banquete. Comecei por uma sopa dupla, depois um ensopado de carne com purê de batatas. Eu digo sopa *dupla* porque ao invés de diluir meio envelope pus ele todo.

Com apenas um fogareiro e duas panelas, tive que fazer um verdadeiro malabarismo para preparar os três pratos na seqüência e servir os dois últimos ao mesmo tempo. Como uma das panelas era usada para derreter a neve, a água quente que ia sendo produzida fui acondicionando nas garrafas térmicas, que ainda tinham restos de chá e suco de maça. Mas no final deu tudo certo e ficou uma delícia.

O único senão foram minhas costas, que voltaram a doer depois de eu ficar quase uma hora e meia sentado e agachado cozinhando. E eu nem podia me mexer muito para não correr o risco de, sem querer, chutar uma panela ou entornar o prato, que ficavam à minha volta no chão da barraca. Por isso, na hora de comer me estiquei todo sobre o saco de dormir.

Terminei o jantar com purê saindo pelas orelhas. A felicidade era tanta que resolvi continuar com a comemoração. Enquanto ia fazendo a digestão, religuei o fogareiro e comecei a derreter mais neve. O que se viu em seguida foi uma pequena orgia. Primeiro fiz a sobremesa: meio litro de chocolate quente. Depois, para fechar com chave de ouro, uma caneca de chá, e com o que sobrou de água ainda escovei os dentes! Um luxo!

Abri o zíper da barraca e vi Bruno todo enrolado, dormindo. Fechei o zíper devagarinho para não acordá-lo; aí não deu outra. Me esgueirei para dentro das profundezas do meu saco de dormir e de lá não saí mais. Empanturrado e feliz.

## Quinto dia

## 4 de abril – 75°49' Norte, 97°36' Oeste

Durante a madrugada a brisa se transformou num vento mais forte que durou a noite toda. Pela manhã dei uma olhada no tempo e fiquei na dúvida se deveria sair ou não. O vento continuava razoável, vindo de norte-noroeste, o céu estava escuro e a visibilidade não era de mais de 300 metros. Bruno dormia a sono solto, e já estava parcialmente encoberto pela neve trazida pelo vento. Decidi esperar um pouco.

Comecei a fazer o café, mas estava meio dormindo e acabei me ferindo na hora de preparar o *capuccino*. Sem querer pus muito chocolate em pó na caneca. Tirei o excesso com a colher, que era de inox, e ao invés de devolver no saquinho resolvi enfiar na boca. Burrice. A colher estava tão gelada que acabou grudando no meu lábio. No que puxei, veio a pele junto e começou a sangrar. Soltei um palavrão mas era tarde: meu lábio inferior já estava com um racho bem no meio. Eu sabia que não podia encostar na pele, mas me esqueci. E foi a segunda vez. Antes já tinha feito essa besteira quando encostei a mão na maçaneta da porta do hotel ao chegar em Resolute.

Já prevendo que isso poderia acontecer, cheguei a testar talheres de plástico durante o treinamento nos EUA, mas não foram aprovados. No frio extremo eles se quebram com certa facilidade e, quando não lavados, deixam um gosto ruim de comida. Preferi os de inox mesmo, que, no máximo, entortam. Só tinha que ser mais cuidadoso.

Meia hora depois de terminado o café dei outra checada no tempo: estava igualzinho, não mudara nada. Decidi aguardar mais um pouco. Na dúvida era melhor ficar do que me arriscar. Aquele céu e o vento indicavam uma mudança de tempo, e eu não estava disposto e ser surpreendido por uma tempestade polar. Se enfrentar 25 ou 30 graus negativos já é difícil, com vento contra o perigo é muito maior, pois a sensação térmica pode chegar a 60-70 graus abaixo de zero. Qualquer parte do corpo exposta se congela na hora. Eu já tinha sido surpreendido uma vez, dias antes, em Resolute, e sabia o que era isso. Só que dessa vez o vilarejo estava a quase 200 quilômetros de distância. Não podia facilitar.

Felizmente não deixei a ansiedade tomar conta e consegui manter a serenidade para julgar a situação. Era o tipo de decisão que se eu errasse poderia sofrer sérias conseqüências. Comecei a pesar os prós e os contras de ficar parado ali no acampamento. A favor tinha o fato de que eu poderia pôr a casa em ordem, ganhar tempo para dias mais longos e quentes, aliviar um pouco o trenó e, claro, descansar. Por outro lado, um dia parado significava um dia a mais de desconforto naquele frio impiedoso.

Mas eu já me sentia integrado àquele lugar. E adaptado também. Já tinha uma rotina estabelecida, me dava bem com Bruno e estava em perfeito estado de saúde. Física e mental.

Aproveitei o fato de estar parado para dar uma rearrumada nas minhas coisas. Depois de muito tira-daqui-põe-ali e tira-dali-põe-aqui, consegui abrir uma vaga dentro do trenó para a mochila. Dali em diante eu me livraria daquele incômodo nas costas e poderia, quem sabe, caminhar mais rápido e com menos dores nos ombros. Com esse problema resolvido, decidi deixar o trenó praticamente montado para a eventualidade do tempo melhorar.

Depois fui dar uma checada nos equipamentos. Eram apenas detalhes, mas todos tinham suas conseqüências se eu descuidasse. O que necessitava de mais cuidados era o zíper interno da barraca, que separava o espaço onde eu dormia do avancê. Como ele amanhecia coberto de gelo todas as manhãs, eu tinha sempre que forçá-lo para abrir, e estava vendo que daquele jeito ele não duraria muito. Tirei alguns grãos de gelo encrustrado no zíper e ele passou a correr melhor, mas alguns dentes já estavam desalinhados.

Em seguida foi a vez das garrafas térmicas, que estavam cada vez mais difíceis de abrir. É que eu usava a tampa externa como copo, e na hora de fechá-la a umidade interna se congelava e ela travava. Como a garrafa e a tampa eram de aço inoxidável, lisinhas e lindinhas, minhas luvas escorregavam e eu não conseguia segurá-las com força para poder abrir. Prevendo isso eu já tinha passado uma *silver tape* nelas, para deixá-las mais ásperas, mas as fitas saíam a toda hora. Felizmente tinha levado alguns metros da fita a mais.

Depois foi a vez do meu lábio. Com a ajuda de um espelhinho dei uma checada no estrago e passei uma pomada cicatrizante, que mantinha sempre no bolso para que ficasse aquecida.

Beliscando uma castanha aqui, um chocolate ali, o tempo foi passando. Dei uma saída para filmar, fui no banheiro... Duas tarefas difíceis de realizar ali no Ártico. O frio descarrega rápido a bateria da câmera, e não dava dois minutos minha mão começava a tremer. Já a segunda... como eu diria... "atividade"... bem, terminava sempre com a bunda congelada.

Após o meio-dia o tempo piorou sensivelmente. A neblina fechou de vez e o vento aumentou. Bruno continuou imóvel, semi-enterrado na neve. Fiquei tão preocupado que saí e fui até ele ver se estava respirando. É impressionante a resistência desses cães. No meio daquela tempestade ele não quis nem saber: enfiou o focinho embaixo do rabo e "desmaiou".

Aproveitei a tarde para fazer uma faxina na barraca, tirando toda a neve de dentro. Depois enfiei umas meias e luvas embaixo das roupas para secar e entrei no saco de dormir.

O tempo foi passando e eu comecei a sonhar acordado. Hipnotizado pelo barulho do vento batendo no nylon da barraca meu pensamento voou para o Brasil.

— Onde estarão mcus amigos numa hora dessas?

Eu nem lembrava em que dia da semana eu estava. Parecia que eu estava no Ártico havia meses.

Naquele frio todo o que eu mais sentia saudade, claro, era do sol e do calor que faz no Brasil. Cheguei até a lamentar não ter aproveitado mais o sol e as cachoeiras do Parque Nacional de Itatiaia e da Chapada Diamantina, que eu conheço tão bem.

A impressão que tinha era que se tivesse aproveitado melhor aquele sol, quem sabe, agora, um restinho dele não estaria me esquentando um pouco?

Lembrei das agruras que passei em algumas trilhas pelo Brasil. Ali, isolado do mundo, no meio do Ártico, comecei a rir das lembranças. Às vezes eu sofria em longas subidas, não achava água, ou me xingava quando me perdia pela completa falta de indicações. Tudo tão relativo.

Agora eu não tinha subidas para enfrentar mas ficava muito mais cansado, e não havia mais aquela sensação gostosa de entrar num riachinho ou debaixo de uma sombrinha e deixar o vento me refrescar. Ali no Ártico o vento também "refresca", só que um pouco a mais da conta. Tinha gelo à vontade em volta, mas nem uma gota de água líquida, por mais que eu procurasse. E para navegar eu precisava de GPS, pois não há marcação alguma pelo caminho. E ai se ele quebrasse!

Muita gente me pergunta de que comida eu sinto mais falta numa viagem dessas. Churrasco? Pizza? Nada disso. A coisa que eu mais sinto falta é um pão quentinho, desses de padaria, saindo na hora, lambuzado de manteiga.

Apesar da saudade eu não estava achando ruim estar ali, é claro. Afinal foram tantos os esforços para chegar onde cheguei. Eu estava querendo conhecer o Ártico, e o frio e uma eventual tempestade fazem parte da aventura. Eu iria até ficar decepcionado se só pegasse tempo bom. Não teria a menor graça.

E, de mais a mais, pelo menos tinha me livrado das filas, do trânsito, dos lugares entupidos de gente, do barulho e da carência de horizontes. E eu me sentia mais seguro no Ártico do que em certos lugares de São Paulo. Por mais rotineiros que fossem certos procedimentos, tinha me livrado da mesmice, das ações mecanizadas; não precisava de chaves, só usava o relógio para chamar no rádio e tinha total controle e liberdade das minhas ações. Meu limite era ditado pelas forças da natureza.

Às 15h30 busquei tudo que tinha guardado no trenó e pus de novo para dentro da barraca. Não deu cinco minutos e o acampamento já estava envolvido por uma senhora tempestade. Estava aliviado pela acertada decisão de ter ficado parado.

Já estava quase adormecendo quando lembrei de uma coisa terrível: eu teria que montar a antena de rádio. Era nessas horas que eu gostaria de ter um companheiro de expedição que dissesse: "Ah, não se preocupe, deixe comigo que eu monto". Mas como não tinha, não havia escapatória: era eu mesmo quem tinha que ir lá fazer o serviço. E fazer bem feito. Nada de fazer nas coxas. Nem poderia deixar para o dia seguinte. Isso eu já tinha feito na véspera.

Com o vento invadindo minhas orelhas, comecei a desenrolar os fios. Eu tremia de frio. Depois de um demorado estica-de-cá estica-de-lá, e todo o sistema montado, fui até o trenó do Bruno pegar seu jantar. Eu não sabia se o chamava ou deixava dormindo, mas ele percebeu minha movimentação, levantou a cabeça preguiçosamente e ficou me olhando com a cara amassada de sono. Fiz um agrado, mas ele não estava muito a fim de prosa. Se levantou, deu uma chacoalhada na neve que o cobria (com o cuidado de a jogar toda em cima mim) e ficou esperando a comida. Depois que lhe servi, comeu tudo com rapidez e sem lero-lero voltou para a "caminha".

Às 19h15 chamei no rádio. O contato foi péssimo, cheio de ruídos, mas deu para entender que o tempo ruim permaneceria por mais dois dias. Devido ao frio pedi para antecipar nosso horário de contato. Eu não agüentava mais desmontar a antena por volta das oito horas da noite. Depois de muita dificuldade, a Morag conseguiu me entender e propôs meia hora mais cedo. Dali em diante nos falaríamos às 18h45.

Aí, como a Morag não conseguia entender minha posição direito, fiz a besteira de querer dar maiores detalhes de onde estava:

– Ontem eu passei pelo Passo do Urso Polar – disse com a voz elevada.

– Você viu urso polar?

– "Negative, negative." Passei (frisei bem) pelo paaasso-ooo do Urso Polar.

– Você foi atacado por um urso? – ela gritava.

– Não, não. Não vi nenhum urso. Eu só passei pelo passo – já quase gritando.

– Ah, você viu um urso. E ele chegou perto? – ela estava preocupada.

– Não vi urso nenhum!!

– Ele te atacou? Você está bem? (Ela só entendia o "urso".)

– Não, nenhum urso me atacou.

– Você não está bem?

– Não, não, não, não... ou melhor, sim, sim, estou bem.

Parecia conversa de louco.

– Ok, Morag, boa noite e até amanhã – cortei de repente.

– Boa noite, Thomaz, durma bem.

Ufa!

Como a previsão do tempo indicava mais dois dias de tempestade, decidi deixar a antena montada. Sair de novo no meio da tempestade para enrolar os fios e no dia seguinte desenrolá-los de novo estava totalmente fora de cogitação. Além do mais Bruno estava dormindo e não ia ficar perambulando pelo acampamento tropeçando na antena.

Quando comecei a fazer o jantar a temperatura dentro da barraca subiu para "apenas" 13 graus abaixo de zero.

Eu estava quase me sentindo numa sauna, de tão quente. Pela primeira vez pude ficar confortável dentro da barraca. Como não havia me desgastado muito naquele dia, fiz um jantarzinho mais simples, só para os "íntimos", e fui dormir antes da novela.

# Ursos!

## Sexto dia

### 5 de abril – mesma posição anterior

Percebi durante a madrugada que o vento havia diminuído. Às 5 horas o frio era de 28 graus negativos e a parede da barraca mais uma vez estava toda coberta de neve. Ainda sonolento dei uma espiada no tempo: a neblina havia diminuído, mas o céu estava bastante encoberto. O vento não passava de uma suave brisa estupidamente gelada. Curiosamente Bruno já estava de pé, todo elétrico e ansioso, balançando o rabo agitadamente.

Será que hoje vai dar para andar? Fiquei intrigado. A previsão era de mais dois dias de tempo ruim. Preferi esperar mais um pouco antes de me decidir.

Assim que fechei a porta da barraca ele começou a choramingar. – Que foi, Bruno? – gritei lá de dentro. Não precisava responder. Se eu conhecia meu companheiro de expedição, diria que estava com fome.

De volta ao saco de dormir, fiquei preocupado. Dessa vez ele estava solto e poderia "atacar" o trenó com a ração. Fiquei de orelha em pé. Pouco depois me levantei e olhei o tempo de novo: parecia um pouquinho melhor. Dessa vez o sol estava se esforçando para sair por detrás das nuvens.

Enquanto aguardava uma definição resolvi fazer o café, para ir adiantando. Terminado o último gole de chá, abri o zíper novamente: o vento tinha desaparecido e o sol surgia com mais força. – Hora de partir – comemorei. Depois de um dia de descanso já me sentia melhor, sem as dores musculares.

Quando fui colocar as botas percebi que uma delas estava com um rasgo bem do lado, junto à borracha de vedação.

Minhas botas eram brancas e enormes, parecidas com as dos astronautas. Foram feitas especialmente para condições polares, com o cano bem alto, de nylon, um grosso solado de borracha e três camadas de isolamento: duas botinhas internas, de feltro bem espesso, encaixadas uma na outra, que por sua vez se encaixavam na bota externa. Para maior proteção, toda a área em volta dos pés era revestida de borracha também, como se fosse uma enorme galocha. Foi na junção dessa borracha com o nylon que ela rasgou. Fiquei encafifado tentando lembrar quando ou como foi que isso aconteceu. Provavelmente deve ter sido rasgada numa das vezes que perdi o equilíbrio, escorreguei e rocei a bota no fecho do *binding*.

As fitas do *binding* dos meus esquis, por um defeito de projeto, fechavam pelo lado de dentro dos pés e sempre roçavam as botas quando eu juntava muito os esquis. Tentei alterar o projeto antes da expedição, mas não houve tempo hábil.

Os *bindings* instalados nos esquis eram especiais para aquela bota. Como elas tinham um perfil muito alto, não poderiam ser fixadas apenas pela ponta da sola, como ocorre no estilo *cross country* normal. Para deixá-las mais firmes nos esquis, eram totalmente encaixadas no *binding* e presas por duas fitas de nylon que tinham um fecho metálico, com um desenho especial para ser aberto mesmo com luvas. E o *binding* era preso ao esqui somente na parte da frente, permitindo que eu articulasse os calcanhares.

Dei uma examinada na bota e vi que não daria para costurar o rasgo. Nem cobri-lo com *silver tape*. Naquele frio nada grudava no nylon, ainda mais úmido do jeito que estava. A solução foi colocar um pequeno saco plástico por dentro do nylon para impedir que a neve se infiltrasse por ali.

Aproveitei para dar uma boa examinada nos *bindings*. Eles eram feitos de um plástico ultra-resistente e maleável, mas lembrei que os dos holandeses eram iguais aos meus e mesmo novos já apresentavam rachaduras. Olhei cada detalhe e não vi nada de errado. Dei uma checada na fixação também. Tudo estava em ordem. Ainda bem. Embora estivesse preparado para qualquer reparo, se algum parafuso escapasse provavelmente era porque o buraco na superfície do esqui havia espanado. Aí eu teria que preencher o buraco com resina plástica e fazer outro furo. Para isso funcionar, eu teria que aquecer artificialmente o ambiente da barraca, depois esperar a resina secar... ia demorar horas.

Depois de perder esse tempo comecei a desmontar o acampamento meio às pressas. Fui pondo as coisas rapidamente no trenó, e quando já estava quase terminando a impressão que tive era que havia diminuído pois muitas coisas não cabiam mais dentro dele.

Tirei alguns sacos, remanejei outros objetos de lugar, mas na hora de fechar algumas coisas simplesmente não cabiam. Tira daqui, põe ali e nada. Já estava ficando irritado. E o tempo passando. E o Bruno passando de lá para cá, querendo chamar minha atenção.

Meu trenó era realmente pequeno – de propósito – e cada coisa tinha que ser encaixada no seu devido lugar. As roupas e os sacos de comida ainda podiam ser "amassados" nos cantos, mas o fogareiro, as panelas e as garrafas de benzina tinham seus lugares certos. Depois de muito tira e põe, percebi que estava perdendo muito tempo. Xingando, tirei tudo de dentro, joguei no chão e me afastei. – Pára tudo! – Respirei fundo um tempinho e comecei tudo de novo, dessa vez com calma. Aí deu certo. A pressa é mesmo inimiga da perfeição.

Às nove horas da manhã eu estava pronto para começar a caminhar. O sol já estava a postos, o céu quase todo azul e nem um pingo de vento. Mais uma bonita manhã polar. Mas Bruno estava muito inquieto. Devia estar morrendo de fome, o coitado. Não comera quase nada na véspera.

Contrariando as instruções dos esquimós, de nunca alimentar um cão antes de sair para caminhar, para evitar dele ficar preguiçoso, decidi dar meio prato de ração para ele, que não se agüentava de felicidade quando me viu abrindo seu trenó. Afrouxei as quatro fitas de nylon que prendiam a bolsa com a ração em cima do trenó, limpei a neve de cima, abrir o zíper e, no que peguei um dos sacos de ração, ele pulou em cima de mim.

– Hei, sai pra lá, Bruno... sai pra lá... Se você não ficar quieto vai ficar difícil eu te servir. – Aonde eu ia ele me seguia.

Tentei prendê-lo, mas era o mesmo que amarrar um Scania num palito de sorvete. Ele era forte como um touro. Despejei um pouco de ração no prato dele e, no que pus no chão, ele deu outro pulo e quase mordeu minha mão. Tentei mudar o prato de lugar, mas ele deu uma rosnada ameaçadora, então desisti. Não era fácil controlá-lo. Eu dava broncas, mas nessas horas ele era surdo como um iceberg.

Enquanto devorava seu café da manhã, fiquei pensando como é que o safado sabia que o tempo iria melhorar. Na véspera o tempo amanhecera indefinido, isto é, podia melhorar ou piorar, mas ele não se mexeu, como que pressentindo que a tempestade viria. Hoje o dia também amanheceu indefinido, mas de algum modo ele percebeu que daria para andar.

Enquanto lambia os beiços e ficava me olhando com aquela cara de "estou pronto para mais uma pratada", fiz um agrado nele. Seus olhos brilhavam de energia. Era realmente um belo cão. A cada dia ficava mais impressionado com sua astúcia e inteligência. Era bonito ver como se comportava. Tinha uma personalidade forte. Totalmente à vontade naquele ambiente hostil, ele zelava pela minha segurança, não reclamava de nada mas exigia respeito.

– Bruno, a partir de hoje você vai ser promovido a meteorologista da expedição. O que é que você acha disso?

– "Eu acho que você devia me alimentar melhor" – pressenti que foi sua resposta.

– Tá bom. Só mais alguns torrões e nós vamos embora, OK?

Depois de prontos, partimos. Cada um com seu trenó. Logo no início da caminhada peguei gelo áspero intercalado com trechos cobertos com muita neve, provavelmente trazida na tempestade da véspera. Era difícil puxar o trenó, agora ligeiramente mais pesado com o acréscimo da mochila. Parecia que estava pesando uma tonelada. Para tirá-lo da inércia eu tinha que dar um tranco forte com a cintura. A cada pequena ondulação tinha que fazer força para a frente subir, o que foi me deixando rapidamente cansado. Para piorar a situação Bruno começou a se arrastar do meu lado, andando cada vez mais mole.

– Agora que está com o estômago cheio não quer saber de andar, né?

De tanto em tanto ele parava para descansar e estava visivelmente sonolento, cansado. Pelo olhar dele era visível que estava querendo tirar uma sonequinha de uma meia hora.

– Sabe quando vou te dar outro café da manhã, Bruno? Nunca mais! – E comecei a amaldiçoar a hora que contrariei as instruções dos esquimós.

– Eles não te falaram para não dar comida para o Bruno pela manhã? Então, por que você deu? Agora agüenta! – eu dava broncas em mim mesmo.

Por volta do meio-dia o clima ficou excepcionalmente quente. Aos poucos fui tirando um par de luvas, troquei o gorro de pele pela *headband*, tirei o colete, arregacei as mangas e assim fui me despindo. O calor era tão grande que para me refrescar tive que pegar neve do chão e passar no pescoço e na testa. Aproveitei para molhar a boca também. Suava em bicas.

Passar calor no Ártico! Era só o que me faltava. Realmente eu não esperava conhecer esse aspecto do lugar. Não em abril. Bruno, com a linguona de fora, também sofria com a temperatura elevada. Sem dúvida, não há nada pior num lugar gelado que o calor. Naquelas circunstâncias, ele mais atrapalhava que ajudava.

Em duas horas e pouco alcancei o Rapid Point, uma enorme ponta de terra ao nível do mar. Era um lugar aberto, bonito, totalmente plano para qualquer lado que eu olhasse. Na neve cintilavam cristais de gelo que pareciam diamantes, uma infinidade deles. Aproveitei para descansar, relaxar e fazer uma boquinha. Dessa vez sentei no chão mesmo, para refrescar um pouco a bunda. Era difícil distinguir onde terminava a calota e começava a praia.

Três quilômetros adiante, ainda perto da praia, vi as primeiras pegadas de urso. Dessa vez não havia dúvidas. Eram de urso mesmo. Enormes. De uma fêmea e de dois filhotes. Vinham do mar em direção à praia. Apesar de assustado, não posso negar que foi emocionante. Será que dessa vez iria me deparar com um urso polar? Bruno ficou farejando as pegadas, e pela reação agitada dele concluí que deviam estar por perto, pois queria ir atrás dos donos das mesmas. Tentei puxá-lo, mas ele não queria ir embora. Deixei ele curtir aquele cheiro e depois de muita insistência consegui fazê-lo seguir adiante.

Continuamos no mesmo ritmo arrastado. Bruno enfiava o focinho na neve nervosamente, levantava a cabeça na direção das pegadas, farejava a neve novamente e olhava fixamente para onde estariam os ursos. A atenção era total. Só de olhar para onde ele olhava já me deixava aflito com a possibilidade de realmente ver um urso. Continuamos. Minutos depois as mesmas pegadas, dessa vez voltando da praia. Parecia que tinham acabado de passar. Bruno foi ficando mais excitado. Embora não estivéssemos rodeados de icebergs, havia uma grande barreira deles à nossa direita, uns 500 metros mar adentro. Era para lá que Bruno queria ir.

– Pode esquecer, Bruno, para lá eu não vou e nem você. Não sei se te avisei, mas não viemos aqui caçar ursos, viu?

Minutos depois mais pegadas, dessa vez bem maiores que as da fêmea. Só podiam ser de um macho. Todas elas pareciam terrivelmente frescas. A barreira de icebergs estava se aproximando pela direita.

Como o gelo áspero tornava difícil puxar o trenó, meu ombro começou a doer cada vez mais e mais. Fui ficando cansado. O calor fazia com que o suor escorresse pela testa e caísse nos olhos. Meus óculos começaram a embaçar a cada minuto e comecei a perder tempo. Eu nem estava mais de luvas para enxugar os óculos. De repente, mais pegadas de macho. Deviam ser do mesmo.

Aos poucos começaram a surgir os primeiros icebergs, e não demorou muito para ficarmos cercados por eles. Dessa vez eu estava sem meu apito, preso no *anorak*, sobre o trenó. Para chamar a atenção de um eventual urso e, principalmente, espantar meu medo, comecei então a cantar. A plenos pulmões.

– Sou Flamengo e tenho uma nêga chamada Tereza... eu sou Fla-mengo... – Se alguém me visse ali me internava na hora.

Depois ataquei de marchinhas carnavalescas: – Hei, você aí, me dá um dinheiro aí, me dá um dinheiro aí... Cidade maravilhosa, cheia de encantos mil... Se você fosse sincera, ôôôô, Aurora... – Isso, aos berros. No começo, assim que passava por um bloco de gelo eu parava de cantar. Aí me aproximava de outro e começava novamente. Com o passar do tempo os icebergs foram se intensificando, então comecei a cantar direto. Às vezes dava um berro para ver se tinha eco.

Bruno olhava para mim com cara de "você está passando bem?" Fiquei tentando imaginar o que devia estar passando na cabeça dele. – "Esse cara deve ser doido." Comecei a rir da situação. – Já pensou se aparece alguém por aqui? O que vai pensar? Ainda mais com a barba toda branca, coberta de gelo. Pelo menos o urso pode pensar que sou biruta e desistir de me atacar.

De repente vi pegadas cruzando no meu caminho, saindo de trás de um iceberg à minha esquerda e indo em direção ao próximo, mais à direita. Eu jurava que o urso tinha acabado de passar por ali. Na minha cabeça dava quase para ver sua sombra acabando de virar a esquina.

– Será que o urso está se escondendo de mim?

Comecei a sentir medo. Suar frio. A boca cada vez mais seca. Fiquei parado tentando ouvir algum ruído. Só ouvia o meu coração, batendo forte. É interessante essa sensação de medo. Acho que para o explorador, principalmente se estiver só, o medo funciona como uma espécie de seguro de vida.

A essa altura eu estava a uns 400 metros da praia. A costa da ilha parecia a mesma de antes, que seguia até onde a vista alcançava.

Bruno não parava de se agitar. Queria ir atrás do urso de qualquer jeito e ficava me puxando na direção do iceberg. Aquilo foi me deixando estressado.

– Pára, Bruno, pára! – Em cima dos esquis eu mal conseguia me equilibrar e era difícil segurá-lo. E eu estava exausto. Decidi tirar os esquis e trocar a correia que me unia ao Bruno por uma bem mais curta, para que pudesse controlá-lo melhor e mais de perto. Enquanto fazia isso não desgrudei os olhos do bloco de gelo, com um baita medo do urso sair por detrás dele.

– Bruno, você está me deixando irritado. Quer ficar quieto? Eu trouxe você para me alertar da presença do urso, não para ir atrás dele. Vamos sair daqui! – ordenei. A essa altura, com tanta agitação, se tivesse um urso me espreitando ele já estaria na minha frente. Com cautela começamos a andar e logo deu para perceber que não havia nada atrás do bloco de gelo.

Não daquele. As pegadas seguiam em frente até o próximo, logo adiante. Andamos mais um pouco e vi que também não estava atrás do outro. Mais tranqüilo, continuamos em frente. Aos poucos percebi que estava muito afastado da costa. Eu devia ter me desviado para a direita e a costa recuado para a esquerda. No final decidi dar uma guinada radical para oeste. Com tantos ursos na redondeza achei melhor passar outra noite na praia. Com um puxão trouxe Bruno para o lado e seguimos para oeste.

Andei, andei e andei e nada da costa chegar. A neve estava me pregando uma peça. Ela parecia tão perto... No caminho mais pegadas de ursos. Continuei andando, andando e levei mais de uma hora para finalmente me aproximar da praia. Ela estava protegida por uma barreira de pequenos icebergs que corria paralela.

A essa altura Bruno já caminhava mais rápido, mas continuava com a mania de parar subitamente para fazer xixi "sem me avisar", mesmo depois de algumas paradas normais que eu fazia. Ao invés dele aproveitar as paradas, esperava eu dar uns 10 passos para então se aliviar. O problema era que eu levava um tranco por causa do mosquetão preso na barrigueira, que a apertava bem do lado da minha bexiga, próxima à parte superior da virilha, e causava dores horríveis.

Depois de um expediente de oito horas o trenó parecia que pesava mais de uma tonelada, o que me deixou exausto, ofegante e com os ombros em pandarecos. Liguei o GPS e esperei para ver onde eu estava. Depois de uma eternidade apareceu minha posição no visor: para minha enorme surpresa tinha percorrido 17,1 quilômetros, um recorde! A sensação era de ter ganho uma medalha olímpica. – Puxa, 17 quilômetros! Valeu o sacrifício! – Fiz as contas: juntando tudo, em seis dias já tinha feito quase 73 quilômetros. Uma excelente marca. Se continuasse assim em três semanas estaria no Pólo.

Feliz da vida, passei uns 10 minutos procurando um lugar plano e montei meu acampamento. O tempo estava magnífico e com aquele céu superazul a noite prometia ser bem gelada.

– Será que teremos visitas para o jantar, Bruno? – perguntei, enquanto o prendia.

– Vê se cuida direito do acampamento, hein? – Eu estava meio constrangido com as broncas que havia dado nele e fiquei fazendo cafuné. Ele aparentemente tinha me perdoado: se esparramou todo no chão e ficou curtindo eu coçar seu peito.

Embora ele me passasse segurança, era também um motivo de preocupação. Os ursos caçam pelo olfato, e com certeza já deviam ter detectado as pegadas do Bruno e as minhas também. E se o urso estivesse faminto?

Pelo que sei eles estão *sempre* famintos! – Será que teremos surpresas esta noite, Bruno? A carinha tranqüila dele me acalmou. Aquilo para ele era uma mera brincadeira e não havia perigo algum. Mas enquanto preparava o jantar a idéia do urso ser atraído pelo cheiro da comida não saiu da minha cabeça. E o pior é que de dentro da barraca não dava para ver nada, e eu tinha que confiar minha vida ao Bruno. Qualquer ruído me assustava.

Lembrei do que tinha acontecido com os exploradores Nansen e Johansen no século passado. Os dois estavam sozinhos no gelo havia meses e já tinham matado todos seus cães. Só tinha sobrado um, que seria sacrificado dias mais tarde. De repente Johansen ouviu um barulho no gelo, mas a princípio não deu bola, pensando que era o cão. Quando virou para trás viu a boca de um urso na sua nuca. Foi quando Nansen ouviu: – pegue a espingarda! Quando se virou para trás viu seu amigo se debatendo no chão segurando a garganta do urso com as duas mãos. Mas a espingarda estava bem amarrada e ele demorou um pouco para soltá-la. O cão não fazia nada exceto rosnar para o urso. Enquanto freneticamente desamarrava as cordas o mais rápido possível, foi que Nansen ouviu de Johansen: – É melhor você se apressar, antes que seja tarde demais. – Finalmente Nansen livrou a arma e matou o urso.

Só de pensar nisso me deu calafrios. De dentro da barraca, como é que eu ia saber se o barulho de passos que ouvia lá fora era do Bruno mesmo? E se um urso de repente pulasse na barraca e me atacasse? A quem eu ia gritar para pegar a arma?

É claro que dificilmente um urso pularia na minha barraca sem o Bruno perceber e dar o alarme. Ele já provara que era esperto e que estava atento. Mas na hora do medo a imaginação aumenta as coisas, e tive que me esforçar para me controlar.

Às 18h45, meia hora mais cedo que o habitual, chamei no rádio, como combinado. A recepção estava excelente e deu quase que para bater um papo. Recebi beijos, abraços e desejos de boa sorte da minha família e do pessoal da Real Seguros. Soube também que os holandeses, depois de 5 dias no gelo, voltaram para Resolute e que iriam começar a expedição de novo, a partir de um ponto mais avançado. No final comentei das pegadas de ursos e da dificuldade de controlar o Bruno nessas horas.

A Morag deu risada e aproveitou a boa transmissão para mudar o rumo da conversa. Disse que eu estava indo muito bem, andando rápido, e que várias pessoas na região estavam acompanhando a aventura daquele brasileiro maluco e torcendo por mim. Afirmou que se eu continuasse nesse ritmo em vinte e poucos dias chegaria ao Pólo. A voz pausada, o carinho e a preocupação dela me deixaram emocionado. Ela devia saber o que se passa na cabeça das pessoas que se aventuram solitárias.

Por mais forte, preparado e dotado de nervos de aço que seja, um explorador no Ártico sabe da sua extrema fragilidade naquele pedaço de mundo. Sabe o quanto é indefeso, e que uma palavra de incentivo e encorajamento é sempre bem-vinda. A Morag conseguiu levantar meu moral lá para as alturas.

Eu nem pensava no Pólo, ainda tão longe e tão distante. Pensava só no dia seguinte e como fazer para chegar vivo até ele. O máximo que eu me permitia era pensar no Paine Point.

Para homenagear o "dono da casa" pelo alto astral e o recorde de distância, resolvi preparar uma surpresa para "ele". Depois da sopa, na falta de um prato típico brasileiro, improvisei com um prato mexicano, de arroz, feijão e carne com molho picante. O "dono da casa" se sentiu muito honrado e agradeceu muito. Só faltou o discurso... Como a fome ainda dava alguns sinais de vida, para matá-la de vez dei a "ele" mais um pratão de purê de batatas, preparado com bastante manteiga, para estufar de vez o estômago.

## Sétimo dia

## 6 de abril – 75°58' Norte, 97°37' Oeste

Pela manhã a temperatura dentro da barraca estava em gélidos 25 graus abaixo de zero. Tudo ao meu redor ficou duro como ferro. As roupas, os sacos com comida, as garrafas térmicas, a mochila, enfim, tudo, estava coberto por uma camada de gelo. Isso acontecia todas as manhãs, é claro, mas não sei por que naquele dia me senti bastante incomodado. É difícil se acostumar a uma temperatura tão baixa.

Após o café, ao sair para ir ao banheiro, vi que Bruno já estava de pé, mas estranhei que enquanto desmontava o acampamento ele ficou deitado, meio jururu.

Comecei a caminhar sem meu anorak, pois achava que o dia logo esquentaria, mas não deu cinco minutos e começou a soprar uma brisa vindo do pólo norte. Tentei resistir, caminhando mais rápido para me esquentar, mas a tática não deu certo. Só fiquei mais cansado, com a língua de fora. Vesti o *anorak* o mais rápido que pude. Não podia bobear. No Ártico o frio está sempre pronto para te pegar. É uma questão de segundos. Uma vez enregelado fica difícil recuperar o calor, e a sensação de estar se congelando aos poucos é aterradora, dolorida e insuportável. Eu tinha muito medo do frio embotar meu raciocínio e perder meu poder de julgamento. Aí eu estaria perdido. Tinha que controlar minha mente a cada segundo, o que não é fácil quando se está entorpecido pelo frio e pelo cansaço.

Enquanto lutava para puxar o trenó, notei que Bruno estava passando mal. Ele começou a tossir como se tivesse engasgado com alguma coisa. Tinha o aspecto triste, cabisbaixo.

– O que foi, Bruno? – Fiz um agrado, passei a mão na cabeça dele mas ele me ignorou e continuou amuado. De repente mais umas tossidas, depois outras e para minha surpresa ele começou a vomitar. – O que será que aconteceu? Será que ele comeu alguma coisa estragada? – Até então só tinha dado ração para ele!

Embora não soubesse a causa fiquei consternado, e com um profundo sentimento de culpa. E não sabia muito o que fazer. Pensei em dar um remédio a ele, mas qual? Como? Não podia nem dissolver uma pílula na água porque ele só mastiga neve. Resolvi aguardar mais um pouco. Felizmente, depois que vomitou Bruno se animou um pouco. Dava quase para ver um sorriso em sua boca.

A neve estava mais fofa que na véspera e segurava o trenó. Tive que colocar ainda mais força nas pernas, o que me deixou mais suado. Para ajudar as pernas, tinha que me inclinar para a frente e cravar os bastões com força, fazendo alavanca com os braços. Em questão de segundos minhas roupas e barba ficaram cobertas de gelo.

Não demorou muito e apareceram as primeiras pegadas de ursos. Pelo tamanho eram de macho. E pegadas de lobos também. Várias. Bruno ficou excitado e novamente difícil de controlar. À minha frente a neve fofa parecia não ter mais fim.

Sem alternativas senão andar, continuei forçando para tracionar o trenó. Numa das paradas para descansar vi dois pontos pretos na borda do platô da ilha. Minutos depois, quando cheguei mais perto, vi que eram dois *musk oxes*, parados, nos observando. É uma cena comovente ver dois *musk oxes* parados, encobertos pela neve, mas Bruno não deu nem bola para eles. Eu queria deixar o trenó no gelo e junto com Bruno subir até a borda do platô para ver e fotografar esses animais mais de perto, mas devia haver muitos ursos nas redondezas e eu não queria facilitar. Eles poderiam atacar meu trenó e simplesmente destruí-lo. E não ia dar para subir aquela rampa de 30 metros com o trenó nas costas.

É impressionante como um animal tão grande consegue sobreviver aos rigores do Ártico. Eles são herbívoros e precisam raspar a neve do chão para achar alguns musgos, que são escassos. Uma expedição antiga narrou um episódio curioso envolvendo esses animais. De acordo com o relato, o grupo de aventureiros se deparou com um pequeno rebanho. Quando os animais se viram cercados e ameaçados, fizeram um círculo em volta dos filhotes e ficaram encarando os homens. O mais forte deles, então, para tentar intimidar os agressores, saiu da roda e começou a andar de um lado para o outro como que para demonstrar o quanto era forte.

Quando um dos homens abateu o animal com um tiro, o segundo mais forte saiu da roda e repetiu o gesto do primeiro, andando de um lado para o outro na frente da roda, fechada pelos demais. Quando este foi abatido veio o terceiro e depois o quarto. Só quando estes caíram mortos é que os demais se puseram a correr para proteger os filhotes.

Aos poucos fui me afastando da costa e penetrando numa zona cheia de pequenos icebergs, menores que uma geladeira. Havia muitas cavidades no gelo também, como se alguns blocos de gelo tivessem sido arrancados da superfície.

Era visível que a superfície do gelo havia sido varrida pelo vento, pois todas as deformações na textura da neve tinham o mesmo sentido norte-sul.

A neve estava cristalina e o céu azul, mas o horizonte estava ligeiramente alaranjado-cinzento. Por incrível que pareça eram sinais de poluição. Sim, o homem vem poluindo até o Pólo Norte.

A fumaça das indústrias da Escandinávia, do Canadá e principalmente da antiga União Soviética está impregnando todo o norte do planeta, deixando no ar uma camada de poluição da mesma cor que se vê em São Paulo, quando se está no alto de um prédio ou no Pico do Jaraguá. Era um dos aspectos do Ártico que eu preferia que não existisse.

As horas seguintes me encontraram resfolegante, arrastando meu trenó pela neve lisa e fofa, cada vez mais afastado da costa. Depois de três horas nesse martírio, o terreno começou a ficar mais áspero e ondulado. Parei para examinar o caminho a seguir e o que vi não me animou nem um pouquinho. Na minha frente, até onde a vista alcançava, a calota de gelo estava coalhada de icebergs e cheia de lombadas entre eles.

Devagarinho fui me aproximando. Estava difícil de achar um corredor por onde passar. Quando os icebergs ficam muito próximos entre si acabam represando a neve varrida pelo vento, que vai se acumulando em ondas com mais de meio metro de altura, que bloqueiam o caminho. Para piorar, o terreno em volta dos icebergs estava muito fragmentado, numa sucessão absurda de fendas, me obrigando a ficar com os esquis nos pés o tempo todo, dificultando minhas manobras.

Se não dava para voar o jeito era respirar fundo e seguir em frente, buscando um caminho menos obstruído.

Novamente senti a angústia da impotência em sair daquela situação. Se estivesse sozinho, mesmo com os esquis nos pés seria relativamente fácil avançar. Simplesmente passaria por cima de qualquer obstáculo ou faria um rápido desvio. Mas a situação é bem outra quando se está com um trenó pesado às costas. Perde-se totalmente a agilidade e todos os movimentos são terrivelmente lentos e pesados.

Depois de uns cinco minutos me esgueirando entre os blocos de gelo, acabei bloqueado por uma barreira intransponível. Um beco sem saída, em forma de ferradura. Para continuar eu tinha que voltar uns 20 metros para trás e dar a volta. Resignado, abri bem a curva para a direita e aos poucos fui virando para a esquerda. Enquanto fazia a curva tive que ir puxando Bruno, que não estava entendendo nada do que eu queria. Voltei para trás, contornei a barreira, dei a volta e virei para a frente de novo. Logo adiante outro beco. Tentei repetir a curva, mas Bruno enroscou seu trenó no meu e me forçou a parar. Solta daqui, prende de novo ali, demos a volta. De vez em quando, para aumentar minha ansiedade, novas pegadas de lobos e de ursos. Mais alguns minutos e ficamos encurralados de novo. Dessa vez o lugar era estreito e não dava para abrir a curva. Tirei então os esquis, me desconectei do trenó, do Bruno, e virei todo o conjunto, apontando para trás. Depois de recuperar o fôlego, me conectei a tudo novamente e voltei para trás até chegar num campo mais aberto. Aí me desconectei de tudo mais uma vez e virei tudo para a frente.

O tempo foi passando, passando, e aos trancos e barrancos fui avançando para norte, mesmo tendo que às vezes andar para os lados em busca de um corredor mais aberto. Até que me defrontei com uma interminável barreira de icebergs e grandes ondulações, algumas ultrapassando um metro de altura. Já estava perdendo a paciência com tanto tira-e-põe os esquis, conecta e desconecta os trenós, vira daqui-e-de-lá. Se dessa vez não dava para contornar a barreira o jeito era passar por cima das lombadas.

Se uma barreira dessas não estava marcada nas imagens de satélite, fiquei imaginando como seria a faixa de 120 quilômetros de "gelo áspero" ao norte da ilha.

Dei uma rápida descansada e prossegui. Assim que meus esquis ultrapassaram a primeira ondulação dei mais uns dois passos até sentir a frente do trenó começando a subir. Cravei os bastões no chão e, fazendo o máximo de força que podia, consegui puxá-lo para cima da rampa. No que ele chegou ao topo, parei. Dei uma olhadinha para trás e puxei, mas, no que ele desceu do outro lado, veio que nem uma vaca louca e me atropelou por trás. Com todo o peso do trenó sobre a traseira dos esquis, fiquei travado e caí de frente, que nem um pateta, com os pés ainda enfiados nos *bindings* e girando os braços. E eu ainda tinha os bastões de esqui presos aos meus pulsos. A situação era ridícula. Depois de xingar bastante, tentei primeiro me livrar dos bastões, mas as fitas que os prendiam a mim estavam muito justas e eles se recusavam a sair. Chacoalhei bastante as mãos, me livrei deles e os joguei longe. Me levantei, abri o fecho dos *bindings* e tentei livrar as botas. Mas elas estavam muito bem encaixadas e só depois de dar uns puxões nos pés é que consegui livrá-las. A essa altura minha irritação, dá para imaginar, já era grande. Aí, finalmente, com as mãos me separei do Bruno, que a tudo olhava com a cara mais tranqüila do mundo, e, ainda sentado, afastei o trenó de cima dos esquis.

Nisso, as duas cordas que me ligavam a ele ficaram torcidas entre si e, como eram compridas e da mesma cor (um pequeno descuido no meu planejamento), demorei a saber qual era qual. – Se for assim daqui para frente vou enlouquecer – desabafei. No que recoloquei os esquis, Bruno já estava deitado, descansando. – Levanta Bruno, vamos embora daqui! – É claro que ele se levantou do lado errado e se enroscou todo nas cordinhas. Respirei fundo e contei até dez. Em seguida, mais calmo, puxei-o até mim, desfiz os nós, me prendi a ele e comecei a puxar o trenó novamente. Mais alguns passos e outra lombada. Passei por cima novamente e quando senti o trenó começando a subir dei outro puxão. No que ele passou por cima e começou a descer tentei dar uma corridinha, mas Bruno não acompanhou meu movimento e novamente fui atropelado.

Dessa vez o trenó subiu na traseira dos esquis, mas consegui manter o equilíbrio e não cair.

– Bruno, assim não vai dar. Você tem que prestar mais atenção.

Ao invés dele ficar "magoado", ficou me olhando com uma carinha risonha, como que pedindo para me acalmar. Aquilo me desconcertou e vi que realmente eu estava me deixando irritar. Parei, fiz um afago nele e agradeci sua paciência. No que me endireitei ele ficou de pé e se apoiou em mim. Queria mais carinho.

Realmente era espantoso o quão rápido ficamos amigos. Não tinha nem quinze dias que nos conhecemos. Para mim era importante não perder seu respeito e amizade, por isso tinha que me controlar.

Na terceira vez mudei de tática. No que o trenó desceu desembestado, desviei para a direita e ele passou batido. Veio que nem um torpedo na minha direção, mas dessa vez consegui escapar.

Para ganhar tempo comecei a fazer desvios em busca de ondulações menores, mas me dei mal. Sem conseguir enxergar muito adiante, passei por um obstáculo pequeno para logo em seguida cair entre dois maiores. E não dava para voltar atrás, a menos que tirasse os esquis e manobrasse tudo com as mãos – meu trenó, o Bruno e o trenó dele.

Na primeira tentativa de passar por cima das ondulações maiores, consegui subir com os esquis nos pés, mas no final da descida ele se vergou tanto sob meu peso que pensei que fosse quebrar. Como era comprido, quando a ponta da frente tocou o chão plano a ponta de trás ainda estava no topo da lombada. Eles eram bastante flexíveis, mas não eram de borracha e tive medo de quebrá-los. Eu não tinha esquis de reserva e sem eles seria impossível prosseguir na expedição.

Mais adiante outra lombada grande. Como era muito inclinada, não dava para escalá-la com uma prancha de 2,05 metros nos pés. Parei, tirei os esquis e os prendi no trenó. Sem eles era mais fácil me virar para trás, também, e puxar o trenó com as mãos, controlando sua queda.

Continuei sem os esquis, mas depois de passar por mais duas lombadas acabei enfiando até a canela numa fenda escondida, e levei um bruta susto. Pus os esquis novamente. Eu podia tudo, menos descuidar da minha segurança. Meu único apoio era eu mesmo.

Mais uns metros adiante e me deparei com mais outra lombada de neve, dessa vez um pouco mais alta que as outras. Procurei dos lados uma saída, mas os obstáculos eram ainda maiores. Para onde quer que olhasse só via icebergs, um pertinho do outro.

Para não ter que tirar mais uma vez os esquis, a única maneira de ultrapassar a lombada era em diagonal. Eu já estava ficando cansado. Usando o poder de tração das "peles de foca" no seu limite e fazendo força com meus bastões, consegui passar para o outro lado. Caminhando e olhando para trás, para ver a hora de dar um puxão no trenó, vi quando chegou ao topo. Virei de costas e continuei andando. A princípio senti um rápido alívio, para em seguida perceber que algo me segurava. Olhei para trás e para minha surpresa vi o trenó capotado de lado, embicado na base da ondulação de gelo. Era a primeira vez que o trenó capotava, e aquilo me deixou mais tenso. Além de perder tempo naquele labirinto de icebergs, eu estava muito vulnerável a qualquer urso que aparecesse. Já tinha passado por mais pegadas de macho e de uma fêmea com dois filhotes.

Tirei os esquis, me soltei do Bruno e voltei até o trenó para desvirá-lo. Tive que ajeitar tudo que estava preso no topo para deixá-lo equilibrado novamente: tripé, barraca, saco com comida, saco de dormir e pá.

Já estava exausto, morrendo de sede e de fome, mas não me sentia seguro de parar ali para fazer um lanche. Sentado sobre um trenó eu ficaria totalmente sem visibilidade em meio aos blocos de gelo e não poderia ver algum bicho se aproximando. Preferi agüentar mais um pouco até chegar em algum lugar mais seguro, embora não vislumbrasse nenhum nos próximos quilômetros.

Depois de andar mais uns 15 minutos concluí que o melhor a fazer era tentar voltar para a praia, a menos de 800 metros dali. Lá o gelo deveria estar mais liso, eu torcia. Mas por onde ir? Eu estava cercado de lombadas de gelo por todos os lados e tinha que ser supercauteloso antes de me aventurar num labirinto sem saída.

Enquanto procurava desesperadamente um corredor natural de gelo mais liso, Bruno se excitou com alguma coisa. – O que foi, Bruno? – Dei uma olhada para frente e não vi nada. Tentei ignorá-lo, estudando um caminho a seguir, mas Bruno insistiu. Foi quando soltou um ganido forte e angustiado. Olhei de novo. Meus olhos se arregalaram. ERA UM URSO! UM URSO! – *NANUK*, BRUNO, *NANUK*! Meus Deus! Tinha um urso bem na nossa direção, uns 300 metros a frente! O urso estava em cima de um iceberg e ainda não tinha nos visto.

Por alguns segundos fiquei mudo, sem saber se ficava admirando ou se fugia. O bom senso prevaleceu.

– Vamos sair daqui, Bruno! – ordenei. É sempre difícil calcular distâncias no Ártico, principalmente numa hora dessas, mas em se tratando de ursos ela não é calculada em metros, mas em segundos. Para mim ele estava perigosamente perto. Fiquei com medo, é claro, mas curiosamente a visão espetacular daquele urso me deixou emocionado, contente até. Para minha surpresa ele não era branco. Comparado com a neve ao redor até que era bastante amarelo.

Tentei dar uma guinada radical para a esquerda, mas Bruno estava irredutível, querendo ir em frente de qualquer maneira.

– Vem cá, Bruno!! – gritei por entre os dentes, enquanto dei um puxão que quase o derrubou. Aí ele soltou um gemido. Nisso o urso viu a gente.

E no que olhou para nós desceu do iceberg e veio na nossa direção.

Numa velocidade jamais vista tirei os esquis dos pés, abri o mosquetão que prendia Bruno ao seu trenó, desconectei as duas cordas que me ligavam ao meu, voei na *shotgun*, armei a espingarda, peguei no bolso do *anorak* as duas balas de reserva e fiquei com elas enfiadas na luva da mão direita. Eu nem respirava.

Com o dedo grudado no gatilho e segurando Bruno com força, rapidamente elaborei um plano de defesa. Se o urso insistisse em se aproximar, eu daria um tiro de advertência com o *banger* que já estava no magazine. Se desse tempo, daria outro. Se ele não parasse soltaria o Bruno, ainda louco para ir de encontro ao bicho. Não daria tempo para mais nada. Para tentar manter um certo controle da situação, comecei a pedir a mim mesmo para manter a calma, pois um erro poderia ser fatal.

E seria mesmo. Se desse um tiro e o *banger* explodisse atrás do urso, ele poderia se assustar e correr para a frente, isto é, para cima de nós. Se desse um tiro com bala de verdade e o urso não morresse seria perigoso também. Todos dizem que um urso ferido é uma máquina assassina.

Apesar de perigoso, o urso polar (*Ursus maritimus*) é um animal encantador, e é totalmente adaptado às condições polares. Seu rosto é mais afilado que dos demais ursos, para protegê-lo do vento, e suas orelhas e rabo são pequenos, para conservar calor. Para protegê-lo do frio ele tem uma grossa camada de gordura sob a pele, que por sua vez também é mais escura que a dos demais ursos.

Embora viva num ambiente sempre gelado, às vezes fica com calor quando se exercita muito. Mas se refrescar num ambiente daqueles não é muito difícil. Ele simplesmente se esparrama de barriga na neve, e que é a parte do corpo que tem menos pêlos.

Suas patas são peludas para amaciar seus passos durante a aproximação às suas vítimas; e grandes o suficiente para distribuir seu peso sobre o gelo fino, ou neve fofa, e o ajudar a nadar. Ursos polares são excelentes nadadores, embora não tenham muita agilidade para caçar nesse meio.

Considerado o maior animal carnívoro terrestre do planeta, o macho chega a pesar mais de meia tonelada e atinge fácil três metros de comprimento da cauda ao nariz. Quando fica em pé sobre as patas traseiras chega a mais de três metros e meio de altura. As fêmeas são um pouco menores e mais leves.

O leite que a mãe amamenta seus filhotes contém 47% de gordura. Só para se ter uma idéia do que isso representa, o leite tirado da vaca contém apenas 3,5%.

São aproximadamente 20 mil ursos polares vivendo na costa das regiões árticas. E a vida deles não é nada fácil. A comida é tão escassa nessa região que o território de um urso, onde ele passa sua vida, pode chegar a mais de 200 mil quilômetros quadrados – um Paraná inteiro. Alguns chegam a se deslocar mais de mil quilômetros, numa só temporada, atrás de mais alimentos. O território de um urso preto, por exemplo, que vive nos EUA, é 45 vezes menor.

É comum os ursos brancos dividirem seu território entre si, mas em geral preferem se evitar, vivendo de maneira solitária. Quando dois deles se cruzam pelo caminho, ambos mantêm uma distância respeitosa e segura. A exceção é na época do acasalamento, entre abril e julho, quando alguns machos brigam entre si na disputa por uma fêmea.

Os machos, por serem maiores e mais fortes que as fêmeas, quando estão famintos não respeitam ninguém e chegam a matar uma fêmea ou um filhote para comer. Por isso, na época do acasalamento as fêmeas só cedem aos assédios do macho depois de terem certeza das intenções dele.

Os filhotes nascem por volta do Natal e raramente são mais que dois. Eles ficam com a mãe dentro de uma pequena toca escavada na neve até a primavera, quando o clima começa a esquentar.

A fase mais difícil de um urso polar é quando ele é adolescente, principalmente se for macho. Depois de ficar três anos aos cuidados só da mãe (um recorde entre os ursos), pois o pai não quer nem saber, o urso jovem tem que enfrentar a concorrência dos adultos para conseguir um lugar ao sol no território. Ainda ingênuos, acabam invadindo vilarejos, onde muitas vezes são mortos pela população. A jovem fêmea nesse aspecto é mais privilegiada, pois quase sempre herda da mãe um pedaço de território.

A calota polar funciona como uma plataforma para o urso caçar. Para apanhar focas, ele se posta ao lado dos buracos que elas fazem no gelo para respirar, e aguardam uma delas emergir. As focas são mamíferos que respiram como nós humanos, e, apesar de serem altamente adaptadas para viver na água, precisam subir à superfície três a quatro vezes por hora para respirar. O problema é que as focas fazem vários buracos no gelo e, se pressentem a presença do urso num deles, partem para outro. Assim, o urso tem que ter muita paciência e um pouco de sorte se quiser agarrar alguma. A maioria desiste depois de poucas horas, mas alguns chegam a adormecer enquanto esperam. A média é de uma foca a cada 5-6 dias.

Nos meses mais quentes, quando as focas sobem sobre o gelo para tomar sol e trocar de pele, a tática é se aproximar devagarinho, chegar perto e dar o bote. Acontece que as focas ficam em grupos e quase sempre tem uma mais esperta que alerta as outras do perigo.

Nesse caso, o urso polar apela então para uma última estratégia: nada por baixo do gelo, sobe rapidamente pela beirada e surpreende a foca dormindo. É o que os pesquisadores chamam de *fast food* para viagem, *a la urso*.

No que veio em nossa direção o urso desapareceu por alguns instantes atrás dos blocos de gelo. Bruno então ficou imóvel, observando tudo atentamente. Enquanto isso olhei para trás para ver se não estava cercado por outros ursos. Eles costumam caçar sozinhos, mas nessas horas nunca se sabe; desconfiei. Momentos de apreensão.

De repente o urso surgiu por trás de outro iceberg e escalou-o, com uma leveza impressionante para o seu tamanho. Devia estar a uns 80 metros de nós. Num misto de admiração, respeito e medo, e com o coração ameaçando sair pela boca, me mantive firme com a espingarda na mão e o dedo no gatilho. Nisso o urso se levantou sobre as patas traseiras e olhou para nós. Foi uma das cenas mais lindas que presenciei na vida. O urso polar é muito bonito e imponente, e aquele tinha pelo menos uns 2,5 metros de altura. Apesar de enorme seus movimentos eram elegantes e serenos. Assim que ficou de pé, encolheu as patas dianteiras e empinou o nariz, como querendo farejar melhor quem eram aqueles intrusos. A expressão dele não era ameaçadora, pelo contrário, mais parecia um bicho manso e fofo, preocupado apenas em saber quem estava invadindo sua praia. Mas não me deixei enganar pelas aparências. Eu sabia que quando ursos polares ficam de pé é porque estão curiosos sobre o que estão vendo e não estão em posição de ataque. Mas e depois de saciar sua curiosidade? O que ele faria? Poderia estar faminto e considerar que finalmente estava diante de seu jantar.

Enquanto o urso farejava o ar para descobrir quem éramos, lembrei das instruções dos esquimós: nunca encare um urso nos olhos, pois é um sinal claro de confronto e ele pode se irritar. Mas como é que ele ia saber se eu estava olhando nos olhos dele? Eu estava de óculos escuros! Pior ainda: ele poderia achar que meus óculos, espelhados, eram meus olhos.

O que me fascinava naquela cena era que eu, ao mesmo tempo em que era ameaçado por um animal da região, era defendido por outro. E não era um filme de aventura de Walt Disney. Aquilo realmente estava acontecendo!

Bruno, apesar de excitado, ficou parado, estático, encarando o urso. Nenhum músculo se mexia. Ele era todo atenção. Me senti protegido por ele e mais tranqüilo um pouco.

Depois de alguns segundos de observação, que pareceram uma eternidade, o urso desceu do iceberg e começou a caminhar para a minha direita, em direção ao "alto-mar". Desconfiado, ele também não desgrudava os olhos de nós. Vez por outra desaparecia por trás de algum iceberg e reaparecia mais adiante, sempre olhando para nós. De repente vi uma bolinha branca o seguindo. Era um ursinho. – UM FILHOTE! Que coisa mais linda! – exclamei em voz alta. Eu não acreditava no que estava vendo. Aquilo era um verdadeiro espetáculo da natureza. O filhote era todo branquinho e parecia de pelúcia. Obviamente que o urso maior era uma fêmea. Os dois continuaram andando para a minha direita, se afastando por entre os icebergs. O filhote na cola da mãe. Eu acompanhava tudo imobilizado, sem sequer piscar os olhos.

Já tinham ido embora quando lembrei: e se eles estivessem apenas dando a volta para nos surpreender por trás? Nunca se sabe. Os ursos costumam caçar se orientando pelo olfato. Só que, naquela situação, quando a brisa soprava do norte, eles estavam numa posição desfavorável, pois era o odor deles que chegava ao Bruno e não o nosso que chegava até eles.

E se a mamãe ursa sentisse que seu filhote estava sendo ameaçado? Não quis nem pensar nisso. Se ela se aproximasse e eu soltasse o Bruno ela não iria embora. Pelo contrário, lutaria com ele até a morte para defender seu filhote. Ia ser uma parada dura para Bruno e provavelmente eu teria que matá-la.

Não que Bruno quisesse caçar os ursos ou lutar com eles. Ele não tinha forças para isso. Uma só patada que a fêmea acertasse nele poderia matá-lo fácil, fácil. Mas o cachorro esquimó é uma mistura de cão com lobo, dotado de espírito caçador, selvagem, agressivo, muito esperto e rápido, e sempre consegue dar umas mordidas na bunda do urso. No que este se vira, o cão dá a volta e morde do outro lado. E assim vai irritando o urso até convencê-lo de que deve ir embora. Segundo os esquimós, no que o urso desiste e vai embora o cão ainda o persegue por mais um tempo para se certificar que ele não vai voltar. Só então volta para o acampamento, todo pimpão. É por isso que os cães sempre tiveram um papel importante na história dos povos do norte. Além de puxar os trenós, eles são vigilantes numa terra onde os mais fracos sucumbem aos mais fortes impiedosamente. É a lei natural daquela "selva" branca.

Assim que os animais desapareceram, me agachei ao lado do Bruno e dei um abraço emocionado nele. – Muito bem, Bruno, muito bem. – Foi difícil segurar as lágrimas de emoção. Estava orgulhoso de ter um cão tão valente e comovido de ver o quanto ele me era fiel e me defendia. Eu tinha que agradecê-lo. Continuei afagando, mas ele ainda estava atento aos ursos. Tentei sair logo dali, mas ele estava irredutível.

Decidi dar um tempo por ali, até para recuperar o fôlego e pensar com calma no que fazer.

Interminável meia hora se passou, tempo esse que fiquei com a espingarda na mão, olhando para os lados para ver se o urso ainda apareceria.

Cansado e tenso, de uma coisa eu tinha certeza: se o urso foi para o "alto-mar" eu deveria ir para a costa. Pelo menos ali daria para ter uma visão melhor dos arredores e poderia descansar.

Tentei puxar o Bruno mais uma vez, mas ele continuava excitado. Esperei mais cinco minutos e tentei de novo. Não adiantou. Ele teimava em não me obedecer. – Ah, é? – Eu, então, com muita paciência, jeito, tato, psicologia e uns bons tapas impus minha autoridade.

Depois de "convencer" Bruno a sairmos dali, embiquei o trenó para oeste e lentamente me dirigi à costa. No caminho passei por cima de algumas lombadas, fiz alguns desvios e aos poucos fui me aproximando da praia. Soprava um vento gelado vindo do norte mas, para meu alívio, perto da praia encontrei gelo liso, finalmente. – Vamos parar para descansar, Bruno. – Eu e ele não parávamos de olhar para trás.

Eu estava que não me agüentava mais. Finalmente num lugar calmo e mais seguro, desabei sentado em cima do trenó do Bruno, e puxei do meu o saco com comida e o cantil. Estava exausto e ofegante. Enchi a boca de castanhas e quando fui dar um gole no chá levei um bruta susto. O gosto estava tão amargo que cuspi de chão. – Argh!! Que coisa horrível! – O chá estava estranho. Tentei dar mais um gole, mas estava intragável. Morrendo de sede, puxei a garrafa térmica com chá com açúcar. Dei um gole e tive que cuspir de novo. Dei uma cheirada na garrafa, mas não percebi nada de diferente. Aquilo estava muito esquisito. Não consegui beber nem o chá sem açúcar nem o adoçado. Só me restou a outra garrafa térmica, com suco de maçã, que eu sempre deixava para o fim, porque era a bebida mais gostosa. Dei uma cheirada antes, por via das dúvidas, e não percebi nada. Dei um gole e novamente não consegui engolir. Aí seguiu-se uma lista enorme de impropérios.

Quando achava que o pior já tinha passado e ia fazer um lanche sossegado, não podia beber nenhuma gota dos 2,5 litros de bebidas que havia levado mais de uma hora preparando pela manhã. E basta não ter água para a nossa sede aumentar descontroladamente. Além disso, não havia nenhum riachinho ou barzinho por perto. Mas eu fiquei intrigado com o que poderia ter acontecido. Será que é porque não lavei as garrafas? Até então eu não tinha lavado nenhuma delas. Simplesmente fazia um chá em cima do outro que sobrou. Ou será que é porque não havia lavado as panelas? Desde que havia começado a caminhada eu ainda não tinha lavado nenhuma "louça". Não queria derreter neve para isso. O café da manhã e o chá eram sempre feitos na panela que tinha os restos do jantar da véspera.

Depois de um tempo descobri a burrada. – É claro! O que aconteceu foi que derreti neve salgada!!

A calota de gelo é formada quando a superfície do mar – portanto água salgada – se congela. Mas ela é coberta pela neve que cai do céu ou é trazida pelo vento. Como essa camada de neve é muito fina, eu tinha que pegar de vários pontos até acumular um montão, que depositava na entrada da barraca, próximo ao fogareiro. Como até então não tivera nenhum problema de água salgada, nunca experimentei a neve que estava derretendo. Dessa vez isso ia me custar muito caro.

Enquanto mastigava um pouco de neve para disfarçar, fiquei olhando para o ponto onde tinha me deparado com o urso, a uns 500 metros dali. Comecei a perceber que uma aventura no Ártico é como um jogo de xadrez, e que naquele dia eu estava levando xeque, um atrás do outro. Era melhor redobrar meus cuidados antes que levasse o lance definitivo: o xeque-mate.

O gozado é que olhando assim, superficialmente, o Ártico parecia um lugar inofensivo, estático. Exceto pelo frio, não se via o perigo. Mas ele estava sempre ali, presente. Esse era o maior perigo. Meu maior desafio era manter a lucidez e nunca, em hipótese alguma, perder meu poder de julgamento.

– Bem, exceto por esse descuido, até agora acertei em todas as minhas decisões – exultei. – Espero continuar assim.

Para piorar situação o vento começou a soprar cada vez mais forte e gelado, e fui ficando cada vez com mais frio. Sem nada para beber preferi não comer mais nada, e para não virar um picolé me pus a caminhar. Morrendo de sede e irritado com o barulho do vento, o moral estava lá embaixo.

Para ganhar tempo resolvi guardar os esquis e caminhar só com as botas. Próximo à costa não via mais fendas, então decidi arriscar. Depois de percorrer uns 100 metros vi Bruno afundando na neve fofa que encobria um pequeno buraco, um sinal claro que havia fendas escondidas. Fiquei na dúvida se recolocava os esquis ou se esperava mais um pouco. Não deu para pensar muito no assunto. De repente o mundo desapareceu sob meus pés e afundei até os joelhos num enorme buraco escondido sob a neve. Caí e fiquei preso, entalado. O susto foi enorme. Tomando o máximo de cuidado para não aumentar o buraco e afundar ainda mais, me joguei para a frente e tirei uma perna de cada vez. Me afastei um pouco, sentei no chão e comecei a respirar. – Mais uma vez, foi por pouco!

O risco de cair na água é um dos maiores perigos para quem se aventura pelo Ártico. No meu caso o perigo era maior ainda porque não teria ninguém para me ajudar a sair do buraco, tirar minhas roupas molhadas e congeladas, montar a barraca, me colocar no saco de dormir e me preparar bebidas quentes.

Foi um risco que assumi quando decidi me aventurar solitário. Mas se de um lado o fato de estar sozinho diminuiu minhas chances de um salvamento, por outro diminuiu minhas chances de me envolver em acidentes. Não ter ninguém para dispersar a atenção ou distribuir as tarefas fez com que meus cinco sentidos ficassem mais aguçados, aumentasse meu grau de concentração e a percepção dos arredores.

Sozinho, percebia melhor cada detalhe da textura do gelo, as suaves nuances do branco e do azul, sabia as horas pela posição da minha sombra, admirava o sol, o céu, a posição das nuvens, o "cheiro" do vento tocando meu rosto, e entendia tudo que se passava comigo. É claro que o fato de estar só não era garantia de não me envolver em acidentes, alguns deles praticamente sem solução. Seria ingenuidade da minha parte achar que pudesse eliminar todos os riscos no planejamento. Numa expedição ao Ártico não existe "risco zero". Mas a emoção de enfrentar esse desafio valia a pena. A cada minuto o Ártico estava me dando a oportunidade de me colocar à prova, e apesar de tudo até ali eu estava me saindo muito bem. A emoção de me ver prosseguindo em direção ao desconhecido apesar do cansaço, do medo e do desconforto é que me dava forças.

Refeito do susto, recoloquei os esquis pela enésima vez e prossegui junto à costa. O vento aumentou um pouco e eu não podia ficar muito tempo parado pensando no ocorrido. Não demorou muito e comecei a perceber que tinha perdido a sensibilidade no dedão da mão direita e que ele estava se congelando. Dei uma checada na luva e vi que justamente ali estava abrindo um rombo no tecido grosso da luva externa. Desde janeiro, quando dei início aos meus treinamentos, que meus dois dedões estavam me causando problemas. Por causa do frio intenso e do vento, depois de horas na mesma posição, dia após dia, curvados segurando um bastão, os músculos em volta deles se enrijeceram e eu quase não conseguia fechá-los.

Abri o trenó e peguei meu cobre-luvas de nylon para cortar o vento. Até então eu estava usando dois pares de luvas, que não tirava para nada.

Eu tinha um sistema de luvas interessante. As de baixo eram mais finas e resistentes, e serviam para absorver o suor das mãos. As luvas externas eram mais grossas e quentes que a primeira. Essa de fora tinha um *design* criativo, cobrindo os quatro dedos de uma vez. Mas se eu precisasse de mais destreza, para tirar uma foto, por exemplo, eu poderia dobrar para trás essa cobertura e prendê-la no dorso da luva com um velcron, deixando a ponta dos dedos livres. Raramente eu ficava com as mãos nuas.

Alguns minutos depois o calor voltou ao meu dedão e eu senti aquela dor horrível que sempre aparece quando volta o calor a algum membro congelado. Aquele realmente não era meu dia.

Já eram quase quatro horas da tarde e eu queria caminhar pelo menos mais uma hora para me afastar da pequena família de ursos. Logo surgiram algumas pequenas rampas de gelo para me deixar mais exausto. No que fui passar sobre uma delas senti que perdi a tração. Olhei para baixo e a surpresa: a pele de foca do meu esqui direito tinha descolado e escapado.

– Mas não é possível, está acontecendo de tudo hoje!

Tentei colocar a pele novamente, mas naquele frio a cola não funcionava mais. Sem tração não daria mais para continuar. Pressionado pelo irritante barulho do vento eu já estava a ponto de explodir de raiva quando o Bruno se deitou sobre a barriga e ficou me olhando com a cara mais serena do mundo, como se nada tivesse acontecido naquele dia. Pelo contrário, parecia que ele estava se divertindo a valer com tudo aquilo e conseguiu, com seu jeito bonachão, passar tranqüilidade para mim. De repente comecei a achar graça de tudo aquilo.

– Ainda bem que você está aqui comigo Bruno.

No que comecei a conversar, ele se arrastou de barriga até bem perto de mim e se virou para eu coçar seu peito. Realmente, com ele ali eu não me sentia nem um pouco solitário.

Brincar com ele quebrou meu *élan*, então decidi parar. De mais a mais o vento já estava ficando muito forte e eu estava muito cansado. Segui só mais um pouco, com tração em apenas um esqui, até um lugar mais plano e dei o expediente por encerrado. O dia tinha sido muito agitado.

Tirei rapidamente os esquis e peguei a barraca de cima do trenó. Sem destreza por causa do cobre-luvas, antes de começar a montá-la prendi um dos extensores no mosquetão que estava preso na minha barrigueira para o vento não a levar embora caso eu a deixasse escapar. Felizmente eu tinha escolhido uma barraca própria para ser montada no vento por uma pessoa sozinha, senão iria levar horas para conseguir algum abrigo.

Com a barraca pronta joguei as coisas lá dentro e dei uma deitada com bota e tudo. Eu não agüentava mais de cansaço, fome, frio e principalmente sede. Muita sede. Depois de recuperar um pouco minhas forças decidi derreter neve primeiro, para beber algo, antes de fazer qualquer coisa.

Mas nem tudo estava tranqüilo. Minhas pegadas e as do Bruno estavam por toda parte e os ursos poderiam facilmente nos achar durante a noite. Segundo pesquisadores, eles são muito curiosos e examinam tudo que lhes parece estranho, inclusive marcas de esquis na neve. Alguns chegam a seguir essas marcas por quilômetros.

No que saí da barraca, para minha surpresa, vi Bruno sentado em posição de alerta, olhando fixamente para o ponto onde tínhamos nos deparado com os ursos. Eles deviam estar por ali. Aquilo me assustou. Dessa vez quem tinha o vento a favor eram eles.

Rapidamente peguei a espingarda e fiquei olhando atentamente o horizonte. Olhei, olhei, mas não vi nada. Fiquei na dúvida se prendia Bruno ou não. Preferi deixá-lo solto. Se visse um urso se aproximando provavelmente escaparia de qualquer maneira. Fui montar a antena com a espingarda no ombro. Eu não queria me desgrudar dela nem por um segundo.

Prender o fio principal no esqui e o fio da esquerda no bastão foi fácil. Comecei então a esticar o fio da direita. No que fui me afastar um pouco da praia vi uma falha no terreno, com um metro de largura, que acompanhava toda a extensão da praia. Pisei com cuidado e percebi que sob uma casquinha de gelo havia uma fenda com neve fofa nas beiradas. Cutuquei com o bastão e vi que a neve fofa preenchia um espaço vazio que ia até a água.

Para montar o outro fio da antena tive que pular essa falha com bastante cuidado para não quebrar as beiradas e afundar. É claro que no que puxei o fio o outro bastão caiu e tive que começar tudo de novo. Fui obrigado a pular a fenda de cá-pra-lá e de lá-pra-cá algumas vezes até ter a antena instalada. Cansado do jeito que eu estava era difícil evitar o estresse.

Instalada a antena fiquei admirando a postura do Bruno, que continuava sentado com os olhos fixos no horizonte, como se estivesse cumprindo seu dever sagrado de proteger o acampamento e seu dono. O vento forte o açoitando parecia não incomodá-lo. Eu estava profundamente orgulhoso dele. O curioso era que nunca o ouvira latir, nem quando o urso se aproximou. Tive muita sorte em tê-lo levado comigo. Já li relatos de expedições que tiveram seus acampamentos atacados por ursos durante a noite apesar de contar com vários cães em volta. Eles simplesmente ignoraram a aproximação do urso. Com Bruno ali eu sabia que isso não aconteceria.

Quando, enfim, estava tudo pronto, liguei o GPS e, para minha felicidade, tinha conseguido avançar 13 quilômetros naquele dia, apesar de todos os perigos. Dentro da barraca olhei no mapa e mais uma boa notícia: tinha mudado de grau de Latitude. Agora eu estava a 76,05' graus de Latitude Norte. Os pontilhados a lápis no mapa chegaram ao topo da folha. A partir dali passaria a usar a carta náutica seguinte.

O contato no rádio novamente foi excelente. Dei um rápido resumo do dia e contei por alto meu encontro com os ursos. Eu não queria deixar ninguém muito preocupado. A Morag mais uma vez me encheu de elogios e me deu os parabéns pela mudança de grau na latitude. Após o contato adiantei meu relógio em uma hora: naquele dia entrou o horário de verão no Canadá.

Sem muita paciência para ficar criando, decidi fazer o mesmo jantar da véspera, acrescentando apenas uma caneca de chocolate quente como sobremesa.

Terminado o jantar fiquei na dúvida se desmontava ou não a antena do rádio. Se fosse atacado por um urso seria importante ter a antena a postos para um chamado de emergência. Mas, e se na aproximação o urso destruísse a antena? Poderia ficar sem o rádio no momento que eu mais precisasse dele. Era uma decisão difícil. No final preferi deixá-la montada mesmo. Abri o zíper da barraca e vi Bruno dormindo gostoso, todo enrolado, com o focinho enfiado embaixo do rabo. No que ouviu o zíper se abrir deu uma olhadinha de canto de olho e voltou a dormir. A neve trazida pelo vento já estava começando a cobri-lo. Ele era realmente um guerreiro.

A família de ursos devia ter ido embora. Mesmo assim não pude evitar de ir para a cama preocupado com uma eventual visita noturna.

# A GRANDE TEMPESTADE

## OITAVO DIA

### 7 de abril – mesma posição anterior

Passei a noite praticamente em claro. A cada ruído, por menor que fosse, eu gelava e ficava alerta. O coração batia forte. Fiquei impressionado com o número de ruídos durante a noite: a neve sendo varrida, o choro do vento, as fitas de nylon do trenó e do *binding* batendo, o nylon da barraca inflando e desinflando. Esse último ruído – parecido com o de roupa molhada batendo no varal – me deixou assustado porque às vezes, dependendo do ritmo, parecia mais uma pessoa andando em volta do acampamento. Levantei duas vezes durante a noite para me certificar que estava tudo em ordem. Bruno dormia profundamente, praticamente todo coberto de neve.

Pela manhã mais uma vez a temperatura estava em cruéis 25 graus negativos.

Depois do café, aproveitei o fato de estar acampado na praia para, pela primeira vez, subir até a borda do platô da ilha. Eu queria matar minha curiosidade de ver como seria o relevo da ilha, e ter uma visão privilegiada do caminho a seguir.

– Vamos dar um passeio, Bruno? – Não precisei chamar duas vezes. Ele estava louco para passear e logo se levantou abanando o rabo. Com a espingarda a tiracolo fomos subindo pela rampa.

Embora em nenhum momento fosse muito inclinada, a longa subida demorou mais do que eu esperava. Além do vento forte, a rampa era coberta por uma casca de neve endurecida que cobria uma camada de neve mais macia. Quando pisava quebrava a casca e meus pés afundavam. Era como subir numa duna de areia coberta por uma casca de terra dura.

Bruno livre, leve e solto, subiu bem mais rápido e disparou na frente. De vez em quando parava e olhava para trás para ver se eu o estava seguindo. Se eu parava por algum motivo ele também parava. No que dava um passo ele recomeçava. Por mais que eu o chamasse não se aproximava. Estava louco para sair correndo e ficar brincando naquele deserto sem fim.

No que cheguei ao topo vi que era apenas um degrau e que a rampa continuava mais acima. Subi mais um pouco, vi outro degrau e a rampa continuava. Eu já estava a uns 40 metros de altura e ainda não conseguia ver o interior da ilha, mas se continuasse perderia a barraca de vista. Preferi parar por ali.

Dali de cima a vista era espetacular. Dava para ver o mar congelado por vários quilômetros e quase todo o trajeto que tinha percorrido nos últimos dias. Minha barraca era apenas um ponto escuro naquela imensidão branca. Observei que o acampamento estava cercado por um cinturão de icebergs com uns 100 metros de largura, mas o gelo estava relativamente liso depois disso. Uma opção, observei, seria caminhar diretamente por sobre a praia.

No que cheguei de volta na barraca fiquei na dúvida se deveria desmontar tudo e sair caminhando. O dia estava ensolarado, mas o vento estava cada vez mais forte, passando dos 50 km/h e tendendo a aumentar. Decidi esperar um pouco. Outro dia cheio de incidentes como na véspera, enfrentando um vento daqueles, seria muito desgastante, para não dizer perigoso.

Nisso Bruno desceu da rampa e veio brincar comigo. Ele não precisava nem falar. Levantou a pata direita e me "pediu" para coçá-lo. Fiquei agachado coçando o peito dele. Assim que parei ele se levantou, pulou nos meus ombros e me pediu para continuar. Eu não resistia ao olhar "pidão" dele. Bruno era realmente um exímio chantagista.

Depois da brincadeira era hora de trabalhar. Eu ainda tinha que colar a pele que escapara no esqui. Para a cola aderir eu precisava de um ambiente aquecido, distante uns 200 quilômetros dali. Tive que improvisar com a barraca, mas o esqui era comprido e mal cabia nela.

Tirei então um monte de coisas e empurrei o resto para os lados. Com o esqui apoiado na mochila, fechei todos os zíperes e liguei o fogareiro para esquentar o ambiente. Eu tinha duas colas: uma spray e outra em tubo. Tinha dormido com elas dentro dos bolsos e já estavam bem quentinhas.

Limpei bem a parte de baixo do esqui e depois encaixei a argola metálica que fica na extremidade da pele na ponta dianteira do esqui, que é apontada para cima. Dei um jato de cola em toda a extensão do esqui e fui colando a pele ao mesmo tempo que a esticava. Para ficarem bem firmes, as peles são um pouco elásticas e têm um gancho na outra ponta que vai encaixado no final do esqui. Esperei secar e chequei o resultado: aparentemente estava bem firme. Depois passei *silver tape* em alguns pontos. Agora teria que testá-la na prática, em contato com a neve.

A cada minuto que passava o vento ia ficando mais forte. Algumas rajadas passavam dos 70-80km/h. Sem ter o que fazer senão esperar ele acalmar, comecei a analisar minha situação.

Eu já havia percorrido, em linha reta, 76 quilômetros em uma semana, uma distância considerável devido às circunstâncias, ainda mais se levasse em conta que tinha ficado um dia inteiro parado por causa do mau tempo.

A "velocidade de cruzeiro" no Ártico realmente não é uma coisa que anima. Mas não podia reclamar. Eu já sabia que no início seria assim mesmo e que esse ritmo moroso fazia parte da aventura. Se quisesse ir mais rápido poderia ter me utilizado de um trenó puxado por cães ou, mais rápido ainda, um *snowmobil*. E porque não um avião? Nada disso. Para "sorver" o Ártico aos poucos, eu tinha que ir a pé mesmo.

Caminhar num lugar totalmente plano, onde quase não há pontos de referência, é uma experiência interessante. Às vezes vislumbrava um ponto – um iceberg ou uma elevação na costa – e caminhava até ele. Passava meia hora e o ponto nem se mexia. Mais meia hora e ele ficava menos longe. Levava mais uma hora inteira para alcançá-lo. Outras vezes era o contrário. Achava que determinado ponto estava longe e dez minutos depois estava ao lado dele. Isso acontecia muito em relação à costa. Às vezes achava que ela estava a uns 300 metros de distância, mas não chegava nunca. Outras vezes achava que estava a um quilômetro, mas em quinze minutos estava ao lado dela.

Quanto à saúde, eu ainda estava muito bem e nenhum acidente tinha acontecido, embora num frio daqueles e naquele lugar não desse para fazer um bom trabalho de aquecimento e alongamento dos músculos, o que era perigoso.

Em relação aos meus equipamentos tudo ainda estava em ordem. Nesse aspecto uma expedição no Ártico é como uma corrida de Fórmula 1: não adianta ter o melhor chassi, motor e câmbio, pois se a "rebimboca da parafuseta" quebrar, o carro pára. No meu caso, os equipamentos estavam sendo severamente exigidos até o seu limite de resistência, mas estavam agüentando o tranco. Nem por isso deixei de ficar preocupado. Houve uma expedição que na sua tentativa de atingir o Pólo Norte Geográfico teve seus três fogareiros quebrados logo no início e foi forçada a desistir do seu intento. Estamos sempre no limite.

Lentamente a tarde foi passando e eu ali parado, esperando o tempo melhorar. Aproveitei para descansar um pouco. Às 16 horas dei uma saída para sentir como estava o vento e aproveitei e dei o jantar para o Bruno. Embora estivesse ansioso para sair dali eu tinha que me controlar. Não podia me precipitar e sair em meio a uma tempestade que poderia piorar a qualquer momento.

Antes de entrar na barraca tentei fazer uma parede de gelo atrás dela, para protegê-la do vento, mas a profundidade da camada de neve não era grossa o suficiente, então acabei improvisando com os trenós mesmo. Coloquei o do Bruno, mais curto, atrás, e o meu no lado esquerdo da barraca, que era de onde vinha o vento.

Com a antena já instalada, às 18h45 chamei no rádio e comuniquei minha posição. A transmissão mais uma vez foi excelente. Como estava acampado perto de uma praia muito bonita e que não tinha nome no mapa, brinquei com a Morag dizendo que estava em Copacabana Beach, provavelmente o único nome de praia brasileiro que ela conhecia.

No que desliguei o rádio o acampamento voltou a ficar silencioso, exceto pela lamúria do vento. Embora me impedisse de continuar meu caminho, o vento tinha lá sua magia, e era gostoso ouvi-lo. Ele soprava em ritmos irregulares, ora mais suave, ora mais severo, assobiando sua mensagem de força e onipresença. Ele não devia ter nada de pessoal contra mim. Apenas me fazia lembrar que ali é a sua morada e eu como visitante devia respeitá-lo.

Como estava sem fome e sem sono comecei a cozinhar tarde, por volta das nove horas da noite. Para ganhar tempo na manhã seguinte decidi encher as garrafas térmicas com chá após o jantar. Pela manhã não perderia horas derretendo neve e bastaria esquentar o chá novamente. Isso consumia um pouco mais de combustível, mas valia a pena.

Às dez e meia da noite já estava na sobremesa quando decidi dar uma espiada no tempo lá fora. Vi Bruno todo encolhidinho em meio a uma grande quantidade de neve que rodopiava ao sabor dos ventos. Na hora que fui fechar a barraca ele levantou lentamente a cabeça e me deu um rápido olhar tipo "você aí dentro, no quentinho, comendo, e eu aqui fora nesse vento, sem comer nada".

Fiquei morrendo de dó. Vesti meu *anorak*, pus o gorro, a luva grossa e as botas e levei para ele um resto de comida que estava na panela e alguns biscoitos. Ele ficou superfeliz mas, ao invés de comer e voltar a dormir, a comida fez o efeito contrário. Eles se excitou tanto que não parou mais. Agitou-se, começou a andar de um lado para outro e ficou cheirando o seu trenó.

– Sai daí, Bruno. Você já comeu duas vezes hoje. Seu guloso! – Mas ele não parou. Eu queria entrar na barraca e dormir, mas estava com medo dele ficar solto. Ele poderia quebrar a antena – o fio estava baixo e ele roçava as costas toda hora que passava –, poderia sair por aí ou então avançar nos trenós. No meu havia comida para uns 26 dias. Tentei prendê-lo, mas ele escapou na hora. O vento não parava e eu já estava morrendo de frio. Antes que minhas mãos ficassem duras, resolvi prendê-lo com mais firmeza. Enfiei um espeque no chão, uma estaca de alumínio e um grampo de gelo, passei a cordinha dele pelos três pontos e consegui prendê-lo. Entrei na barraca e fiquei olhando. Ele parecia que estava querendo brincar. Rapidamente cavou um buraco raso e redondo no chão, inclinou a cabeça e ficou examinando a obra. Depois, com a maior elegância do mundo ajeitou o buraco só com a pata dianteira e se deitou. O buraco ficou exatamente no tamanho que ele ocupava quando se enrolava para dormir. Se deitou e olhou para mim. Antes que me lançasse outro de seus olhares suplicantes, fechei o zíper da barraca.

## Nono dia

## 8 de abril – mesma posição anterior

Ventou muito forte durante a noite toda. Durante a madrugada senti que havia algo me pressionando junto à parede da barraca. No que pus a mão percebi que havia um montão de neve no vão entre a parede do vestíbulo e o sobreteto. A neve empurrava a parede para dentro e diminuía o espaço interno, que já era minúsculo. Me levantei e percebi que do lado esquerdo, mais de frente para o vento, a barraca já estava envergada, pressionada pela neve acumulada do lado de fora. Eu tinha que sair com a pá e dar um jeito naquilo.

Dentro da barraca também havia neve por todo lado. É impressionante como a neve se infiltra nos lugares. Por mais fechados que estejam ela sempre dá um jeito de entrar. Nos fundos da barraca havia um pequeno respiro que eu abria para melhorar a circulação de ar. Adivinhando que por ali entraria neve durante a noite acabei fechando-o. Não adiantou. A neve tanto pressionou que acabou abrindo o respiro e se infiltrou para dentro da barraca. Junto à minha cabeça também havia neve. Tinha entrado por baixo do zíper do sobreteto e pelo respiro do teto. Dentro do avancê o fogareiro estava coberto de neve, havia neve dentro das botas e da caixa do rádio. De nada adiantou eu ter fechado tudo antes de dormir.

Mas minha preocupação maior era com a espingarda. Tinha entrado um pouco de neve no mecanismo e dentro do cano. Para não trazê-la para dentro da barraca tive que ficar de cócoras no avancê, tirando a neve com todo cuidado usando uma bombinha de ar usada para tirar poeira da máquina fotográfica. Se tinha um equipamento que não poderia engripar numa emergência era a espingarda. Já pensou a cara do urso ao me ver tentando atirar e a danada dar chabu? Fiquei imaginando ele lambendo os beiços, amarrando o guardanapo no pescoço e afiando a faca e o garfo. Seria cômico se não fosse trágico.

Calcei as botas, vesti o *anorak*, troquei de gorro, pus mais luvas e me preparei para sair. No que abri o zíper do sobreteto vi Bruno deitado bem ao lado da barraca, ao abrigo do vento. Um pouco de neve tinha se acumulado nas suas costas e seus pêlos balançavam ao vento. Fiquei com pena, mas ele nem se mexeu. Dei uma saída com a pá e fui tirando a neve que estava ao lado da barraca. Os trenós também estavam totalmente cobertos. Mal dava para vê-los.

Como na véspera, Bruno continuou dormindo. Se o "meteorologista" da expedição não se mexia era porque não era dia de andar. Lembrei das palavras do Kohno: "Quando for *blizzard* você fica. Vai dar vontade de sair, mas você fica!".

Entrei na barraca e no que fui fechar o zíper interno ele quebrou, ou melhor, no que avancei o cursor para fechá-lo, o zíper se abriu atrás. Com luvas grossas e agachado não foi fácil consertá-lo. Ele estava impregnado de gelo. Depois de uns 20 minutos pacientemente tentando, o cursor escapou e não consegui mais encaixá-lo de volta. Aí explodi, comecei a xingar e desisti. Peguei alguns alfinetes de prender fralda de dentro do estojo de primeiros socorros e com raiva fechei o zíper em dois pontos. – Pelo menos essa droga não vai ficar escancarada – praguejei.

Enquanto isso lá fora o vento estava pior que na véspera, ultrapassando provavelmente os 80 km/h. Era difícil precisar a velocidade do vento sem um anemômetro, mas basta dizer que para andar eu tinha que me curvar e ficar com o rosto virado para o chão. O barulho do nylon batendo era tão forte que parecia o de um helicóptero na minha orelha. E não havia nada que eu pudesse fazer, a não ser torcer para a barraca resistir.

Às 7h30 da manhã, depois de resistir bravamente, tive que encarar o momento mais desconfortável do dia: a hora de ir no banheiro. Com o termômetro marcando impiedosos 22 graus negativos mais a força do vento a sensação térmica devia ser de uns 60 abaixo.

Até aquele dia meu intestino estava funcionando como um relógio: ia no banheiro sempre à mesma hora, pouco antes de começar a caminhar. Se por um lado isso era um bom sinal, por outro ficou praticamente impossível adiar o momento fatídico. Num vento daqueles ir ao banheiro era uma verdadeira operação de guerra: eu tinha que ser rápido, preciso e eficiente. Era fundamental planejar a estratégia e os movimentos. Primeiro abri as alças da jardineira por baixo do casaco e já a deixei meio arriada. O papel higiênico ficou à mão no bolso do casaco. Apenas com um par de luvas finas que trouxe especialmente para esses momentos, saí para trás da barraca.

Achar a posição correta na hora de se agachar e manter o equilíbrio era primordial. Me agachei bem de frente para o vento e procurei manter o equilíbrio. O vento vociferava enfurecido e jogava neve como se fossem navalhas no meu rosto, que eu procurava manter abaixado. O frio era intolerável. Feito o serviço e enregelado até os ossos, tirei um pouco da neve que tinha caído dentro das calças, levantei-as correndo, segurei com as mãos e dei umas corridas em volta da barraca para me esquentar. A cena era cômica. Depois abri correndo o zíper da barraca e me enfiei dentro. Terminei a operação ofegante, com a bunda anestesiada de frio mas profundamente aliviado.

Mais tarde aproveitei para fazer umas tomadas com a filmadora. Desde a hora do café que as baterias da câmera estavam nos meus bolsos esquentando. Filmei principalmente a barraca sendo fustigada pelo vento e a neve vagando ao sabor do mesmo. Uma cena impressionante. Mas que durou pouco. Em questão de minutos minhas mãos já tremiam tanto que tive que parar e voltar correndo para a barraca para aquecê-las.

Enquanto me esquentava no saco de dormir fiquei lembrando da pena de não ter uma filmadora à mão, um mês antes, quando estive no Parque Yellowstone, no oeste dos EUA. O parque é um dos lugares mais bonitos do mundo e eu tinha ido até lá para finalizar o treinamento, antes de voltar para Missoula.

Tinha passado quatro dias no parque, puxando o trenó pra cima e pra baixo em meio a uma paisagem surrealista, onde *géisers* expeliam água e colunas de fumaça em meio a piscinas naturais coloridas espalhadas no meio da neve. Perambulando pelas trilhas mais remotas me deparei várias vezes com renas, veados e várias famílias de bisões. Infelizmente eles sempre se afastavam quando me aproximava.

À noite, sob 25 graus abaixo de zero, ficava em silêncio ouvindo os lobos uivando para a lua. No que silenciavam, eu uivava de volta. Pareciam bem perto da barraca. Ao amanhecer eu sempre dava uma vasculhada nos arredores, mas não vi nem pegadas. Onde estariam? Minha curiosidade só se satisfez no último dia, quando vi do outro lado de um rio uma longa linha de pegadas. Fui virando a cabeça para a direita até que me deparei com um lobo que estava sentado. Um animal lindo, superpeludo. Era bege em cima e quase branco embaixo. Logo surgiu outro ao seu lado. Pareciam irmãos gêmeos. Hipnotizado, não sabia se ficava quieto observando ou tentava fotografá-los. Sabia que com qualquer movimento em falso eles perceberiam minha presença e iriam embora. Com minha discretíssima roupa laranja, não deu outra. Logo um deles me viu e, como que para me castigar por aquele sacrilégio, viraram as costas e desapareceram.

Era por volta das 11 horas quando de repente ouvi um estrondo e um leve tremor, quase embaixo de mim. Meus ouvidos se "arregalaram". Era o que eu mais tinha medo: a calota de gelo estava rachando. E o barulho parecia ter vindo bem do lado da barraca. A incrível força do vento mais o peso da neve acumulada finalmente instabilizaram a calota de gelo.

Me preparei novamente para enfrentar a fúria do vento e vi que Bruno também estava inquieto. A fenda que estava a três metros da barraca havia aumentado de tamanho e agora estava com quase um palmo de largura. Tentei ver se dava para enxergar a água, mas as bordas eram muito irregulares e só deu para ver que o buraco era mais fundo do que eu pensava.

Voltei para a barraca e não demorou muito para ouvir novos estrondos. Alguns bem longe, provavelmente em alto-mar, outros bem mais perto. Com a cabeça grudada no chão da barraca eu ouvia tudo que se passava sob a calota. O barulho vindo das profundezas era curto e seco. Ouvia a tudo com um misto de medo e fascinação de ver aquela incrível demonstração de força da natureza. Fiquei tentando imaginar a quantidade de energia necessária para mover aquela placa com 1,5 metro de espessura e provavelmente mais de 100 quilômetros de extensão. É impressionante como a gente se sente pequeno nessas horas.

Os minutos foram passando e os estrondos se sucedendo. A cada ruído mais forte me virava agitado dentro do saco de dormir, que deixei aberto para sair correndo caso necessitasse. Eu estava tenso. De repente um barulho seco bem embaixo da barraca, e outro e mais outro. Em seqüência. Parecia algo metálico sendo rasgado. Como um raio abri a porta e olhei em volta: jurava que o gelo embaixo da barraca tinha trincado também. Não vi nada. Comecei a suar frio. O que fazer? O gelo devia ter trincado somente na parte inferior da calota e não na superfície, pelo menos era o que parecia.

Pensei se devia mudar o acampamento de lugar, mas numa tempestade daquelas ia ser muito complicado. Ademais, mudar para onde, se o gelo estava rachando em todo lugar? Eu me sentia extremamente vulnerável. O jeito era ficar por ali mesmo.

Durante uma hora fiquei "congelado" ouvindo o barulho do gelo trincando. E não havia muito que eu pudesse fazer. De acordo com as informações dos esquimós e das pessoas que vivem em Resolute a calota de gelo iria trincar sim, mas não a ponto de abrir grandes fendas que pudessem me engolir. Não naquela época do ano. Era muito cedo ainda para isso acontecer. Mas o susto foi tremendo. Por via das dúvidas decidi empacotar minhas coisas e deixar tudo pronto dentro da barraca para uma eventual mudança de endereço de última hora. Fiquei pensando no que poderia deixar para trás caso tivesse que sair dali correndo. Uma decisão difícil. Em último caso, arrancaria os espeques que prendiam a barraca no chão e arrastaria ela com tudo que tivesse dentro. Não sabia também se desmontava a antena. Será que ela agüentaria aquela tempestade? Fiquei observando por um tempo e vi que, embora balançasse um pouco, estava resistindo bem à ventania, então decidi deixá-la montada.

E o trenó? Como arrastá-lo se precisar sair correndo? Decidi sair novamente no vento e colocar algumas coisas dentro dele. Deixei minha cinta-barrigueira já presa às cordas de tração.

No meio da tarde o vento diminuiu um pouco e os ruídos cessaram. O dia ficou maravilhoso, com o sol iluminando aquela incrível paisagem polar. Olhando para trás, para o sul, perto da barraca o chão tinha inúmeros cristais de gelo que brilhavam como diamantes naquela brancura. Dava para ver também as irregularidades do terreno e alguns icebergs. Mais ao longe, a visão da calota de gelo e do horizonte era obstruída pela neve sendo varrida. Parecia uma névoa com apenas um ou dois metros de altura. A parte de cima da névoa era levemente dourada, iluminada pelo sol baixo. Mais para cima o céu alaranjado ia ganhando tons cada vez mais azuis. Para norte o sol brilhava tanto que a brancura da neve ofuscava minha vista. Era um lindo espetáculo.

Aproveitei para tirar a neve que tinha se acumulado em volta da barraca e que estava pressionando as paredes, trazer de volta as coisas que tinha levado para o trenó e dar uma examinada nos arredores do acampamento. Exceto pela fenda aberta próxima ao bastão da antena, tudo estava em ordem.

Depois prendi Bruno mais afastado da barraca e lhe servi o jantar. Seu trenó estava soterrado pela neve e tive que usar a pá para desenterrá-lo e chegar até o zíper da bolsa. No que pus o prato na sua frente ele voou em cima. Comeu com tanta ganância que se engasgou. Aí parou, mastigou direito e passou a comer mais devagar. Parecia uma criança feliz. Eu adorava vê-lo comer e sabia que ainda estava com fome, mas os esquimós falaram que era assim mesmo. Eles não alimentam os cães todos os dias. Lembrei que o Simon não queria que eu mimasse o Bruno em demasia para não "estragá-lo". – Ele não é um bichinho de estimação... trate-o como um cão esquimó... – repetia o velho Inuit.

Decidi esperar o vento diminuir um pouco mais e pensar na hipótese de sair na hora do jantar, embora todos os dias o vento ficasse mais forte após as 18 horas.

Após o jantar Bruno dormiu profundamente.

Embora eu pudesse ganhar tempo saindo durante a noite, o risco era grande. Mesmo tendo um horário fixo para falar no rádio, durante o dia sempre tinha alguém de *stand by* (na escuta) no aparelho para contactar numa emergência. Durante a noite não haveria ninguém. Se algo acontecesse estaria perdido. Para sair eu tinha que ter alguma certeza que o tempo havia melhorado de vez.

A ilusão durou pouco, pois foi dito e feito. Por volta das 7h da noite a tempestade voltou e às 9h o vento já estava mais furioso que nos dias anteriores. Não demorou muito e comecei a ouvir os ruídos no gelo de novo. Angustiado, decidi fazer uma lasanha para o jantar, para levantar o moral da equipe, e esperar até o dia seguinte.

Quando me preparava para entrar no aconchego do saco de dormir ouvi Bruno choramingando.

– O que é que foi Bruno? – Ele chorou mais alto. Abri o zíper e vi que estava de pé, sendo fustigado pelo vento. Tentando manter os olhos abertos ele me olhava e pedia para ir até lá falar com ele. – O que foi Bruno? – Ele percebeu pela minha voz que eu tinha amolecido e, quanto mais eu falava, mais ele gania, choramingando.

– Acho que eu sei o que você quer. – Mais uma vez me agasalhei todo, saí do quentinho e fui lá fora. Açoitado pela ventania fiz um cafuné e ele pulou em cima de mim. – O que foi amigão? – Era evidente que ele queria ser solto. Soltei-o e o trouxe para o lado da barraca. Ali ele rapidamente cavou um buraco, deu umas voltas ao redor e se deitou.

Olhando Bruno dormindo percebi que ele queria apenas se proteger melhor do vento.

– Acho que ele sabe o que está por vir – deduzi.

## Décimo dia

## 9 de abril – mesma posição anterior

Ele sabia!

O vento soprou como não havia antes, com mais fúria ainda, com certeza algumas rajadas passavam dos 100km/h. Durante a noite um ou outro barulho de gelo rachando me manteve acordado. A barraca amanheceu novamente atolada de neve em volta, diminuindo o espaço interno. O avancê era o mais afetado, com a neve se acumulando na ponta. Às 8h abri a entrada para ver o tempo. O que me deixava chateado era que, apesar do vento gelado, o dia estava ensolarado. Mas o "meteorologista" não estava nem aí e continuava dormindo.

Depois do café da manhã continuei com fome. Fiz então um purê de batatas com o pouco dos flocos que havia sobrado dos dias anteriores. Eu tinha exagerado um pouco, de propósito, quando separei as doses diárias de purê em pó nos saquinhos plásticos. Purê é gostoso, de fácil digestão, dá para acrescentar bastante manteiga para aumentar as calorias e vai bem a qualquer hora.

Me sentia cada vez mais angustiado de ficar ali parado. Segundo a Terry, as tempestades na região raramente duram mais que dois dias e as expedições perdem no máximo cinco dias por mau tempo no mês de abril. Mas aquela não parecia uma tempestade única. Mais parecia uma em seqüência de outra.

Olhando para sul a visibilidade continuava obstruída pela neve sendo varrida. Para o norte, onde eu deveria ir, o céu continuava ameaçador.

O pior era que eu não tinha nada que fazer. E o tempo custava a passar. Tinha planejado trazer um *walkman* e um livro para a expedição, mas na última hora acabei deixando-os no hotel. No caso do *walkman* as pilhas descarregavam tão depressa por causa do frio que ele travava em questão de minutos. Eu poderia utilizar pilhas de litium, mais resistentes ao frio, mas tinha poucas delas e preferi reservá-las para o GPS e a filmadora. Além disso, para levar o aparelho eu teria que levar também pilhas extras só para ele, além de fitas cassete. Para quem se propunha a ser minimalista, isso representava muito peso e volume no trenó. A razão de ter deixado o livro para trás foi outra. Na última hora preferi levar o equivalente ao seu peso e volume em chocolate em pó para a sobremesa, para aumentar ainda mais meu consumo de calorias.

Assim sendo, sem nada para fazer só me restava "assaltar a geladeira" e comer. Mas tinha que me controlar e só comer a comida do dia, sem avançar na cota do dia seguinte. Um sacrifício e tanto, ainda mais que eu não estava "ao lado" da geladeira, estava "dentro"!

Por volta das 10h foi a vez de ir ao banheiro de novo. Mais uma vez foi aquele sofrimento, e terminei a operação com o nariz, as bochechas e as mãos endurecidas, quase congeladas. Para piorar meu lábio voltou a sangrar. Se o vento ficasse mais forte eu teria que "fazer" dentro da barraca, concluí.

Depois fiquei horas deitado olhando para as paredes da barraca, que resistia bravamente ao vento.

Desde o início do projeto, uma das maiores preocupações que tinha era em achar uma barraca que resistisse às tempestades mas que eu pudesse montar sozinho mesmo em condições de vento.

Praticamente todas as barracas de montanha que existem no mercado são bastante confortáveis e resistentes a ventos, mas são raras as que podem ser montadas com rapidez por uma pessoa solitária durante um mau tempo. Todas as que tenho em casa e que usei no Himalaia, nos Andes e no Alaska eu levaria um tempão se tivesse que montar sozinho durante uma tempestade. Algumas talvez eu nem conseguisse.

Acabei achando a que eu queria num fabricante no interior da Noruega, especialista em barracas polares. O interessante no projeto dela era que numa emergência eu poderia montar só o sobreteto e entrar embaixo. Ele era tão comprido que havia espaço para mim e para o trenó. E tinha a cor verde escura, para manter o ambiente escurecido mesmo na claridade polar. Depois de montado o sobreteto é que eu montava o vestíbulo, que era a área mais abrigada e onde eu colocava minhas coisas e dormia.

A barraca tinha ainda um avancê enorme. Este era muito útil para guardar as tralhas maiores – botas, rádio e fogareiro. Como ele não tinha chão eu podia pegar neve ali mesmo, sem ter que sair da barraca, e era o lugar ideal para cozinhar sem correr o risco da benzina vazar e eu incendiar a barraca.

O tempo foi passando e nada do vento amainar. Felizmente os ruídos no gelo aparentemente tinham cessado. Ainda sem absolutamente nada para fazer resolvi então tomar um "banho" polar. Peguei um pequeno frasco de óleo Johnson e pus no bolso da jardineira para esquentar. Pouco depois, com ajuda de um algodão passei o óleo nas partes mais "sensíveis".

Uma delícia. Após o banho eu já me sentia outro. Fiz uma faxina geral na barraca, tirei 5 caminhões de neve lá de dentro e voltei para o saco de dormir.

Eu não parava de fazer contas. A cada dia perdido diminuíam minhas chances de chegar ao Pólo. Eu tinha começado a caminhada com comida para 36 dias, mas calculava fazer o percurso em pouco menos que isso. Para alcançar o Pólo calculei que seriam 23 a 25 dias de caminhada mais uns 10 dias perdidos por mau tempo. Mas em dez dias de expedição já estava no meu quinto dia parado, sendo quatro consecutivos. A relação estava de um para um. E dali para frente é claro que haveria mais dias de tempo ruim. A única vantagem de ficar parado era que eu estava consumindo alimentos e combustível, diminuindo o peso do trenó a uma média de 1,5 kg ao dia.

De tanto ficar dentro do saco de dormir eu já estava perdendo a noção de tempo. Sem querer acabei cochilando e quando acordei meu relógio marcava 5h25. Só que sem diferença de luz entre o dia e a noite eu não sabia mais se era da tarde ou da manhã. Por alguns segundos, para me situar tive que lembrar qual tinha sido minha última refeição.

Às 18h45 o papo no rádio foi rápido. Falei que estava em Copacabana Beach e que ventava muito.

Depois do jantar, o céu ficou carregado de nuvens, pela primeira vez desde que havia chegado a Resolute. Nuvens baixas. Estava com cara que ia nevar ou já estava nevando ali perto. Não fazia muito frio.

Uma coisa que ainda me preocupava eram os ursos. Eu não conseguia esquecer que a poucos metros dali tinha me deparado com dois e que havia inúmeras pegadas por perto. Além disso, a menos de 50 metros do acampamento havia uma barreira ininterrupta de icebergs, esconderijo e local de caça preferido dos ursos. Embora eu entendesse o desconforto do Bruno, ele estava ali para me defender. Em Resolute os cães ficam presos sobre o mar congelado e distantes da praia, e não há qualquer proteção contra o vento para eles. Eles ficam ao relento mesmo no auge do inverno, quando não há luz e a sensação térmica desce abaixo dos 70 graus negativos.

Bruno ali, colado na barraca, poderia facilmente ser surpreendido por um urso mais esperto. Seria um perigo para mim e para ele também. Sendo assim, para convencê-lo de que deveria ficar mais afastado cavei dois buracos enormes no lugar onde queria que ficasse, levei-o até lá e o prendi com dois pinos. Virei as costas e fiquei olhando de dentro da barraca. A princípio ele ficou intrigado, olhando para mim sem entender nada. Depois ignorou os buracos e fez um outro, bem menor, e se deitou. Fiquei com pena dele, fustigado pelo vento, mas era a melhor decisão para a "equipe". Ele tinha que entender.

Felizmente o frio dos primeiros dias parecia que tinha ido embora. O termômetro mal chegava nos 20 graus negativos do lado de fora e ficava por volta dos 13 abaixo de zero dentro da barraca.

Quando eram quase 11 horas da noite, surgiu um belíssimo pôr-do-sol. O sol propriamente dito estava escondido atrás da ilha, mas dava para ver seus feixes luminosos saindo por baixo das nuvens, incendiando o horizonte, o céu e a calota polar.

A superfície de gelo, antes de ficar na sombra, parecia um imenso tapete de ouro cravejado de diamantes que faiscavam. A visão espacial era magnífica. Eu sentia uma sensação de infinito, de plenitude. Não havia nada humano ali. Era a natureza em estado puro, selvagem. Apesar do frio e do vento, a sensação de pertencer àquela paisagem me deixou fascinado.

Muitas vezes as pessoas entram em contato com a natureza e reclamam do desconforto: do frio, do calor, dos mosquitos, do suor, das bolhas nos pés. Já vi gente caminhar horas até uma cachoeira e não querer entrar na água porque ela estava gelada. Já vi gente que viajou dias de *trailer* para se "isolar do mundo" mas levou a televisão para ver novelas. Muitas pessoas vão para a natureza e querem o conforto da cidade. Não dá. A natureza tem que ser desconfortável às vezes. Na realidade ela é o oposto do mundo civilizado e é nela que o homem se energiza, resgata seu instinto, alimenta seu espírito e renova a sua alma.

## Décimo-primeiro dia

## 10 de abril – mesma posição anterior

À 1h30 da madrugada ouvi Bruno andando de lá-pra-cá choramingando. Nessa hora fazia 24 graus abaixo de zero e eu estava dormindo profundamente no conforto do saco de dormir. Abri a barraca e vi que ele tinha roído a corda de nylon que o prendia e estava solto. Ele me olhava como se estivesse suplicando alguma coisa, visivelmente aflito. Ventava furiosamente. A barraca estremecia nervosamente fustigada por jatos de neve cada vez mais intensos.

Ainda sonolento, pensei que Bruno queria abrigo. Joguei tudo que estava no avancê para dentro do vestíbulo e ofereci aquele espaço para ele se abrigar. Rapidamente se aproximou, nervosamente enfiou o focinho, farejou alguma coisa e saiu. Ficou andando na frente da barraca, ganindo. Insisti novamente e dessa vez ele entrou inteiro. Ficou circulando ali dentro, mas o espaço era apertado e ele saiu novamente. Eu tentava conversar, mas ele estava agitado, angustiado com alguma coisa.

De repente saiu correndo e estranhamente disparou para cima da ilha. Sob meu olhar atônito subiu a rampa qual um foguete e desapareceu lá em cima. Fiquei chamando por ele e logo o vi descendo. No que chegou na praia continuou correndo e se enfiou entre os icebergs. Eu estava assustado e surpreso com aquele comportamento. Fiquei gritando seu nome até ele aparecer novamente. Deu uma olhada para mim e voltou para dentro do mar. A essa altura eu já tinha saído da barraca e estava de pé me congelando. Bruno tinha desaparecido. Naquela tempestade eu mal conseguia ficar de pé e só podia olhar para leste e para sul, de costas para o vento, que uivava raivosamente. Voltei para a barraca, vesti mais roupas, coloquei as botas de qualquer jeito e saí novamente chamando por ele. Aí ele voltou, veio até onde eu estava e ficou pulando na minha frente. – Calma, Bruno, calma. Que bicho te mordeu? – Se ele não queria abrigo só tinha uma coisa que poderia estar querendo àquela hora: comida!

Peguei uma pá e com força fui tirando a neve de cima do trenó dele. Eu tinha que ser rápido para ele não desaparecer de novo. – Já vai Bruno, já vai – eu gritava mais alto que o vento. E ele não parava de pular e andar pra cima e pra baixo. Abri o velcron, dei um puxão no zíper e arranquei com raiva o saco de ração que estava enroscado na bolsa. Ele pulou no meu peito. Afastei-o com as mãos, agarrei o prato dele e enchi até a borda. Ele voou no prato e começou a devorar seu jantar. O segundo, pois já havia comido no final da tarde anterior. No que acabou de comer me olhou com cara de "quero mais". Mas dessa vez ele não parecia que estava pedindo mais comida. Ele estava exigindo! Enchi o prato novamente. Dessa vez comeu mais devagar. Terminado, pediu mais um pouquinho. Eu não agüentava seu olhar e dei mais um pouco. Aí ele se deu por satisfeito, se acalmou e voltou a deitar, lambendo os beiços.

Aí fui brincar com ele. Fiquei um tempo naquele vento fazendo um cafuné, coçando seu peito e puxando suas orelhas.

Eu estava chateado comigo, pois sabia que era o único culpado pela fome dele, embora tenha seguido as instruções do seu dono. Eu havia trazido 47 quilos de ração. Calculando uma caminhada de 36 dias, daria 1,3 quilo por dia, 300 gramas a mais que o recomendado pelo Simon. O problema era que eu não sabia quanto que esse 1,3 quilo daria em volume no prato. No "olhômetro" achei que daria um prato cheio por dia.

– Acho que errei na dose, Bruno, me desculpe. – Com as patas para cima, curtindo o cafuné, ele tinha finalmente me desculpado.

Enregelado, mas contente de ter feito as pazes com Bruno, voltei para a cama. Às 4h da manhã o céu voltou a ficar nublado.

Anotei no diário: *ventou e venta até agora, só que dessa vez até o sol foi embora. Desânimo. Tristeza. Está difícil manter o entusiasmo e o otimismo sem avançar um milímetro em 4 dias.*

Para enganar a fome, tomei o café da manhã ao meio-dia. Depois tive que me agasalhar novamente para buscar mais comida no trenó, cada vez mais enterrado sob a neve. Ele tinha desaparecido totalmente sob uma montanha branca.

Abri o trenó e peguei o segundo saco de comida. Eu tinha dividido os mantimentos em três sacos de 10 dias cada – além de um para seis dias – e o primeiro já tinha acabado. Em todos os sacos havia o básico para café da manhã, lanche e jantar. As exceções eram os chocolates suíços, as barras de trufas, os potes de geléia e manteiga e os biscoitos, que eu guardava à parte. Os temperos e complementos eu também guardava num saco separado. Tinha uma boa variedade deles: sal, orégano, noz moscada, queijo ralado, aveia, molho ao *pesto* e de tomate, em pó, pimenta, além de cebola e alho em flocos.

Às 13h50 o vento continuava forte, mas o dia nublado tinha levantado sensivelmente a temperatura: lá fora estava "apenas" 18 graus negativos. Dentro da barraca chegou a menos 12.

Eu não agüentava mais ficar ali dentro. Me sentia como um bicho enjaulado e louco para sair. Passava horas deitado, olhando para o teto que estava a 30 centímetros do meu rosto. Nem conseguia mais dormir. O chato de ficar na barraca era que cada vez que eu me virava dentro do saco causava uma chuva de gelo ou neve, dependendo da hora. Pela manhã era neve úmida. Após preparar o café, quando a barraca se aquecia, o gelo se transformava em cristais, que pareciam pequenas agulhas.

Felizmente os ruídos de gelo trincando tinham cessado e a fenda que estava próxima da barraca parou de abrir. Mesmo assim o perigo estava presente: sempre que passava por cima da fissura para reesticar o fio da antena, eu afundava até a canela nas beiradas. Já tinha até me acostumado com esse perigo.

Os segundos, os minutos e as horas foram se arrastando numa lenta agonia de espera. De vez em quando eu beliscava uma castanha, dava uma mordida numa trufa, ficava fazendo anotações no mapa, dava uma saidinha para reajustar os extensores da barraca, cavar a neve em volta ou simplesmente "bater um papo" com Bruno e examinar suas patas para ver se não havia ferimentos. Mais do que companheiro, ele era meu cúmplice naquela aventura e eu tinha que cuidar dele.

Nesses momentos de profunda monotonia e desânimo esperar a hora de falar no rádio era o que mais me animava. Pelo menos me distraía um pouco sair para ajustar a antena, colocar as baterias dentro da roupa para esquentar, conectar o fio no rádio, ajustar a freqüência e falar!

Dessa vez a conversa no rádio foi curta. Não tinha muito que falar. A Morag tentou o quanto pôde me animar. Sua voz foi um bálsamo para meus ouvidos.

Fui dormir esperançoso que a tempestade fosse embora.

# Um breve refresco

## Décimo-segundo

## 11 de abril – mesma posição anterior

Diminuiu muito o vento durante a noite, exceto por algumas rajadas ocasionais.

– Cadê meus rojões para comemorar?

Dei uma espiada no tempo, mas achei ele muito esquisito. Um vento rabugento ainda soprava de noroeste, mas não tinha a força dos dias anteriores. O céu por sua vez estava muito carregado e cinzento, principalmente para norte, onde eu ia. O dia estava iluminado por uma luz pálida que não projetava sombras, mas o que me espantou mesmo foi a temperatura: 8 graus abaixo de zero do lado de fora da barraca! Dentro chegou a 3 positivos!! Eu me sentia no Saara!

Saí da barraca às 6 horas para examinar melhor o tempo e fiquei indeciso. Se um céu escuro e conturbado, com cara que vai cair uma tempestade daquelas, assusta qualquer um, no Ártico, então, nem se fala. Mas Bruno, meu "meteorologista", já estava esperto logo cedo. – Bem – pensei –, deve ser dia de andar. Finalmente!

Preparei o café na esperança de ver o tempo melhorar ainda mais.

Bruno se aquietou e voltou a dormir.

– Será que ele pressentiu alguma coisa? Que surpresas uma tempestade poderia me trazer? Boa, nenhuma, claro.

Decidi arriscar. Mesmo porque não agüentava mais ficar ali parado. Se o tempo desse uma brecha eu tinha que aproveitar, pois já estava me sentindo um urso, de tanto hibernar.

No que fui desmontar a antena vi uma mancha amarela em volta do bastão.

– Bruno, você fez xixi no meu bastão? – perguntei, meio sério, meio brincando.

Ele fingiu que não era com ele. Como o bastão ficava enterrado na neve de ponta-cabeça ele acabou fazendo xixi bem na empunhadura. O xixi congelou na hora, é claro, e o que havia era uma película de gelo.

De repente me dei conta que no Ártico não existem postes. Acho que Bruno tinha acabado de descobrir as vantagens de se ter um por perto.

– Você nunca fez xixi num poste, vai começar agora, seu mijão? – Ele ficou me olhando com a mesma cara de "ah, eu sou assim mesmo" de sempre.

Para ganhar tempo fui tirando as coisas de dentro da barraca. Coloquei tudo no trenó o mais rápido possível mas, como ocorrera alguns dias antes, ele ficou lotado com um monte de objetos ainda do lado de fora. Aquilo me intrigava e me irritava, pois de uma semana para cá eu já havia consumido um bocado de comida e, apesar do saco com lixo estar cada vez maior, deveria estar sobrando espaço no trenó e não faltando. Para não perder nada carregado pelo vento, joguei tudo de volta no avancê da barraca e comecei de novo. Novamente a pressa me atrapalhou e uma coisa ou outra acabou ficando fora de lugar.

– Dane-se, vai assim mesmo! – Praguejei.

Depois perdi um tempão para desmontar a barraca. Após a longa tempestade, as beiradas estavam soterradas de neve e eu não conseguia acessar os 3 fechos que prendiam os fundos do vestíbulo ao fundo do sobreteto. Tive que deitar de barriga na neve e cavar com as mãos até poder alcançá-los. Aí eles não quiseram abrir. O plástico estava tão congelado que tinha perdido a flexibilidade. Como eu estava com luvas grossas, não conseguia apertar com força. Foi aí que vi que tinha perdido a força no dedão, depois de ficar vários dias segurando um bastão de esqui no frio e no vento.

Depois de força daqui, xinga dali, consegui abri-los, mas ao me levantar minha roupa e as luvas estavam brancas, impregnadas de neve e gelo.

Às 11 horas, finalmente, consegui sair. Apesar do "calor", o vento de 30-40 km/h incomodava, por isso decidi caminhar com a calça de nylon e o *anorak*. Mesmo porque, se a tempestade apertasse queria estar preparado. Eu me sentia aliviado de caminhar novamente. Nunca puxar um trenó foi tão prazeroso.

Ao invés de atravessar o cinturão de icebergs e caminhar sobre o mar congelado, achei mais prudente me manter próximo à praia. Numa tempestade sempre é o lugar menos perigoso. Procurei no entanto manter uma linha reta, ignorando as irregularidades da costa.

Durante uma hora o gelo estava liso e pude avançar com extrema rapidez. O trenó estava bem mais leve e, depois de cinco dias de descanso, eu estava tinindo. Logo após o Airstrip Point o gelo começou a ficar áspero novamente e a visibilidade caiu sensivelmente. Um vento fraco soprava de frente, trazendo flocos de neve.

O cenário, envolvido por neblina, tinha um aspecto um tanto sinistro. Não dava para ver muito além. Eu mal conseguia enxergar o topo da ilha. À minha direita os icebergs pareciam esculturas cinzentas num cemitério gelado. O único som que ouvia era o vento, que depositava flocos de neve na minha barba. Embora um pouco receoso com o que poderia estar por vir, estava cada vez mais fascinado por aquele lugar. A cada dia eu conhecia uma faceta nova do Ártico.

Puxar o trenó foi ficando cada vez mais difícil, então dei uma guinada para a esquerda e comecei a caminhar pela praia. A superfície era mais lisa, mas a praia era inclinada e de vez em quando o trenó escorregava para o lado atropelando o trenó do Bruno.

De repente dei uma bela de uma topada com os esquis e quase caí no chão. A luz difusa e sem sombras, misturada à neblina, eliminou os contrastes e não vi um enorme degrau que estava à frente. O chato do degrau era que ele não era arredondado como as lombadas, onde eu podia puxar o trenó por cima. Para vencer o degrau tive que tirar os esquis, voltar para trás e passar o trenó com as mãos. Depois pus os esquis novamente, não andei 20 metros e tropecei em outro degrau. Tirei os esquis e repeti a operação, tudo de novo. Mais para frente outro degrau... tira os esquis novamente... passa por cima... recoloca os esquis. Era impressionante a dificuldade que tinha de perceber as irregularidades no terreno. Mas dessa vez encarei tudo com paciência oriental e até um certo bom humor.

Caminhei mais um pouco até me deparar com blocos de gelo encalacrados na praia bloqueando meu caminho. Saí para o mar mas continuei próximo à praia. Minutos depois entrei numa pequena baía, andei uns 50 metros e não acreditei no que estava vendo: até onde era possível enxergar a superfície estava cheia de fendas e mais parecia um campo bombardeado! Havia inúmeras rachaduras, todas compridas e cruzadas entre si. Embora tivessem apenas alguns centímetros de abertura, era evidente que as bordas eram bastante instáveis. Foi gozado que olhei para o Bruno e ele olhou para mim ao mesmo tempo. Acho que um já estava adivinhando o pensamento do outro. Por uns momentos fiquei sem saber o que fazer, mas a expressão dele me passava tanta tranqüilidade que decidi continuar. Mesmo porque não havia outra alternativa. A impressão que dava era que aquilo era normal para ele e que aquele perigo fazia parte da sua vida.

Depois de analisar melhor um caminho a seguir fomos em frente. Enquanto eu ia com olhos grudados no chão, Bruno usava seu focinho, e ambos seguimos procurando pelo melhor caminho. De vez em quando ele dava uma abocanhada na neve para saciar a sede.

De repente, ao desviar de uma fenda não percebi que Bruno ficara sobre ela e afundara com as quatro patas até a barriga num buraco. Apesar do susto ele continuou, só que dessa vez mais concentrado e sério. Eu estava apressado, louco para sair dali, e não queria parar nem para descansar. O medo que tinha pelo fato de não conseguir ver muito adiante era me dirigir para um terreno mais perigoso ainda, me ver preso ali e cair na água. Eu tinha certeza que se isso acontecesse seria o fim.

Outra fenda e Bruno afundou de novo. Ele estava visivelmente assustado. Resolvi parar para fazer um agrado nele. Se dessa vez ele é quem estava tenso era minha vez de acalmá-lo. Fiquei afagando-o: – Tudo bem com você, Bruno? – Como sempre, ele se encostou em mim e levantou a pata pedindo para eu coçá-lo. – Acho que está, né? – Fiquei brincando e conversando com ele enquanto recuperava o fôlego.

Com o decorrer do tempo a visibilidade continuou baixa e o vento fraco, mas a temperatura começou a subir. À minha frente o céu ainda estava bastante carrancudo.

Mais uns quinze minutos de caminhada e a encosta à esquerda foi ficando mais alta e mais em pé. O caminho mais desobstruído foi se estreitando e quando me dei conta já estava novamente andando pela praia, espremido entre a encosta e a barreira de icebergs. O clima foi esquentando e mesmo tirando o gorro, as luvas e o casaco fui ficando cada vez mais suado. Cinqüenta metros adiante Bruno afundou até a barriga na beirada de uma fenda pela terceira vez.

Ele seguia temeroso ao meu lado, mas confiava totalmente em mim e nas minhas decisões. Éramos mais cúmplices que nunca. Quando deu 13h15 demos numa praia mais larga e menos inclinada, onde a encosta tinha perdido a altitude e recuado. Acima de nós a tempestade era iminente.

Resolvi parar para pensar o que fazer. Bruno vinha cada vez mais cabisbaixo e temeroso, o que era um sinal. Nem bem paramos, ele se deitou e adormeceu. Dois minutos depois estava num sono tão pesado que por alguns instantes cheguei a pensar que tivesse morrido. Foi um susto tão grande que tive que cutucá-lo para ver se ainda respirava.

Analisando o caminho a seguir vi que a praia logo se estreitava e se inclinava de novo. E eu teria que seguir por ali, pois a barreira de icebergs seguia bem rente à beirada da praia. No céu cinza-chumbo uma enorme nuvem negra já sobrevoava nossas cabeças, ameaçadora, trazida pelo vento. Bruno e eu estávamos na iminência de sermos engolfados por uma tempestade de proporções polares. A visibilidade continuava baixa, agora por volta de uns 500 metros.

Eu, que estava com todo o gás do mundo para continuar, não sabia o que fazer. Se devia parar por ali e me abrigar enquanto havia tempo, ou continuar e correr o risco de me congelar sendo furiosamente castigado pelo vento. Naquele lugar "me congelar" não seria figura de linguagem não, seria me congelar mesmo, de verdade! Ficar duro! Roxo! Virar um picolé! Morrer!

Deveria montar a barraca e hibernar de novo? Se tivesse que parar teria que ser ali, que era um lugar relativamente plano e protegido. Mais para a frente, virando a esquina, o caminho era uma incógnita, pois não dava para ver. O que me chateava era que eu tinha levado três horas desmontando o acampamento pela manhã e não tinha caminhado nem duas horas e meia. E eu levaria pelo menos uma hora e meia para montar tudo de novo. Haja paciência. Nessa hora me veio à cabeça as vezes em que fui surpreendido por tempestades no Alaska, no Himalaia e na véspera, ali mesmo no Ártico, quando passei raspando de congelar o rosto e as mãos.

Decisões! Decisões!

Era realmente como num jogo de xadrez. Para me deixar mais em dúvida, por alguns instantes um sol tímido tentou surgir por trás da neblina à minha direita, lá no horizonte, sobre o mar. Bruno dormia feito uma pedra.

A dúvida se dissipou num instante. De repente começou a nevar e o vento ficou um pouco mais forte. Devia ser a tempestade chegando. Decidi parar por ali.

Rapidamente abri o trenó, peguei o sobreteto da barraca e comecei a montar. Como a praia era inclinada ele acabou ficando meio caído para a direita, significando que eu iria escorregar para a beirada da barraca durante a noite. No que fui encaixar o vestíbulo percebi que os fechos que pendiam da manga da vareta da frente do sobreteto haviam sumido! – Como é que pode!?! – Eu não via nada de errado. E o tempo passando e o vento aumentando. Só depois é que percebi o que acontecia.

Desde o começo da expedição eu não tinha tirado as longas varetas de dentro das mangas. Sempre as deixava enfiadas e assim as transportava. Depois de muito monta e desmonta as varetas, que eram de alumínio, acabaram entortando e ficando com a forma de um arco.

Assim, quando a vareta da frente deu uma volta em si mesma ela acabou enrolando a manga e escondeu os fechos entre esta e o sobreteto. Soltei então alguns espeques e desmontei metade do sobreteto, mas quando fui puxar a vareta percebi que ela tinha se congelado dentro da manga. A essa altura o vento já estava nervoso e percebi que minhas mãos estavam endurecendo. Em contraste Bruno dormia a sono solto. Só faltava roncar. E eu não conseguia tirar a vareta. Se desse um puxão poderia rasgar o sobreteto e destruir a barraca. Comecei a rir de nervoso. Que situação. A barraca ali na minha frente e eu não conseguia montá-la.

– Acho que vou para um hotel – brinquei, rindo para não chorar. Aí desmontei ela inteira, sentei no trenó de costas para o vento e com ela solta na mão tentei consertar.

Depois de uns cinco minutos lembrei de pegar a vareta reserva (era a única peça sobressalente que eu tinha para a barraca) e enfiá-la com cuidado na manga. Deu certo. A outra se soltou e consegui tirá-la dali. Em dois minutos a barraca estava montada.

Nem acabei de instalar a antena do rádio, começou a nevar mais pesado, com a neve caindo na horizontal por causa do vento. Em questão de segundos uma forte tempestade se abateu sobre o acampamento. Parei na hora certa. Mas surpreendentemente entrei na barraca com as roupas encharcadas de suor. O ambiente ali dentro estava estranhamente quente e úmido. Fui tirando a roupa e acabei ficando só de cuecas. Estava tudo molhado e o desconforto era muito grande. Eu só torcia para a temperatura não cair para não ter que vestir minhas roupas molhadas, que logo se congelariam. Passei um pouco de talco pelo corpo e logo pus as roupas para secar dentro do saco de dormir. O pior eram as botinhas internas da minha bota, que também estavam úmidas e eu não tinha como secá-las por que eram muito grossas.

– Será sempre assim daqui para a frente? – fiquei intrigado

Estava tão quente dentro da barraca que nem se formou gelo nas paredes e no chão. E a umidade era tanta que uma hora depois as roupas não tinham secado quase nada. Isso apesar delas serem de fibras especiais que não retêm umidade.

Todas as roupas que iam junto à pele eram feitas de um material que, pelo fato de não reter água, tinha a função justamente de absorver o suor do corpo e transferi-lo para as camadas externas de roupa, onde ele se evaporaria, me mantendo seco durante o esforço físico. Mas a umidade no ar era tanta que o suor não conseguiu se transformar em vapor.

O motivo de ter suado tanto era que eu tinha caminhado com a calça de nylon e o *anorak* para me proteger do vento e de uma eventual piora no clima. Com a intenção de me prevenir, acabei criando outro problema. Mas caminhar com tempo ruim e instável é sempre assim: você nunca está com a roupa adequada o tempo todo.

Olhei no relógio: 15h15. E nada para fazer. Apesar da tempestade eu precisava sair para ligar o GPS e descobrir minha posição. Pus as roupas molhadas mesmo e dei uma saidinha rápida. Fiquei perplexo com o que vi na telinha do GPS: tinha caminhado 7,8 quilômetros em apenas 2h15, sendo que na última hora eu tinha sido atrapalhado por vários obstáculos. Nada como um trenó mais leve, concluí.

Para não ter que sair de novo aproveitei e dei de comer para o Bruno. Mas para poder chegar no trenó dele e abri-lo tive que caminhar de costas para o vento, com o capuz do *anorak* todo fechado.

Providenciei uma dose extra para ver se ele se animava. No "olhômetro", calculei que mesmo dando essa porção extra todos os dias ele ainda teria comida para uns 25 dias, então decidi aumentar a cota.

– Boas notícias, Bruno: a partir de hoje você vai ganhar ração extra. O que você acha disso?

Falei alto para compensar o barulho de ventania. A expressão tranqüila, olhando para mim enquanto mastigava os últimos torrões, dizia que aquela era a porção ideal.

– Bom garoto!

Após as 21h30 as nuvens se abriram descortinando uma noite belíssima, com o céu em diferentes tons de vermelho e laranja. Alguns icebergs estavam iluminados ao longe e faziam contraste com os que estavam perto, na sombra, num bonito tom cinza-azulado. Mas a cada hora que passava o vento ficava mais forte.

– Será que vou "encalhar" de novo? Pelo menos o visual daqui é bem melhor que o anterior – exultei. – Amanhã vou subir até a beirada do platô para ver se acho algum caminho livre.

Para o norte o céu continuava fechado. Do lado de fora Bruno já estava pela metade coberto de neve, mas de estômago cheio ele nem reclamava.

Depois de ter economizado na comida nos dias parados, resolvi fazer um jantar mais caprichado para comemorar o fato de eu ao menos ter desencalhado daquele último lugar. Além da macarronada ao molho *pesto* e do purê, preparei um delicioso ensopado de peru.

– Hum, bom...

## Décimo-terceiro dia

## 12 de abril – 76°09' Norte, 97°28' Oeste

Fiquei de vigília a noite toda ouvindo a violência da tempestade. A impressão que dava era que a barraca ia sair voando a qualquer momento, comigo dentro e tudo. Eu era um animal acuado, preso em minha própria liberdade. Pela manhã o vento deve ter atingido a velocidade mais alta desde que comecei a caminhada. O clima estava horrível. Já eram 10 horas da manhã e o sol que sempre incandescia o nylon laranja do interior da barraca se esquecera de mim.

De repente ouvi Bruno choramingando. Abri o zíper e perguntei o que é que ele queria àquela hora. Ele ficou todo contente de me ver.

– Bruno, você não quer que eu saia nessa tempestade para brincar com você, quer?

Sim, pela cara, ele queria. – Pode esquecer. E fechei a barraca.

Um minuto depois, para minha sorte ele se aquietou.

Com a cabeça para fora da barraca, deu para ver que para o norte a coisa estava mais feia que na véspera.

Senti o desânimo invadir meu corpo e a alma. Eu tinha ido preparado para caminhar até o Pólo e perder alguns dias por mau tempo. Mas, se considerar o dia anterior como meio dia de caminhada, em 13 dias só caminhei a metade! E isso porque eu estava lá na melhor época do ano. A paciência estava indo embora.

Na véspera a Morag havia me dito que o inglês solitário que estava indo para o Pólo desistira depois de 24 horas de caminhada, ao se deparar com mar aberto. A Debbie já tinha ido embora. Dos cinco canadenses que estavam indo para o Pólo Magnético por outro trajeto, dois já haviam desistido. Mas a maior surpresa foi quando me contou que o Boris, da dupla holandesa, também tinha voltado. Problemas de "cabeça", segundo ela. Seu companheiro Mark seguia sozinho.

Levantei às onze e meia para tomar o café. A visibilidade tinha caído para quase zero e não dava para ver nada para norte. Enquanto comia fiquei preocupado com a barraca não resistir às rajadas de vento. Ela estava sendo violentamente sacudida.

Terminado o café, adivinha o que tive que fazer lá fora, de cara para o vento? Voltei com o traseiro duro como um iceberg.

Sem ter absolutamente nada para fazer, dei uma examinada nos equipamentos e percebi que o cursor do zíper do sobreteto também tinha emperrado. Foi com muito custo que consegui dar um jeito nele. O zíper da porta de dentro, em compensação, o máximo que consegui foi fazê-lo fechar 2/3 do trajeto. O espaço onde eu dormia não era mais hermético à entrada de neve.

Às 16h abriu o sol e o vento diminuiu para uns 30km/h. Até que enfim! Saí então da barraca para alimentar meu parceiro. – Hora da bóia, Bruno! – Ele se levantou todo alegre e ficou ansiosamente aguardando eu desenterrar seu trenó debaixo de quase meio metro de neve para pegar seu jantar. Eu sair da barraca com a pá na mão e me dirigir para trás dela era a senha para o jantar, ele já sabia.

Peguei o saco de ração e...

– Cadê o prato Bruno?

Ele inclinou um pouco a cabeça e me olhou intrigado: – "Ué, vai me servir ou não vai? O que é que você está esperando?"

Teria o prato voado com o vento? Do tamanho de uma panela, mas arredondado embaixo, deveria estar perto do Bruno, que estava preso, mas não estava. Teria sido encoberto pela neve? Sem o prato ia ficar complicado dar de comer a ele. Jogar a ração no chão causa muito desperdício, pois na hora de comer ele, sem querer, empurra com o focinho os torrões para baixo da neve. Um dia tudo bem, mas não daria para alimentá-lo sem o prato por muito tempo.

– Bruno, cadê seu prato? – Seu olhar tristonho e as orelhas caídas partiram meu coração. Mas ele percebeu que algo estava errado.

Dei uma examinada em volta do acampamento, mas nem vestígios do prato. O vento devia tê-lo jogado longe. Vesti então minha bota gelada, peguei minha espingarda e, resignado, me aventurei pela calota de gelo, me enfiando por entre os icebergs. Bruno ficou sentado, intrigado, me acompanhando à distância. Entre os icebergs a neve era varrida pelo vento, que entoava um cântico melancólico, como se estivesse se despedindo daquele cenário mágico. Logo desisti. Quanto mais para dentro do mar mais forte a neve era varrida. Se o prato tivesse voado para cima da calota ia ser impossível achá-lo. Seria como procurar um cubo de gelo no Oceano Ártico. Antes de perder de vista o acampamento, decidi voltar.

Resignado, com a pá comecei então a cavar em volta de onde estava Bruno. Assim como dunas no deserto, a praia estava coberta por uma sucessão de lombadas de neve, formadas pacientemente pelo vento que veio do norte. O sentido e a forma das lombadas seguiam as direções e os padrões mais esquisitos.

Cavei, cavei e cavei, e não achei nada. Eu tinha imaginado um círculo de três metros ao redor do Bruno e cavado uns 40 centímetros de profundidade. Enfiei a pá mais de 100 vezes na esperança de tocar em algo metálico. Insisti por mais de 30 minutos. Tudo pelo bem-estar do Bruno, que assistia a tudo impassível mas visivelmente intrigado. Já estava quase desistindo quando finalmente vi algo brilhando na superfície nevada. No que peguei o prato ele ficou todo feliz e começou a abanar o rabo. Foi com enorme satisfação que vi meu amigão matar sua fome.

Mais tarde anotei no diário:

*17h25: A alegria e o ânimo voltaram ao acampamento. A tarde estava tão bonita que resolvi dar um passeio de exploração antes de falar no rádio. Vesti o* anorak, *peguei a espingarda, a máquina fotográfica, soltei o Bruno e lá fomos nós para o topo da aresta. Ele, solto que nem um passarinho, pulava de alegria.*

*Neve meio fofa e aresta mais distante do que parecia. Quase no topo caminhei bem para o norte para checar o caminho a seguir. A vista da calota de gelo era espetacular e dava para ver a Ilha Des Voeux, localizada 9 km a leste, mar adentro. Mas, até onde pude ver, a melhor opção de caminho para mim era uma faixa de 5 a 6 metros de largura entre a praia e os blocos de gelo.*

*Se quiser ir pelo mar, terei que atravessar uma barreira de icebergs de uns 400 metros de largura até alcançar uma faixa bem mais lisa, que acompanha a costa (com algumas interrupções quanto à planura), mas que pode me afastar dela, e isso eu não quero mais. Mesmo porque, como é que vou fazer para atravessar esses 400 metros? Será superdemorado. E depois, se tiver que voltar? É melhor ficar na praia.*

*Desci direto e voltei pela praia para o acampamento. Bruno andou sempre uns 50 a 100 metros na minha frente, ou mais para cima, mas sempre de olho em mim, para ver se o acompanhava.*

*Agora começou a nublar para o sul. Lá fora apenas oito graus abaixo de zero. Antes de decidir caminhar durante a noite quero aguardar mais um pouco. Embora o céu esteja mais azul para o norte, o clima continua instável e o vento, fraco agora, continua assobiando.*

De volta para a barraca comecei a analisar a rota a seguir. Pelo mapa eu deveria seguir para norte mais uns quatro quilômetros, até o Sargent Point, depois a costa virava para noroeste por uns 15 quilômetros, até subir para norte novamente.

Aguardei ansiosamente o momento de falar no rádio, mas o contato foi horrível e não deu para falar quase nada. Assim, ninguém sabia se eu estava no mesmo lugar da véspera ou se havia mudado de posição. Logo agora que eu queria falar com o Frank, o holandês que ficou em Resolute e que era responsável pelos contatos via rádio com Mark. Eu queria saber como é que ele estava se saindo sozinho.

Durante o jantar o fogareiro começou a apresentar problemas. É impressionante o que o frio faz com os equipamentos. Ele começou a vazar gás pelos lados e por baixo do queimador, diminuindo muito a pressão e aumentando o risco de incêndio. Diminuí bem o fogo, mas percebi que levaria horas para derreter neve e cozinhar. No que aumentei o fogo, a chama envolveu toda a panela. Tentei dar mais pressão, mas a chama saiu do meu controle, ficou amarelada, cresceu e quase atingiu o teto da barraca. Por pouco não pus fogo em tudo. Para continuar a cozinhar peguei o fogareiro reserva, que estava sempre à mão dentro da barraca.

Fiz um jantar idêntico ao da véspera, aproveitando a outra metade do pacote de ensopado de peru.

No que terminei de comer, guardei as coisas, me preparando para dormir um pouco, quando senti alguma coisa estranha. Era uma sensação esquisita de que algo estava diferente. Parei o que estava fazendo e fiquei quieto tentando ver o que se passava... O que seria?

Depois de alguns segundos percebi o que era: o silêncio. Sim, o silêncio. Um silêncio profundo. Definitivo. Perturbador. Tão intenso a ponto de ser ensurdecedor aos meus ouvidos.

Larguei tudo e me deixei envolver por aquele momento mágico. É difícil explicar. Abri a barraca, me levantei e fiquei olhando pra fora. Uma sensação de leveza pairava no ar. Era como se eu estivesse em outro lugar. Comecei a olhar em volta, emocionado. Onde estava a neve sendo varrida? E o vento que passava uivando, fustigando minha casinha? Onde foi parar aquela força que formou dunas de neve, esculpiu icebergs e forjou a têmpera de tantos aventureiros? Será que tudo aquilo que vi, ouvi e senti realmente aconteceu?

Só então entendi que aquele era o verdadeiro "som" do Ártico. O silêncio mais profundo que existe. Acho que só na Antártica ele é assim. Mas o mais gozado foi que meus ouvidos, por alguns instantes, se recusavam a "ouvir" o silêncio. Depois de seis dias constantemente ligado, parecia que o vento ainda estava ali presente, zunindo.

Uma tensão, que eu nem tinha percebido que existia dentro de mim, de repente se esvaeceu. Me senti leve, livre de novo. Comovido pela solitude, em lágrimas soltei um berro a pleno pulmões. De felicidade. Para ecoar pelo infinito.

# A VOLTA DO SOL

## DÉCIMO-QUARTO DIA

## 13 de abril – mesma posição

Acordei às 4h. Do lado de fora o céu resplandecia e os raios de sol tocavam meu rosto com suavidade. O termômetro indicava 16 abaixo.

Pela primeira vez em vários dias pude montar meu trenó sem medo das coisas saírem voando. Dessa vez, como estava morrendo de pressa, decidi montá-lo bem devagar. Felizmente deu certo e tudo ficou nos seus devidos lugares. Em poucos minutos já estava pronto, só esperando pela barraca, que ia no topo.

Novamente quando fui desmontar a antena vi as marcas do xixi do Bruno. Ele definitivamente tinha transformado meu bastão no seu banheiro particular. O interessante é que era sempre o bastão que eu colocava à esquerda da barraca.

Estava ansioso para começar a andar, e às 7h já estava pronto. Pus o Bruno e seu trenó ao meu lado, conectei ele a mim, calcei meus esquis, empunhei meus bastões e... no que fui começar a andar começou a ventar. – De novo? É só começar a andar pra começar a ventar!?!

E um vento bem gelado.

Acreditando que seria apenas um vento passageiro e que logo o tempo iria melhorar, escolhi caminhar sem meu *anorak*.

Fui pela praia, ligeiramente inclinada. A neve estava meio fofa mas bastante lisa, e não senti dificuldade em puxar o trenó. No entanto, não andei nem 100 metros e o vento aumentou. Parei e vesti o colete. As rajadas de vento foram ficando cada vez mais freqüentes e comecei a ficar com frio.

Comecei também a sentir dores na região lombar e próximo à região inguinal direita, junto à virilha. Me arrependi de não ter feito exercícios de aquecimento e alongamento antes de começar a caminhar.

Em poucos minutos o vento ficou mais impertinente. A volta daquela barulheira me deixou novamente estressado. – Será que não vai parar nunca? – Parei e coloquei mais um par de luvas e troquei a *headband* pelo gorro. Eu queria evitar de vestir o *anorak* para não suar como acontecera dois dias antes. Andei mais uns cinco minutos, mas o frio foi ficando insuportável. Coloquei a máscara de neoprene para tentar amenizar, mas logo ficou difícil de respirar, então a tirei novamente. Mais dois minutos e me dei por vencido. O frio já estava me congelando até os ossos, comecei a tremer, então parei mais uma vez e vesti o *anorak*.

Além de ter que parar, colocar a proteção de nylon me aborrecia porque eu tinha que tirar o gorro, os óculos e os elásticos das luvas que ficavam presos no antebraço para eles não se enroscarem na manga do *anorak* na hora de vesti-lo.

Só ficar um minuto parado me vestindo foi o suficiente para me deixar literalmente enregelado. Decidi apertar o passo para me esquentar. Passei a andar rápido, depois mais rápido. O trenó deslizava bem e agora, com o *anorak*, o vento era mais suportável. Aumentei mais ainda a velocidade e aos poucos senti o calor voltar. Andei assim por uns 300 metros, quando senti uma fisgada. Uma fisgada forte na região inguinal direita, perto da virilha. A dor foi tão grande que comecei a mancar. Fiquei na dúvida se era um estiramento ou uma contratura muscular.

– Era só essa que me faltava! – Massageei um pouco, tentei andar, mas a dor aumentava na hora de levantar a perna e jogá-la mais para a frente fazendo força para tracionar o trenó. Diminuí então o ritmo e passei a arrastar a perna direita, sem levantá-la do solo. A dor persistia, mas sem levantar a perna dava para esquiar.

Mas aquele não era meu dia.

Quinze minutos depois parei para apertar o fecho do *binding* da perna direita, que tinha aberto sem querer, quando perdi o equilíbrio por causa de uma irregularidade no terreno, virei o tornozelo esquerdo e caí no chão. A dor foi horrível. Na mesma hora levei a mão ao tornozelo e dei um tempo até ver se ela diminuía um pouco. Em 16 anos de aventuras e longas caminhadas, com mochilas pesadíssimas, eu nunca tinha torcido o tornozelo e não seria ali que isso iria acontecer. Não naquele fim de mundo. Pelo menos era nisso que eu queria acreditar. Levantei devagar e experimentei caminhar.

A princípio a dor era tanta que fiquei na dúvida se daria para continuar. Mexi um pouco os pés, esperei um pouco e tentei continuar. Parar ali seria o fim. Eu não tinha andado quase nada. Dava até para ver o lugar onde tinha sido meu acampamento.

Recomecei a caminhar bem davagarinho, mas agora eram as duas pernas com problemas. A direita eu tinha que arrastar e a esquerda não podia pisar com força, muito menos perder o equilíbrio e cair novamente.

Felizmente o gelo estava liso e a visibilidade era boa, apesar do dia encoberto. O termômetro subiu para menos oito graus, mas o vento ainda incomodava.

Aliás, se tinha uma coisa que me enchia a paciência era o vento forte mas não muito. Se ele fosse fraco, eu caminharia e tudo bem. Se ele fosse muito forte, eu pararia e pronto. Mas o vento "intermediário", com rajadas mais fortes de vez em quando, era irritante. Era aquele tipo de vento que ficava no limite entre eu parar e continuar. Quando achava que dava para prosseguir, as rajadas aumentavam. Quando pensava em parar elas diminuíam.

Mais uns 20 minutos se passaram quando comecei a sentir as solas dos pés ardendo. – Bolhas! – Aí já era demais. Bolhas nos pés não dá para agüentar. O problema surgiu por que eu não conseguia mais manter os pés secos, principalmente o direito. Pelo rasgo da bota entrava um pouco de neve, que se aquecia e derretia, umedecendo minhas meias.

Tive que seguir em ritmo de tartaruga para não piorar minha situação. O que mais me incomodava era a dor na região onde senti a fisgada. Mas com bolhas também não era nada agradável caminhar. Quando finalmente o vento amainou um pouco, resolvi parar e examinar os pés. Apesar do frio, tirei as botas e os 3 pares de meias e vi que várias bolhas estavam se formando.

Coloquei as meias secas que estavam no trenó e continuei a caminhar. Logo alcancei o Sargent Point. Era um enorme paredão de rocha escura totalmente exposta, com uns 15 metros de altura, junto à praia.

Após o Sargent Point, dei uma parada para examinar o caminho à frente, que novamente era repleto de rachaduras e gretas (fendas abertas) escondidas.

Apesar do perigo o cenário era muito bonito. O céu estava encoberto, não por nuvens, mas por uma forte neblina, que se movia em movimentos suaves e constantes. O sol à minha direita ora aparecia por trás, como um disco prateado, ora desaparecia obstruído pela neblina. O interessante era que a névoa, iluminada pelo sol, tinha um tom dourado, que se refletia na superfície do gelo onde faiscavam milhares de cristais de gelo. Parecia que eu tinha caminhado por um manto dourado salpicado de diamantes. E, no meio de tudo isso, as marcas dos meus esquis e dos trenós cortavam a paisagem e desapareciam no horizonte, que se dissolvia numa cortina misteriosa, como se eu tivesse vindo de outra dimensão. Fiquei boquiaberto com tanta beleza.

Para quem achava que a paisagem do Ártico seria monótona e sempre branca eu até que não podia reclamar. A cada dia o Ártico me presenteava com uma nova paisagem, uma nova cor, um novo som. Só a emoção era a mesma: a da contínua descoberta.

Bruno estava do meu lado, deitado, me aguardando. Mais uma vez sua presença me fez sentir mais seguro. Como todo cão, ele transmitia pelo olhar amor, amizade e respeito. Comecei a falar com ele, mas ele se limitou a abanar o rabo, sem se levantar. Me olhava de lado, como que desconfiando se eu estava falando dele ou não. Quando percebeu que era com ele a conversa, se aproximou e com seu velho olhar veio me chantagear para coçá-lo. Fiquei dando tapinhas carinhosos na cabeça dele até ele se deitar de barriga para cima. Ouvindo o murmurar do vento, fiquei um tempão ali curtindo aquele momento de paz, rodeado por um dos lugares mais belos que jamais vi.

Depois do descanso continuamos. À nossa frente a superfície lisa estava toda rachada e se afastava bastante da costa, que se desviava para oeste. Vi várias pegadas de lobo, indicando que devia haver ursos por perto. A neve fofa e recente encobria várias fendas, mas estas eram tão compridas que sempre tinha uma parte delas descoberta. Fui avançando com extremo cuidado. De repente levei um susto: quando toquei a ponta do bastão no gelo, ele furou o chão, afundando no vazio. Mais adiante, outra vez. Tentei checar a profundidade do buraco, mas o bastão de 1,5 metro entrou até o fim e não alcançou o fundo. Mais uma vez comecei a sentir medo. A impressão que dava era que estava caminhando numa superfície cheia de enormes bolhas de ar por baixo. Em alguns lugares o gelo não tinha mais que 15 centímetros de espessura e estava meio podre.

Eu arrastava o trenó com extrema cautela, tentando perceber as nuances de cor e textura do gelo. O pior era que as partes perigosas eram quase que evidentes, bem na minha cara.

Mais alguns metros e a frente do trenó topou com um degrau de gelo. Achei estranho, pois se tivesse um degrau eu teria passado por cima dele com os esquis. Olhei para trás e vi horrorizado que não era um degrau: o trenó é que tinha afundado alguns centímetros na beirada de uma fenda que eu tinha acabado de passar e não percebera. O peso do trenó fez a beirada ceder. Um pouco menos de gelo ou um pouco mais de peso no trenó e ele talvez afundasse ainda mais. É raro um trenó cair na água, mas... e se caísse?

Eu tinha que sair dali o mais rápido possível! Mas, pra onde? Para qualquer lado que eu olhasse o terreno era igual. Bruno também estava tenso, e andava com o rabo enfiado entre as pernas. Ele farejava o gelo de uma maneira atenta e nervosa, rastreando o caminho. Vi ele afundar quatro vezes até a barriga. Aqui e ali meus bastões também afundavam no vazio. Até que subitamente Bruno parou.

No que tentei seguir adiante ele se recusou a andar. Puxei a cordinha e nada.

– O que foi, Bruno?

Ele me olhou angustiado. Devia ser alguma coisa sob o gelo que ele queria me avisar mas não conseguia.Só percebi uma mancha ligeiramente mais escura. Desviei então para direita e ele me seguiu. Acabrunhado ainda. Mais adiante ele parou de novo. Fiquei olhando para ele e era visível seu desconforto. Era um sinal claro que o gelo ali devia ser mais fino e não resistiria ao seu peso. E muito menos ao meu, é claro. Minha garganta estava seca e comecei a suar frio. Nessas horas nem senti muito a dor. Estava todo concentrado em sair dali vivo. Meu coração pulsava forte e eu ouvia minha respiração ofegante. Se caísse ali estaria irremediavelmente perdido. Não tinha um ruído, uma nuance mais escura no gelo, um sopro de vento que eu não percebesse. Desviei novamente para o lado e Bruno me acompanhou. Ele seguia cada vez mais atento ao meu lado, salvando nossas vidas.

Às 10h30 acabei chegando numa praia. Foi um alívio. Meu coração ainda batia forte. – Vem cá, amigão, vem receber um abraço. – Me agachei e dei um abração no Bruno. Não sei se ele percebeu a gratidão que eu sentia no peito, pois só ficava me olhando, ofegante, com a língua de fora, todo alegre e tranqüilo, como dizendo “ah, não foi nada, afinal estou aqui para isso mesmo”. Para mim era muita emoção. Fiquei um tempo sentado pensando no que tinha acabado de passar.

E se o trenó estivesse mais pesado? E se eu não tivesse percebido algumas das fendas? E se uma tempestade me pega bem ali, me forçando a montar acampamento naquela casca de gelo? E se eu não tivesse o Bruno?

Uma vez na praia o vento se mandou e a temperatura de cálidos oito graus negativos passou a incomodar, não pelo frio, mas pelo calor. Comecei a suar de novo.

Depois de três horas e meia sem comer nem beber estava mais que na hora de descansar e fazer um lanche. Pelo GPS eu já tinha percorrido 10,5 quilômetros, o que não era nada mal devido às circunstâncias.

Mas eu estava mal. Além do susto, a dor. Arrastando a perna direita, dolorida, e a perna esquerda por causa das bolhas e da dor no tornozelo, eu já estava esgotado e com a sensação que não conseguiria ir muito longe naquele dia. E se continuasse assim nos próximos dias? Como é que eu iria andar mais uns 20 dias assim, mancando e arrastando a perna? Impossível.

Angustiado, pensei em montar a barraca ali mesmo e descansar, ou tomar algum medicamento mais forte e esperar a dor passar. Mas depois do lanche me senti melhor e decidi caminhar mais um pouco. Não tolerava mais a idéia de ficar parado. Mesmo porque ainda era cedo.

Tirei um pouco de roupa e devagarinho fui seguindo pela praia, um terreno bem mais seguro, arrastando as duas pernas. Logo o terreno ficou inclinado, então voltei para o mar. Notei que Bruno estava mais comportado que nos outros dias. Seria o medo que ele passara horas antes?

Quando deu 12h05 eu já não agüentava mais de dor. Voltei para a costa e parei. Não podia correr o risco de piorar de vez minha situação.

A praia era muito extensa, nos fundos de uma enorme baía, e a barreira de icebergs estava a mais de um quilômetro mar adentro. Sem muita mobilidade, montei o acampamento bem devagar.

Anotei no meu diário: *Ah, como é bom fazer as coisas sem vento. A gente não percebe mas o vento nos apressa, nos estressa, perturba, enerva e rouba nossas energias.*

Acabei fazendo 13 quilômetros num dia que daria fácil para fazer uns 20. Enquanto o gelo estivesse duro daria para arrastar um pouco as pernas. Mas na neve fofa seria impossível. Aí eu teria que levantar as pernas a cada passo.

Parar ali me deixou num profundo estado de melancolia. Mas o que eu podia fazer?

Tomei um antiinflamatório, passei uma pomada anestésica no tornozelo e fiquei deitado, descansando. Tentei esparadrapar os pés para protegê-los contra bolhas, mas eles estavam muito úmidos de suor e a bandagem não grudou.

À tarde a temperatura novamente se elevou. Às 14h já estava em apenas 6 graus abaixo de zero. Percebi que dali em diante teria que caminhar de madrugada para evitar as horas mais quentes do dia. A Terry já havia me alertado sobre isso. Segundo ela, mais para a metade de abril o ideal é caminhar à noite, pois de dia é muito quente e a neve reflete mais ainda o calor.

*15h30: Saí para ir ao banheiro. Não sei o que incomoda mais: se o tornozelo esquerdo ou as bolhas nas solas dos pés, ainda sem proteção. Sem puxar o trenó até que a dor no lugar da fisgada não incomoda muito.*

*17h20: Apesar da claridade o céu continua com bastante nebulosidade. Quando é que os dias ensolarados voltarão?*

*19h25: Lá fora está uma luz tão difusa que eliminou todos os contrastes, inclusive confundindo a linha natural que separa a costa do mar. Mal dá para se orientar.*

*O contato no rádio foi péssimo e eles continuam sem saber onde estou. A única coisa que entenderam é que eu machuquei a perna. E só consigo ouvir o chiado da estática. A Morag tentou conversar comigo fazendo uma triangulação via outro radioamador, mas também não tivemos sucesso. Estou mais isolado que nunca. Hoje ultrapassei a marca dos 100 km percorridos. Já fiz, pelo GPS, 106,8 quilômetros em linha reta, isto é, fora os desvios.*

*Fiz o jantar logo após o contato no rádio. Quero dormir cedo (será que consigo?) e levantar novamente de madrugada. Agora no horizonte o céu está mais limpo e azul. Em cima da ilha é que está nublado. Mas parece que o tempo quer melhorar.*

### Décimo-quinto dia

## 14 de abril – 76°15' Norte, 97°40' Oeste

Exatamente à meia-noite Bruno começou a "me chamar", caminhando em volta do campo. Mais uma vez ele tinha escapado. Os cães esquimós são realmente muito selvagens e independentes, e não gostam de receber ordens ou ficar presos.

Como o frio era muito intenso tentei conversar com ele de dentro do saco de dormir.

– Bruno, isso é hora de querer comer? Não dá para esperar mais um pouco, não?

Mas parecia que ele "exigia" minha presença.

– Fica quietinho aí e vê se dorme!

Ele ficou quieto por uns instantes, mas logo recomeçou a circular pelo acampamento.

No que abri a porta da barraca vi um dos cenários mais bonitos de toda a viagem. O sol, avisando que estava prestes a sair, riscou de vermelho todo o horizonte, que suavemente ia se transformando num lilás conforme subia ao céu, enquanto o gelo liso tinha um azul-prateado intenso, único. O visual era tão bonito que nem o vento se atreveu a quebrar aquele encanto. Só o silêncio e o frio se faziam presentes.

Do lado de fora Bruno "exigia" alguma comida. Mesmo a contragosto, dei um pouco de comida a ele e voltei para a barraca. Nem tive o trabalho de abrir seu trenó, pois já tinha guardado um punhado de ração junto comigo, na barraca, justamente para essas ocasiões.

Às 4h vi o sol nascer, incandescendo o horizonte. Que coisa mais linda!

Às 4h20 pus as botas, me agasalhei todo e fui fazer um teste para ver se dava para caminhar. Eu tinha sentido dor na perna e no tornozelo a noite toda.

Peguei o trenó meio vazio, pus os esquis e fui dar uma volta pela praia. O tornozelo e a perna continuaram doendo, mas dava para tentar. Iluminado pelo nascer do sol o gelo estava dourado e dava para perceber todas as nuances do terreno. Parecia que o mar tinha congelado num dia calmo, sem vento. Lindo demais. O termômetro marcava 18 graus negativos.

Fiz o café e às 6h55 já estava pronto para partir. Depois que passei a levar menos coisas do trenó para dentro da barraca, e a derreter neve para as garrafas térmicas na véspera, ficou bem mais rápido desmontar o acampamento.

Eu ainda estava preocupado pelo fato de há dois dias não ter conseguido passar minha posição para a Morag.

No que fui pegar do chão o mosquetão da corda direita do trenó para atá-lo à cinta-barrigueira percebi que ele não abria. Ao examiná-lo vi que Bruno também havia feito xixi sobre ele. O xixi congelou e o gelo travou o mosquetão. Se estivesse com o fogareiro ligado seria fácil descongelá-lo, mas já tinha guardado tudo. Peguei meu canivete, mas era impossível abri-lo vestindo duas luvas. Tirei uma delas, abri o dito cujo mas não adiantou. O xixi tinha penetrado na molinha interna do mosquetão e a bloqueado. E agora? Bruno me olhava como se não fosse com ele.

Tinha que derreter aquele gelo. Até que me veio a infeliz idéia de tentar esquentar o mosquetão com o vapor que saía da boca. Num descuido encostei o lábio e reabriu a ferida. Parei, olhei para cima e contei até "mil ". Abri novamente o trenó, peguei o cantil com chá quente e despejei um pouco em cima. O mosquetão abriu na hora, mas o chá também iria congelar. O pior era que eu não podia soprar, pois o ar quente formaria gelo. Prendi o mosquetão e não deu outra, travou de novo. Felizmente já tinha ele atado à cinta. Decidi não desconectar mais os mosquetões.

Ao contrário de seguir pela praia, que seguia adiante e depois fazia uma longa meia-lua para a esquerda, me afastei da costa e fui direto para a outra ponta da baía. O gelo estava bem liso e coberto por uns três centímetros de neve. A visibilidade era tão boa que mesmo meia hora depois ainda dava para ver as marcas do trenó lá atrás, saindo do acampamento. O bonito de se caminhar na neve é que dá para ver todo o caminho por onde você passou.

O horizonte continuava alaranjado e o céu lilás aos poucos estava se transformando num azul-cobalto. O vento gelado vinha meio de lado, fraco mas constante. O dia prometia ser belíssimo.

Ao terminar a baía vi que à minha frente o mar estava liso como uma tábua até onde a vista alcançava. A única coisa que dava para ver, bem lá na frente, a alguns quilômetros, era uma minúscula pontinha de gelo.

Mirei nessa ponta e comecei a andar, numa longa linha reta. Outra referência que eu tinha era a costa, que se afastava um quilômetro à minha esquerda e que eu queria alcançar bem mais na frente. O gelo estava tão liso que, apesar da dor na perna, senti até prazer em arrastar o trenó.

Para não forçar o ritmo e agüentar a dor me obriguei a parar com mais freqüência. Paradas curtas, de dois a três minutos, pois o vento gelado não permitia que ficassse parado por muito tempo. Aproveitei para tirar fotos belíssimas e brincar com Bruno.

A essa altura nosso entrosamento era perfeito. Quando parava e falava "ooa", ele parava também e dava uma olhadinha de lado. Então recomeçava e ele recomeçava também, bem educado e paciente.

Uma coisa que demandava tempo era tirar fotos minhas puxando o trenó, como se fosse outra pessoa que tivesse tirado. Primeiro tinha que tirar a cinta-barrigueira e os esquis. Depois voltar para o trenó, afrouxar as cintas que comprimiam a carga, pegar o tripé e andar para frente alguns metros. Alongava as pernas do tripé, estabilizava-o na neve e encaixava a câmera. Isso sem respirar, para não embaçar a lente.

Com a câmera no tripé, já ajustada para fotografar na neve (eu mexia na ASA do filme), eu acionava o *timer*. Aí voltava para trás, encaixava as botas nos esquis e voltava para a câmera. Cuidadosamente, para não mover o tripé na neve fofa, acionava o disparador do *timer*, que me daria dez segundos, voltava de ré, arrastando os esquis o mais rápido que podia, prendia a barrigueira na cintura e, com cara da estar fazendo um bruta esforço, cravava os bastões na neve fingindo que estava caminhando. Às vezes, nesse movimento de dar ré com os esquis nos pés eu me atrapalhava, perdia o equilíbrio e pumba, caía no chão. Outras vezes o que me atrapalhava eram os bastões de esquis que estavam nas minhas mãos e que me impediam de prender a barrigueira do trenó a tempo. Aí, nesses casos, tinha que começar o processo todo de novo. Às vezes levava dez minutos para tirar uma única foto.

Eu tinha duas câmeras. Uma pequena, de foco automático, lente fixa e sem ajuste de fotômetro, que ficava numa capa de neoprene pendurada no meu pescoço. Era considerada a titular, pois era absurdamente simples e estava sempre aquecida sob minhas roupas. Não era muito fácil de manuseá-la com luvas grossas mas dava-se um jeito.

Como reserva eu tinha uma poderosa Nikon F 3, de titânio. Reserva porque era mais volumosa e não dava para mantê-la aquecida sob minhas roupas. Eu já tinha tanta coisa na minha frente – apito, GPS, canivete, balas da espingarda e filtro solar, além da cinta-barrigueira – que preferi deixá-la guardada no trenó. O frio era tão intenso que mesmo com baterias de litium a câmera não funcionava sem um aquecimento prévio. Ela seria usada somente em último caso.

Uma hora e meia depois, quando cheguei mais perto da ponta de gelo, percebi que era o topo de um gigantesco iceberg, e que estava bem mais de um quilômetro afastado da costa. Na verdade estava escondido atrás do horizonte. E não era o único. Em volta dele havia uma verdadeira barreira de gelo.

No começo fiquei pensando: como é que pode esse monte de icebergs estar escondido, se o mar é plano? Só quando olhei no mapa topográfico é que pude perceber que eu não tinha caminhado sobre o mar congelado, mas sobre uma imensa praia submersa, que fez com que o gelo se elevasse um pouco. E era por isso também que o gelo estava tão liso. Essa praia submersa formava a ponta sul da baía Reindeer, uma das maiores do meu trajeto.

Dali dava para avistar com incrível nitidez, a uns quatro quilômetros à minha direita, as três ilhas Cheyne: a Sul, a do Meio e em seguida a Norte.

Aproveitei que o dia estava bonito e o gelo liso para fazer um teste: colocar o Bruno para caminhar à minha esquerda, pela primeira vez. Embora já estivéssemos acostumados com nossas posições, o hábito dele parar subitamente para fazer xixi "sem me avisar" estava me deixando mais dolorido ainda, e justamente na região inguinal. O problema era que o mosquetão que nos unia ficava no meu lado direito, e na hora do tranco ele puxava a cinta-barrigueira, apertando bem em cima da área dolorida.

Caminhamos uns dez minutos assim, mas logo vi que a mudança não ia dar certo. Bruno vinha sempre para o meu lado e seu trenó encavalava no meu. Após 40 minutos de tentativas voltamos às posições originais.

Depois de duas horas e meia andando cheguei na grande barreira de icebergs. A princípio ela parecia intransponível. A impressão que dava era que os blocos de gelo estavam grudados um no outro. Alguns deles tinham mais de cinco metros de altura e eram tão grandes que mais pareciam a proa de um navio. Escolhi com cautela uma rota e lentamente fui me esgueirando entre eles, sempre tendendo à esquerda. O número de fissuras no gelo voltou a aumentar. Sempre no sentido radial em relação aos blocos de gelo.

Pelo aspecto do lugar, ali devia haver milhões de ursos.

Bruno seguia atento, com o focinho grudado no solo. Algumas vezes desviava por conta própria para a direita ou para a esquerda e eu simplesmente seguia seu movimento. Fiquei comovido de ver a preocupação dele em achar um caminho seguro. Ele parecia um detetive.

De repente ele parou e ficou olhando para a frente. Tentei continuar, mas ele estava irredutível. Tentei desviar, mas ele também não quis. Parecia incomodado com alguma coisa. Estaríamos num invisível beco sem saída? Em várias partes o gelo estava totalmente exposto, sem a cobertura de neve. Parecia que estávamos caminhando sobre um gigantesco mosaico de vidro fosco. Decidi dar a volta e caminhar para trás um instante. Aí Bruno concordou. Estranho. Depois de desviar de algo que eu não conseguia ver – uma camada de gelo fino, provavelmente – continuamos em frente.

O sol estava a pino e a temperatura oscilava em torno dos seis graus negativos, mas o vento gelado me mantinha confortável. Para não aumentar a dor na perna direita evitei ao máximo levantá-la.

Aos poucos fui avistando um pontão de pedra à minha esquerda e fui me aproximando da costa. O pontão, na realidade, era um grande platô rochoso, mais ou menos do tamanho de um campo de futebol e pouco menos de dois metros acima do nível do mar, que começava na base da rampa que levava ao topo da ilha. Próximo ao pontão o mar estava repleto de icebergs pequenos mas bem altos, como se fossem torres de gelo.

Tentei subir no platô, mas a superfície estava quase sem neve e seria impossível puxar o trenó no terreno rochoso.

Contornei, então, o mais próximo possível da ponta e virei para a esquerda. Eram 11 horas da manhã, o sol estava quente e parara de ventar. Como nada vem de graça no Ártico, o terreno ficou ondulado, áspero e cheio de fendas. Parecia que eu estava andando sobre gelo podre. Resolvi parar para descansar e fazer um lanche. O silêncio era absoluto.

O sol estava tão gostoso que pude tirar parte da roupa, e acabei ficando 25 minutos por ali, tomando banho de sol e curtindo a solitude. Não havia um ser humano num raio de muitos quilômetros.

De acordo com o GPS eu tinha percorrido 10 quilômetros em 4 horas. Uma decepção: 2,5 km/h, com tempo bom e gelo liso em boa parte do percurso. Três dia antes eu tinha feito 3,5 km/h com tempo ruim e gelo mais áspero. Realmente as dores na perna e no tornozelo estavam me atrapalhando. Naquele ritmo, parando a toda hora, não iria muito longe. Só me restava torcer para que em poucos dias minhas dores desaparecessem.

Depois do descanso continuei na direção da praia, pois era o único caminho desimpedido. As fendas eram numerosas e bem abertas e exigiram alguns desvios. Em 15 minutos cheguei na praia, pensando que o terreno estaria mais firme, mas foi uma decepção. Ela era inclinada e estreita – em alguns pontos mal dava para Bruno e eu passarmos lado a lado. Para piorar a superfície era de neve fofa e toda enrugada. Até onde a vista alcançava era uma sucessão de lombadas e degraus.

Fui seguindo devagar, mas era evidente a força que tinha que fazer para trazer o trenó por sobre os obstáculos. Sem muita firmeza nos pés acabei virando o tornozelo duas vezes, as dores voltaram e meu ritmo caiu vertiginosamente. Ainda por cima o sol estava implacável, e me encharquei de suor.

Até Bruno percebeu que algo estava errado comigo, de tão devagar que ia. Agora era eu quem o brecava com minha lerdeza.

– Bruno, não dá para eu acompanhar seu ritmo. Vamos ter que ir mais devagar. – No começo ele me olhava com uma certa indignação, mas, quando comecei a parar de cinco em cinco minutos, a cada parada ele sentava e ficava me olhando complacente. Com um olhar bem atento ficava me estudando, como querendo descobrir o que estava se passando.

A praia era comprida, mas tão acidentada que não havia um único lugar para montar a barraca.

Para minha enorme surpresa vi uma ave negra sobrevoando os arredores e algumas plantinhas tentando sair de baixo da camada de neve.

Depois de uns cinco minutos a praia foi interrompida por um bloco de gelo e me obrigou a desviar por dentro do mar. Tentei voltar para a praia, mas acabei entrando por um corredor estreito por trás de uma barreira de icebergs, e foi um custo achar uma brecha para voltar. Mais adiante, outro bloco, e tive que desviar de novo.

Cansado e dolorido, eu já estava querendo parar, mas como não achava nenhum lugar para montar o acampamento minha única opção foi continuar. Depois de uma meia hora comecei a me arrastar de tão devagar. Eu não agüentava mais de dor. Se com gelo liso e tempo bom fiz 2,5 km/h pela manhã, quanto eu faria num terreno acidentado num tempo ruim? Meu ritmo estava caindo a olhos vistos.

Às 12h40 começou a ventar moderadamente. E nada de lugar para acampar. Meu bom senso dizia que eu deveria parar o mais rápido possível para minha situação não piorar ainda mais. Fui indo e o vento aumentando.

O vento ensolarado já atingia mais de 50 quilômetros por hora e nada de achar um lugar para montar a barraca. Aos poucos a praia foi ficando mais e mais inclinada. Praticamente a encosta descia e caía direto dentro do mar, quase nem praia havia. Meu trenó escorregou de lado e atropelou o trenó do Bruno. Tentei sair para o mar, mas a praia estava inteiramente bloqueada por icebergs. Segui mais um pouco, mas os trenós começaram a se enroscar. Para continuar eu tinha que achar alguma entrada para o mar ou, melhor ainda, um lugar para parar e montar a barraca.

O sol estava a pino e o vento cada vez mais cortante. Vi ao longe algo escuro. Devia ser alguma rocha. Continuei naquela direção e aos poucos vi a encosta se afastar da praia. Cerca de 100 metros depois a encosta já estava uns 150 metros recuada e tinha perdido altura: não tinha mais que uns 20 metros de altitude. A rocha que eu tinha visto parecia uma coroa na aresta.

O vento foi ficando mais violento ainda e eu cada vez mais desesperado para parar. Para enfrentá-lo de frente fui forçado a colocar minha máscara de neoprene e fechar todo o capuz do *anorak*. Tinha que andar curvado para a frente e mal conseguia respirar e enxergar. O vapor que saía da boca se congelava ao tocar a máscara e aos poucos foi formando uma placa de gelo na frente do respiro. O ar, então, começou a subir e a embaçar meus óculos. Como não dava para parar e limpá-los eu seguia meio que às cegas pelo turbilhão. O zunido do vento era ensurdecedor.

De vez em quando eu parava, tirava os óculos e protegia os olhos com a mão para poder ver melhor. Percebi que a praia continuava inclinada e que se quisesse montar acampamento teria que ser bem na beirada dela, já um pouco em cima do mar congelado. Alguns minutos depois, já quase sem forças para puxar o trenó, voltei meus olhos mais para o mar e para meu alívio avistei uma área mais plana onde pude parar. Decidi montar o acampamento ali mesmo, quase junto a uma barreira de icebergs, apesar do risco de ser surpreendido por um urso. Mas eu não tinha mais condições para continuar procurando e o vento estava ficando mais forte a cada minuto que passava. Eram 13h. Com as mãos duras e insensíveis, não sei como montei a barraca e me enfiei dentro.

Eu estava exausto! Depois de uns cinco minutos tomei um anti-inflamatório e tentei dormir.

Às 16h30 o vento diminuiu. Com fome e sem conseguir dormir por causa do barulho, aproveitei para dar uma rápida avaliada no estoque de comida que estava no trenó.

Aliás, a fome estava aumentando a cada dia. Mas isso já era previsível. Todos que já caminharam pelo Ártico comentam isso.

Bruno, que dormia como uma criança, de repente acordou e ficou me olhando, esperando a janta.

– Sairá às 18h em ponto, Bruno, não se preocupe. – Fiz um afago e ele voltou a deitar.

Apesar do remédio minha perna direita continuava doendo.

*18h: O lugar onde montei o acampamento é muito bonito e um tanto diferente dos demais pela incrível quantidade de enormes icebergs quase na porta da barraca. Alguns estão a menos de 15 metros de distância. Mas o lugar da noite passada talvez tenha sido o mais bonito até aqui. Talvez pela luz, pelas formas arredondadas da costa, pelo tapete de gelo liso estendido junto à porta, sei lá, é difícil julgar.*

*Continua o maior sol. O vento diminuiu mas ainda está assobiando. Ao soprar por entre os icebergs faz uma espécie de eco que aumenta o ruído.*

Depois de uma sessão de alongamentos, pus as baterias do rádio no bolso para aquecer, e fui dar a janta para o Bruno. Ele estava tão cansado que até roncava, 'tadinho. Mas foi só lhe servir para ele não querer mais conversa. No que cheguei perto do prato ele ficou bravo e começou a rosnar.

Às 18h45, hora do rádio, já estava a postos. Tinha que passar minha posição para a Morag de qualquer jeito. Já tinha me deslocado 27 quilômetros desde a última vez que conseguimos nos falar. Liguei o botão e, como na véspera, não escutei nada. Ouvi que alguém estava tentando responder, mas o sinal estava muito fraquinho. Depois disso só ruído.

– *Six nine Resolute, six nine Resolute, this is brazilian expedition, brazilian expedition, do you copy me?*

Silêncio.

– *Six nine Resolute, six nine Resolute, this is brazilian expedition, brazilian expedition, do you copy me?*

Silêncio.

Insisti várias vezes, tentei todas as freqüências e nada. Tentei até a freqüência dos esquimós. Gritei várias vezes mas não consegui distinguir uma só voz em meio ao ruído. Pus na potência máxima, chequei todos os botões, a bateria, tudo estava em ordem.

– Só pode ser a antena – concluí. Mas tinha certeza que a posição dela estava correta. Me vesti às pressas e saí para checar. Se tinha uma coisa que eu era meticuloso era em posicionar a antena, mas, por via das dúvidas, mudei ligeiramente sua posição e voltei para o rádio. Nada. Só estática e ruídos incompreensíveis. Já era tarde, mais de 7 horas da noite. – Provavelmente já desistiram de me contactar. – Mais alguns minutos e o rádio ficou mudo. – Putz, e agora?

Eu sabia que às 20h era o horário de contato dos holandeses. Quando estávamos em Resolute combinamos que tentaríamos nos falar. Eles também sabiam o meu horário de contato. Aguardei ansioso. Nessas horas parece que o relógio anda pra trás de tão devagar.

Aqueci um pouco mais a bateria na barriga e cinco minutos antes do horário deles liguei o rádio. Sintonizei a freqüência da Terry, que era de onde o Frank estaria falando. Com o fone na mão, fiquei na espera. 20h e nada. 20h01: silêncio. 20h02: silêncio. Às 20h03 ouvi a voz do Frank. A voz era inconfundível, embora estivesse baixa. Foi uma sensação agradável ouvir uma voz conhecida. Até então a única que tinha ouvido nos últimos dias tinha sido a da Morag.

Logo percebi que eles estavam tendo dificuldade na transmissão. Mark, que a essa altura deveria estar sozinho em algum lugar na costa da Bathurst, demorou um tempão para responder. Fiquei na escuta, mas como eles só se comunicavam em holandês não pude entender nada, ainda mais que eu só ouvia a voz do Frank. Quando Mark falava eu só ouvia ruídos. Cometi a suprema indelicadeza de tentar me meter no meio da conversa, mas nenhum dos dois me ouviu. Mudei de freqüência. Talvez alguém estivesse ouvindo a conversa deles e pudesse me ouvir. Nada. A conversa deles foi curta. Ao final percebi eles se despedindo e tentei chamar de novo. – Frank, Frank, Mark, Mark... – Não me ouviram e desligaram. Um silêncio profundo, cruel, invadiu minha barraca. Eu estava desconsolado. Havia três dias que ninguém me ouvia.

Mais à noite tentei chamar a Morag novamente, mas não consegui captar nenhum sinal. Só depois lembrei que era domingo e que provavelmente não teria ninguém de *stand by*. Lembrei também que a Terry tinha avisado que às vezes há um blecaute geral na região e ninguém ouve ninguém.

– Só espero não me meter em enrascadas durante a noite ou amanhã – lamentei.

Jantei em silêncio e fui dormir.

## Décimo-sexto dia

## 15 de abril – 76°23' Norte, 97°42' Oeste

Não sei se foi o desgaste da véspera ou o efeito do remédio para dor, o fato é que não consegui acordar antes das 5h30. Tinha planejado acordar duas horas e meia antes.

Eu estava tão íntimo do nylon laranja da barraca que logo notei que algo estava errado. Abri o zíper e... – Ué, cadê o céu? Cadê os icebergs, a encosta atrás da barraca? – A paisagem tinha desaparecido como por encanto sob um espesso manto de neblina. O acampamento estava envolvido num completo *white-out*. Bruno nem se mexeu.

Me vesti e saí. A visibilidade era inferior a 15 metros. Isso se tivesse algum contraste, como um iceberg, por exemplo. Olhando para trás, eu não via nada.

Os trenós estavam totalmente cobertos pela neve, indicando que havia nevado a noite toda. Seria mais um dia perdido?

Mais uma vez fiquei na dúvida se ficava ou se arriscava avançar. Eu ainda estava contundido, com dores horríveis na região inguinal. A dor no tornozelo, no entanto, havia diminuído com a pomada anestésica e com a imobilização que eu havia feito durante a noite. O meu receio, porém, era que devido à neblina, sem poder ver as irregularidades no terreno – a praia estava cheia de degraus e lombadas – eu pudesse torcer o tornozelo novamente e piorar meu quadro.

Com o termômetro indicando 12 abaixo, voltei para dentro da barraca e fiquei pensando no que fazer. E se tivesse que caminhar sobre o mar? Como é que eu faria para navegar por entre os corredores? Como faria para ver as fendas que estivessem no meu caminho? Nesse aspecto, enfrentar um *white-out* na calota polar da Antártica não é tão complicado nem perigoso. Basta seguir a bússola e pronto, pois o caminho é relativamente plano e sempre igual. Mas no Ártico é diferente. De repente lembrei que se Bruno farejasse um urso eu teria que esperar ele chegar na minha cara para atirar. Péssimo negócio, concluí, ainda mais que ninguém sabia onde eu estava. Se acontecesse um acidente ninguém me acharia.

Enfim decidi esperar mais um pouco. Talvez a neblina sumisse depois de algumas horas.

Às 11 horas continuava nevando e a visibilidade era a mesma, isto é, nenhuma. Para compensar, nem um pingo de vento. Me lembrei do jogo de xadrez com o Ártico: era sempre assim, quando uma coisa ia bem, surgia outra para complicar.

Dentro da barraca a umidade era intensa e chovia cristais de gelo cada vez que me mexia. Aproveitei que estava parado, tomei mais um rémedio para a dor e voltei a imobilizar o tornozelo.

Às 13 horas continuava nevando.

Passei a tarde tirando fotos do interior da barraca, examinando os mapas, medindo a temperatura e aguardando ansioso a hora de falar no rádio. A Morag devia estar preocupada comigo, e se esforçaria ainda mais para descobrir minha posição.

Na hora combinada o contato mais uma vez foi ruim. Dessa vez consegui entender um pouco o que dizia, mas ela não me ouvia. A comunicação se limitou a ela fazer perguntas e eu responder em código:

– Você está bem?

– *Roger, roger, roger* – eu respondia, bem alto e devagar.

– Sua perna ainda está machucada?

– *Roger, roger, roger.*

– Você precisa de resgate?

– *Negative, negative, negative.*

Como não consegui passar minha localização, na cabeça dela eu ainda estava na posição anterior. Se alguma coisa me acontecesse durante a noite eu estaria numa situação perigosa. Pelo menos ela sabia que eu estava vivo.

Fiz o jantar mais uma vez em silêncio.

Além das condições climáticas e das contusões, mais duas coisas me preocupavam. Ao tentar consertar o primeiro fogareiro percebi que as pontas dos dedos, após vários dias manuseando fogareiro, botões, fechos e fivelas, estavam totalmente insensíveis. Outra coisa eram meus olhos. Nesses dias de mau tempo, ao sair da barraca, após horas de descanso, eles ficavam embaçados, fora de foco, e tinha vezes que demoravam para voltar ao normal. Às vezes não conseguia nem ler as embalagens direito.

Já estava caindo no sono quando ouvi um barulho surdo e senti algo se mexendo. Era o gelo sob a barraca que estava oscilando! Subindo, descendo e se inclinando bem lentamente, pela pressão da água embaixo. Quinze minutos depois o chão se estabilizou.

Dessa vez, porém, não fiquei muito preocupado. Eu já estava me acostumando com os perigos do Ártico. Virei de lado e fiquei pensando até que ponto isso seria bom para mim.

# Três caem na água

## Décimo-sétimo dia

### 16 de abril – mesma posição anterior

00h15 : neblina fechada.
04h00 : tempo melhorando.
05h30 : tempo bem melhor.

Levantei disposto, mas na hora do café meu segundo fogareiro começou a apresentar o mesmo defeito de primeiro, isto é, perda de pressão. Ou a chama era chocha e rodeava a panela ou, ao receber mais pressão, saía fora de controle e levantava altas labaredas, quase incendiando a barraca. Tive que deixar o fogo baixo e perdi um tempão para derreter neve para o café.

Apesar de tudo, às 7h30 comecei a andar. O tempo ainda estava nublado, mas melhorando para o norte. A cortina de nuvens e neblina estava visivelmente indo para sul. Fazia 13 graus abaixo de zero e não havia vento.

De acordo com o mapa, a praia onde eu estava continuava reta por mais um quilômetro, depois a costa virava para leste, numa seqüência de duas baías, que terminavam no Paine Point, quando então virava novamente para norte, por oito quilômetros, até o Cabo Kitson, último ponto da costa leste da Ilha Bathurst.

Para tentar encurtar o caminho, logo no início minha intenção era cortar direto para o Paine Point. No que deixei a praia e entrei no mar, não andei nem 30 metros e dei de cara com um beco sem saída, que me forçou a voltar para a praia. Fui caminhando então pela costa, procurando uma brecha na barreira de icebergs.

Minha perna direita ainda doía, mas o tornozelo já estava quase bom. Cerca de dez minutos depois achei uma passagem e andei 800 metros em gelo liso. Ao entrar na primeira baía, mais uma vez tentei cortar numa linha reta em diagonal para a direita. A visibilidade ainda era baixa, mas dava para ver que se seguisse sempre pela praia a volta ia ser muito grande.

No meio do caminho me dei mal. Acabei rodeado por enormes icebergs e, pior, fendas e mais fendas, num terreno extremamente perigoso. Caminhei mais um pouco e fiquei espantado com o que vi: eram as fendas mais abertas que eu tinha visto desde que comecei a caminhada. E não tinha como evitá-las. Elas cobriam toda a extensão entre um iceberg e outro. Procurei manter a calma e a lucidez para decidir o que fazer.

Por causa da neblina eu tinha que andar devagar, a boca seca, os lábios rachados, olhando cada detalhe do terreno; sempre preparado para levar um susto a qualquer momento, a tensão me deixava com a boca seca. Ao meu lado Bruno seguia compenetrado, farejando cada centímetro da superfície, rabo enfiado entre as pernas, num sinal claro que caminhar por ali não estava nem um pouco divertido. De vez em quando trocávamos olhares. Ele buscava em mim, com seu olhar um pouco assustado, a confirmação de que estávamos no caminho certo. Confiava em mim. Andando lado a lado, a impressão que dava era que ele me seguiria até o fim do mundo. Quanto a mim, confiava minha vida àquele cão. Estávamos mais unidos que nunca.

O gelo estava muito enrugado e eu tinha que calcar os bastões com força para poder arrastar o trenó. Eu ainda evitava ao máximo levantar minha perna direita. Numa dessas calcadas, vi horrorizado um dos bastões furar a superfície e afundar no vazio. A capa de gelo estava podre e tinha poucos centímetros de espessura. O frio na espinha foi de arrepiar. Eu estava na iminência de um acidente. Procurei desesperado uma saída para a esquerda que me levasse de volta à praia, mas o Ártico só me oferecia saídas à direita. A sensação de impotência em sair dali me deixou aflito.

Fui fazendo desvios com extremo cuidado, mas havia fendas por todo lado. O sol ameaçava sair, dando um leve tom cor-de-rosa aos blocos de gelo, mas eu continuava sem enxergar muito adiante. Fiquei pensando no que teria acontecido se eu tivesse tentado caminhar na véspera, no meio de toda aquela neblina.

De repente o susto: no que passei por uma placa senti o bastão tocar gelo fino e logo a placa inteira cedeu um pouco sob meus pés.

– Corre, Bruno! – Dei dois passos ligeiros, puxei Bruno e alcancei um lugar mais firme. Se a placa cedesse inteira iríamos eu, o Bruno e os trenós juntos para a água. Bruno também sentiu o gelo se mover e levou um susto. Pela cara dele tínhamos que sair dali o mais rápido possível. Mas, por onde? Só se fosse voando. Meu coração ameaçava sair pela boca.

Andei mais algumas dezenas de metros tentando fugir para a esquerda, até que a baía acabou e dei na praia. Foi um alívio. Parei para recuperar o fôlego – eu nem respirava direito sobre o gelo fino – e beber alguma coisa. Dei mais um abraço no Bruno, que agora me olhava com a carinha tranqüila de "e aí, gostou? Foi emocionante, né!?". Ele só faltava piscar o olho.

Examinando com mais calma, descobri que agora estávamos sobre um pontão rochoso. Mais adiante havia algo estranho sobressaindo na superfície.

Depois do descanso fomos na direção dessa coisa estranha. Fui chegando perto, mais perto e, por causa da névoa, ainda não dava para distinguir o que era. Foi só quando cheguei do lado que vi que eram quatro tonéis de combustível tombados e enterrados na neve. Devia ser um depósito que os pilotos dos aviões fazem para emergências. Olhei em volta e vi outra formação esquisita. Parecia uma mochila velha abandonada. Deixei o trenó para trás e fui até lá ver. Para minha surpresa, era uma pedra enorme toda coberta por musgos vermelhos. Incrível como naquele lugar ainda tinha alguma forma de vida.

Com a praia mais larga decidi seguir por ali. Infelizmente a neve estava fofa e o caminho muito acidentado, o que só aumentou minha dor na perna.

Eu bem que queria compensar os dias parados, mas estava difícil. Para isso eu teria que caminhar mais rápido e por mais horas, mas agora eu estava andando mais devagar do que quando comecei, quando o trenó estava mais pesado, e em menos de duas horas de caminhada já não agüentava mais de dor.

Aos poucos o sol foi aparecendo por entre as nuvens e a neblina. Mais à frente, à minha esquerda, desembocava um enorme cânion. Ele era estreito, atolado de neve e muito bonito, com suas laterais de rocha. Era praticamente a primeira grande irregularidade que eu via, em quilômetros, para quebrar a monotonia na costa. No ponto onde o cânion desembocava na praia me deparei com duas ondulações com mais de três metros de altura cada, que terminavam desmoronando sobre o mar. Não tinha jeito de contorná-las.

Tirei os esquis para subir, mas a neve era tão fofa que tive de colocá-los de volta. Felizmente a subida não era muito inclinada e a pele de foca tinha boa aderência. Na descida da primeira rampa desci desembestado para não ser atropelado pelo trenó, mas ele foi mais rápido, me atropelou e capotamos. Eu, Bruno e o trenó. Bruno a princípio ficou assustado, mas logo veio para o meu lado ver se eu estava bem. Mas com a dor que sentia na perna direita, eu não estava com disposição para brincar com ele.

Logo à frente a segunda lombada. Dessa vez, no que ouvi o trenó desembestando na minha direção pulei para o lado do Bruno. O trenó passou com tudo, tentei freá-lo mas ele capotou de novo. Tive que tirar os esquis e me desvencilhar do Bruno para aprumá-lo.

Às 9h15 fiz a primeira parada para o lanche. Eu já estava praticamente no Paine Point, formado por uma pequena montanha. No que contornei a elevação dei numa praia mais lisa e larga, mas não deu nem tempo de me animar, pois logo uma neblina mais densa avançou na minha direção e roubou toda minha visão.

Iluminada pelo sol, a neblina era dourada e se movia com uma suave fluidez. O cenário era muito bonito. Partes do céu azul surgiam em meio à névoa e alguns raios de sol penetravam por ela, iluminando pequenos trechos da encosta. No que olhei para trás vi os traços deixados pelos trenós desaparecendo na fumaça, que me fizeram voltar no tempo até a origem deles, lá longe, em Polaris. Engraçado. A impressão que dava era que eu estava diante de um novelo do tempo e que se eu o "enrolasse" voltaria para os primeiros dias, onde tudo começou. Na mesma hora me vieram à cabeça alguns momentos já vividos ali no Ártico... a aurora boreal, as últimas estrelas, os esquimós, os ursos, meus medos superados, minhas fantasias realizadas, a empolgação pelas minhas vitórias pessoais, pelos brindes existenciais, pela embriaguez de emoções que ninguém viu ou ficou (ficarão?) sabendo. Ah, como era bom estar ali!

À minha direita o mar estava coalhado de icebergs gigantescos, quase grudados entre si, e não havia um centímetro plano na superfície. Eles também estavam envolvidos pela névoa, que vagava entre eles criando um clima de mistério. Vistos assim em silhueta, envolvidos por neblina, mais pareciam lápides de um cemitério de filme de terror. O silêncio era absoluto e não havia um pingo de vento.

Sem poder enxergar as irregularidades do caminho preferi parar e esperar. O sol dava sinais que estava para sair. Vinte minutos depois ele abriu e prossegui meu caminho. Eram 10h20. Quarenta minutos depois o sol estava a pino, o calor forte e a umidade voltaram e eu comecei a ficar encharcado de suor. Tirei meu gorro, minhas luvas, fiquei só com duas blusas finas e mesmo assim transpirava bastante. Estranho mundo esse. Agora era eu que pedia um pouco de vento. Mas o Ártico, insensível, não me atendeu.

Continuei para norte pela praia. Aos poucos vi surgirem as primeiras pegadas de lobos. Depois mais outras e outras. De repente parecia que houvera uma passeata de lobos. Ver aquelas pegadas me deixou duplamente preocupado. Primeiro, pela grande quantidade. O que eles poderiam fazer ao se deparar com Bruno? Era como que um "primo" deles, mas como eu poderia saber a reação de cada um? Mesmo porque Bruno estava sozinho.

Os lobos do Ártico têm fama de serem caçadores impiedosos e traiçoeiros, embora estudos recentes desmintam isso. Segundo biólogos com quem conversei, os lobos daquela região são animais tolerantes, alegres, que vivem num interessante sistema social e que apenas caçam para sobreviver, como qualquer outro animal.

Bruno por sua vez não demonstrava medo algum. Pelo contrário. Concentrado em farejar as pegadas ele começou a andar tão rápido que tive que puxar a cordinha dele a todo momento para segurá-lo. A excitação dele era tão grande que ele se esqueceu que estava puxando um trenó, e isso provocou um fato engraçado. Eu estava caminhando quando, de repente, vi Bruno parar. Um segundo depois senti um puxão por trás e quando fui ver era o seu trenó que tinha caído num buraco. O buraco era fundo e dava a volta num iceberg em forma de cogumelo encalacrado na praia. Tive que tirar os esquis, a cinta-barrigueira e me desvencilhar do bolo de cordas enroscadas para conseguir tirá-lo dali. Enquanto isso Bruno me olhava com um misto de vergonha e indiferença. A partir daí ele começou a caminhar no meu ritmo.

Minha segunda preocupação era que os lobos seguem os ursos e se alimentam dos restos de focas deixados por estes. Pelo número de pegadas devia ter havido um banquete nas imediações, promovido por algum urso das vizinhanças. Felizmente uns 600 metros à frente as pegadas subiram pela encosta da ilha e desapareceram.

Aos poucos o terreno à minha esquerda começou a recuar e foi perdendo altitude. Eu estava chegando ao final da costa leste da Ilha Bathurst. No lugar de uma rampa contínua, a lateral da ilha oferecia algumas colinas, que começavam ao nível do mar, pequenos vales e cânions que terminavam na praia. À direita, o mar estava tão cheio de icebergs que eles invadiram a praia, formando uma barreira intransponível, mesmo para quem não estivesse com trenó.

Fui seguindo em frente, ansioso para completar aquele lado da costa. Para mim era uma vitória importante. Foram mais de 100 quilômetros de descobertas e emoções.

O calor estava terrível. Eu suava a ponto de ter que parar, pegar um punhado de neve e passar pela testa e pelo pescoço. A sede era tão grande que esvaziei uma garrafa térmica de uma só vez. Bruno também sofria com o calor. Os cães esquimós detestam clima quente. A cada cinco minutos ele dava uma abocanhada na neve para aplacar a sede.

Já no seu final a praia se estreitou ainda mais. Com apenas dois a três metros de largura quase que não dava para Bruno e eu andarmos lado a lado. A única opção seria subir para o topo da ilha. Continuei mais um pouco e quando achei que a praia tinha terminado descobri que era apenas uma curva e que ela continuava adiante. Mais uma curva, depois mais outra e finalmente cheguei ao final. Não havia mais dúvidas. Dali para frente, se seguisse pela praia estaria indo para noroeste.

Decidi parar para tirar uma foto e comemorar o fato de ter vencido a costa leste da ilha. Dei um abraço no Bruno e logo tratei de incluir um lanche na comemoração. Estava pensando na bela experiência que tinha sido quando fui interrompido pelo Bruno, que também queria participar do piquenique. Feliz da vida, dividi toda minha cota de lanche com ele, que tinha sido meu fiel companheiro e salvo minha vida algumas vezes. Ele curtiu cada biscoito, e cada pedaço de bife seco. As castanhas, no entanto, ele lambeu um pouco mas não o apeteceram.

Mais do que concluir a costa leste da ilha eu havia chegado num ponto chave do meu trajeto. Seria dali que eu começaria a longa travessia até o Pólo Magnético. Já tinha passado um pouco da metade do trajeto e agora faltavam 124 quilômetros, em linha reta, é claro.

Para a travessia eu teria duas alternativas. Abandonar de vez a costa, seguir pelo mar na direção norte e depois fazer um longo desvio para noroeste, num trajeto mais longo, ou virar para noroeste por dentro da ilha, ou pela costa, até o extremo norte da Bathurst e dali sim avançar pelo mar, num caminho mais curto.

De acordo com as imagens de satélite, todo o norte da Bathurst estaria bloqueado por uma extensa faixa de icebergs que avançava mais de 120 quilômetros mar adentro, de difícil passagem. A vantagem então da primeira alternativa seria eu pegar um trecho mais estreito dessa barreira. Embora fosse um caminho mais longo, provavelmente seria o mais rápido. Quanto mais para noroeste eu iniciasse a travessia pior seriam as condições da calota polar.

Isso se eu conseguisse avançar para noroeste.

De acordo com o mapa topográfico, se eu seguisse por dentro da ilha teria que enfrentar 30 quilômetros de um terreno extremamente áspero e irregular, cheio de sobe-e-desce. Pelos meus cálculos, com tempo bom eu levaria de 3 a 4 dias para vencer esse trecho. E seria praticamente a única maneira de ir para oeste. Pela costa eu teria que me espremer pelo Estreito Water, que separa a Bathurst da pequena Ilha Loney, avançar pela Baía Carey, passar por cima de um extenso pontão rochoso e contornar pela direita o Cabo Lady Franklin – extremo norte da Bathurst; ou então contornar a Ilha Loney pela direita e seguir reto até o Cabo. (Vide mapa no início do livro.)

De acordo com as imagens, qualquer dessas opções seria inviável, pois tanto o Estreito Water quanto a Baía Carey estavam atulhados de blocos de gelo. Eu tinha que ver isso com meus próprios olhos.

Bem, qualquer que fosse a solução, eu teria cerca de 18 dias para alcançar meu destino, fosse ele qual fosse. Será que daria? Mais do que nunca isso iria depender das condições climáticas, das condições da calota polar e principalmente das minhas pernas. Pelo que já havia passado nos dias anteriores, pegar 18 dias de tempo bom seria uma utopia, mas eu estava disposto a seguir em frente até onde desse.

Terminada a praia entrei esperançoso à esquerda, já no que seria o início da costa norte da ilha, mas não andei 80 metros e me vi num estreito corredor entre a encosta e uma barreira de icebergs. Andei mais um pouco, fiz uma curva e a praia simplesmente desapareceu sob um gigantesco bloco de gelo, que estava sendo empurrado por outros maiores. A única alternativa seria voltar ou subir pela encosta inclinada até o topo da ilha.

Antes de me decidir preferi largar o trenó e subir sem ele e sem os esquis para ver onde ia dar. Peguei o Bruno e a espingarda e subimos. Para o Bruno não desembestar pela ilha fiquei com a cordinha na mão.

A rampa devia ter uns 20 metros de desnível e uns 45 graus de inclinação. A neve era dura e no meio surgiu um pouco de gelo, o que me obrigou a fazer um desvio para a direita. Me apoiando nos bastões para não escorregar, conforme fui subindo a visão à minha frente foi se expandindo. Estava curioso e ansioso para o que eu ia ver. Até então o interior daquela imensa ilha era um mistério para mim. Será que ia ver os lobos? Talvez um urso? Um lago congelado? Ou alguma coisa diferente, que nem eu sabia o que seria?

No que cheguei ao topo a visão espacial era fantástica. Dali, olhando para sudoeste, pude ver mais de dois quilômetros ilha adentro, cheia de altos e baixos e grandes colinas arredondadas. O céu azul dava mais intensidade à brancura da neve, suavizando um pouco a paisagem, já dramática por ser um deserto de gelo. A neve em si tinha uma consistência mais porosa e áspera, bem diferente daquela que cobre a calota.

Infelizmente não deu para ver mais longe porque algumas colinas maiores obstruíam a visão. Procurei com os olhos uma rota a seguir, mas era difícil julgar pois, a ilha sendo um deserto, eu teoricamente poderia ir para qualquer direção, desde que fosse a menos acidentada.

O que eu não esperava era o meu queixo cair quando olhei para trás: bem na minha frente, até onde a vista alcançava, a calota polar quase nem existia e dava para ver extensas manchas negras de água recém-congelada. Seguir por ali seria suicídio, para não dizer impossível. Mais para oeste, na direção da Ilha Loney, o mar era uma barreira interminável de icebergs. Para piorar, entre nós e o mar havia uma muralha de blocos de gelo desmoronados uns sobre os outros. Era como se uma placa da calota de gelo tivesse se chocado com outra e levantado uma inexpugnável barreira. Olhando tudo aquilo eu simplesmente não sabia por onde prosseguir.

Aproveitando que estava com Bruno decidi fazer um reconhecimento da área sobre a ilha. Perambulei uns dez minutos por ali e voltei para o trenó. Seria uma tarefa árdua levá-lo até lá em cima. Se puxasse com as mãos e escorregasse ele deslizaria para baixo e se esborracharia nos blocos de gelo. Se eu o puxasse pela cintura ia ter que forçar tanto a perna que receei não ser capaz, pois não daria para descansar no meio. Uma vez começada a subida teria que ir até o topo. Empurrar não daria porque ele era muito comprido e fatalmente viraria para os lados.

Subi a rampa de novo para escolher a menor inclinação e decidi por puxá-lo pela cintura. Para aliviar um pouco o peso deixei os esquis enfiados na neve para pegá-los mais tarde. O trenó do Bruno também ficou. O Bruno eu deixei solto. Não queria correr o risco dele sair correndo, me puxando para cima, me "ajudando" a puxar o trenó. Seria uma imperdoável falta de ética da minha parte. Ou eu era capaz de arrastar o trenó sozinho ou voltaria para casa.

Respirei bem fundo e lá fui eu. Só então pude perceber o quão difícil é puxar um trenó numa subida como aquelas. Depois de subir a metade simplesmente não consegui mais sair do lugar. Nem era questão de força. O problema era que, por causa do peso, eu não conseguia mais firmar as botas na neve. Quanto mais força eu punha, mais eu escorregava. E não dava para cavar degraus na neve porque embaixo era gelo. Quase entortei os bastões de tanta força.

Fui cansando e o trenó me puxando para baixo. Ele parecia que pesava uma tonelada. Se tentasse dar marcha à ré eu cairia de costas e deslizaria os 10 metros para baixo. Bruno me rodeava, como que torcendo para eu conseguir. Uma vez parado, o duro era tirar o trenó da inércia. Já estava quase caindo quando fiz um esforço supremo, calquei os bastões com força, pus todo meu peso para a frente, energia nas pernas, fui um pouco para o lado e consegui deslocá-lo. Numa seqüência de passos bem curtos contornei o gelo mais duro e enfim consegui galgar o topo. Minha perna doía de não agüentar mais.

Se o esforço para vencer 20 metros de rampa era assim, como é que seria numa rampa de 50 metros? Mas que opções eu tinha? Ir pelo mar? Mas como, se ele estava atulhado de um lado e praticamente descongelado do outro?!? Eu estava num mato sem cachorro. Ou melhor, no gelo *com* cachorro, o que naquelas circunstâncias não era muito melhor.

Olhei no relógio: era uma hora da tarde. Me lembrei que havia quatro dias ninguém sabia onde eu estava. Enquanto eu estivesse junto à costa da ilha, com tempo bom seria relativamente fácil para um avião de busca me localizar no caso de uma emergência. No caso de me aventurar longe dela, no entanto, seria praticamente impossível se não soubessem minha posição.

Eu não poderia sair dali enquanto não me comunicasse com a Morag. Mesmo porque, a impressão que dava era que quanto mais longe eu estava pior ficava a transmissão. Como seria o contato quando eu estivesse mais longe ainda, mar adentro, e com a Ilha Bathurst na frente funcionando como uma barreira?

Segundo o pessoal de Resolute, o fato de estar atrás da ilha não atrapalharia em nada o contato. Sim, mas eu só teria certeza disso quando já estivesse longe. Se o rádio não funcionasse, como é que eu poderia saber se o problema era a barreira da ilha ou apenas um blecaute passageiro, comum naquela região? Nesse caso eu continuaria em frente ou ficaria parado mais uma vez, esperando entrar em contato? Perguntas e mais perguntas. Eu esperava respondê-las naquela tarde, no final do dia, no horário habitual do rádio.

Larguei meu trenó e fui procurar um lugar mais plano. Por incrível que pareça, naquele imenso deserto nevado não havia lugares planos, nem dava para aplainar a neve, pois a camada só tinha uns 20 centímetros, e logo abaixo já era terra congelada, impossível de prender os espeques. Levei uns 15 minutos até achar um quadradinho menos inclinado, no topo de uma pequena elevação, onde pudesse montar minha barraquinha.

Liguei o GPS e descobri que tinha caminhado 13 quilômetros em cinco horas e meia de percurso. Se o caminho estivesse livre e eu sem a dor na perna, daria para completar 20 quilômetros com relativa facilidade.

Pelos meus cálculos, juntando todos os trechos, eu tinha caminhado, incluindo alguns desvios, aproximadamente 140 quilômetros no total, desde Polaris. De avião, em linha reta, daria um pouco menos: 124 quilômetros. Levando-se em conta que foram apenas nove dias e meio em que efetivamente andara, meu desempenho estava praticamente idêntico às expedições anteriores.

Ali parado, no canto da ilha, cerca de 30 metros acima do nível do mar e a uns 100 metros da costa nordeste, eu estava num lugar privilegiado.

Anotei no diário: *Agora em terra firme, é impressionante a paz que se tem. Nada de ursos, fendas ou icebergs. Agora posso andar por onde eu quiser sem me preocupar em ficar olhando para o chão o tempo todo.*

*Ontem à noite senti o gelo se mexer sob a barraca! Foi horrível.*

*Aqui vou precisar de boa visibilidade para me orientar pois, exceto uma rocha ou outra, a ilha é um deserto branco, sem contrastes ou pontos de referência. E nem adianta o GPS, pois ele só dá a direção a seguir. Para puxar o trenó vou ter que evitar as subidas mais fortes, contornar as depressões, desviar dos morrotes e procurar sempre passar pelos colos entre eles. E ficar sempre de olho no mar à minha direita.*

Tentei prender o Bruno, mas ali era impossível. A neve era muito porosa e nada ficava muito firme. Até mesmo a antena do rádio foi uma luta para instalar. Felizmente não ventava.

Às 18h45 – iupii! – finalmente consegui passar minha posição, embora o contato tenha sido muito fraquinho. Fiquei sabendo que a notícia do problema da minha perna já tinha se espalhado pela família, patrocinadores, TV Globo, amigos, e que todos estavam preocupados. Para tranqüilizar a Morag, acabei dizendo que minha perna estava OK e que não precisava se preocupar, mas não sei se ela entendeu.

Na hora do jantar o tempo fechou e o acampamento mais uma vez foi envolvido por uma densa neblina. A neblina é um fenômeno muito comum no Ártico em lugares de mar aberto, pois é provocada pela diferença de temperatura do ar e da água do mar.

Às 10 horas da noite, eu não enxergava um palmo à frente do nariz. Mal dava para ver Bruno dormindo em frente à barraca.

## Décimo-oitavo dia

## 17 de abril – 76°29' Norte, 97°41' Oeste

Levantei à meia-noite e meia e a neblina continuava fechada. Às 4h30 dava até para "cortá-la" com a faca. Bruno nem se mexeu e continuou dormindo.

O fogareiro reserva continuava apresentando problemas. Eu havia trocado somente o queimador e não deu muito certo. Acabei trocando a bomba também e ele voltou a funcionar bem melhor.

Passei a manhã sem muito o que fazer senão esperar a neblina subir para poder me orientar para onde ir.

Não sabia se era porque a barraca estava extremamente exposta, mas o fato era que o frio dos primeiros dias tinha voltado e às 14 horas a temperatura já estava em 20 graus abaixo de zero. Tudo que estava dentro da barraca voltou a ficar coberto de gelo e endurecido. Pouco depois a visibilidade melhorou um pouco na direção de onde eu tinha vindo.

Bruno continuava dormindo, mas era só eu sair para ir no banheiro ou pegar alguma coisa no trenó para ele virar de barriga para cima querendo que eu ficasse brincando com ele. Mas ali definitivamente não era um lugar muito adequado para se brincar com um cão.

Às 15 horas saí para esticar um pouco as pernas e vi que a antena e os estirantes da barraca estavam cobertos de flocos de neve. Pareciam agora fios de lã. A quantidade de flocos era tanta que os fios da antena quase roçavam o chão. Aquilo era evidência de outro fenômeno comum no Ártico, onde a intensidade do frio é tão grande que transforma as gotículas de umidade, em suspensão no ar, em agulhas de gelo, que ficam flutuando na atmosfera.

Mais tarde começou a ventar e a visibilidade melhorou um pouco, principalmente para o sul.

Anotei no diário: *17 horas: Saiu o sol! Sopra o vento. Raspando a superfície áspera da ilha o vento tem um som diferente, mais melodioso. Parecia um coral de vozes femininas num distante canto de uma igreja. É lindo.*

*Bruno está lá fora há meia hora sentado, atento, em posição de vigília. O estranho é que ele olha para sudeste. Às vezes choraminga, mas não sai do lugar. Será algum animal por perto? Vimos tantas pegadas de lobo ontem...*

Era! Eu estava espiando ele de dentro da barraca e vi que com o passar dos minutos ele foi mudando de posição. Sempre sentado, foi virando para leste, nordeste, até que virou para norte. Incrível! Fosse quem fosse, estava contornando o canto da ilha seguindo nossos passos.

Quando ficou de frente para as marcas dos trenós saiu correndo, disparado. Nossa, o que seria? Enfiei rapidamente as botas, o *anorak* e saí correndo atrás dele. Corri os 100 metros até a borda da rampa que eu tinha subido na véspera, e quem é que eu vejo lá embaixo? O Mark! O holandês que tinha conhecido em Resolute.

Desci até ele e nos abraçamos emocionados, quase com lágrimas caindo de nossos olhos. Ele estava com a barba e as roupas cobertas de gelo, e era emocionante demais encontrar alguém conhecido naquele fim de mundo.

Trocamos rápidas palavras e logo o ajudei a puxar seu trenó, mais pesado que o meu graças à bicicleta que ele estava carregando em cima.

Ele também estava com um cão – a Brownie, irmã do Tiguak – alugado da Mavis. Ela e Bruno ficaram se cheirando por um tempo, mas logo ele, bem maior e mais imponente, passou a esnobá-la. Aparentemente, ela, magrinha e insegura, não era do "nível" dele.

Mark montou sua enorme barraca ao lado da minha, pequenininha. Ela era bem maior porque era para duas pessoas: ele e o Boris, que havia desistido no quinto dia de caminhada.

Apesar do vento procurei não ajudá-lo para não constrangê-lo. Existe uma regra não escrita entre os aventureiros: quando se cruza com uma expedição solitária, autônoma e independente, isto é, que não se utiliza de ajuda externa, não se deve ajudar em nada para não descaracterizá-la. Nem um chazinho deve ser servido.

Mark falou que estava tendo dupla visão, um nítido sintoma que a claridade excessiva do sol refletida na neve estava afetando sua visão. Perguntei a ele, então, como tinha conseguido se guiar naquele dia, com toda aquela neblina.

– Ora, seguindo suas pegadas.

Mais 15 minutos e, para meu grande espanto, surgiu outro cão no acampamento! Um cão lindo, todo branco, mas muito pequeno e delicado para ser um cão polar. Ninguém entendeu nada. Exceto Bruno, claro, que saiu correndo de novo ladeira abaixo. E lá fui eu novamente atrás dele.

Agora não era uma pessoa. Eram várias! Era a expedição suíça, vindo com três *snowmobils* e dois trenós puxados por cães. Eram sete suíços e três esquimós na equipe.

Aí foi uma balbúrdia. Além do barulho das máquinas, nos trenós eles tinham 24 cães ao todo, alguns adquiridos em Resolute, mas a maioria vindos diretamente da Suíça. Como Bruno era maior que todos eles, foi só se aproximar dos trenós para os cães desandarem a ganir desesperados. Perto dele os cães pareciam pequenos e indefesos. Quando chegou mais perto a maioria ficou quieta e cabisbaixa, num nítido sinal de respeito que tinham com Bruno. Este por sua vez não se fez de rogado. Deu uma passada ao lado dos cães com um natural ar de superioridade e, sem se alterar, se afastou, esnobando todos eles. Aí veio na minha direção e ficou de pé, se apoiando no meu peito, querendo brincar. Eu realmente estava orgulhoso dele.

Os suíços largaram seus trenós e vieram até "nosso" acampamento – a essa altura meu e do Mark – conversar. Logo formou-se uma peculiar rodinha de suíços, esquimós, um holandês e um brasileiro batendo papo naquela terra de ninguém.

Eles tinham partido da mina Polaris poucos dias antes e, claro, eram muito mais rápidos que eu. Eles também tiveram problemas com o rádio, que há dias não funcionava e, pior, tinham perdido seus mapas.

O fato do rádio deles e também o do Mark não funcionarem era um forte indício que havia um blecaute generalizado na região.

O chefe da equipe pediu para ver os mapas, mas estava difícil de conversar, pois o vento estava muito forte. Ele, eu e um esquimó nos enfiamos então dentro do meu avancê e trocamos algumas impressões.

O suíço disse que tinha visto imagens recentes de satélite e conversado com os pilotos que tinham recém sobrevoado a região, e, de acordo com as informações, o melhor caminho até o Pólo Magnético (eles estavam indo para o canadense) seria se afastar da Bathurst para nordeste, contornar a imensa barreira de icebergs e depois virar para oeste. Atravessar pela barreira de icebergs seria quase impossível, pois levaria muito tempo.

– Eu sei disso, mas esse caminho é muito mais comprido e perigoso – argumentei, apontando no mapa.

– Mas nós estamos motorizados, e com os cães. Distância para nós não é problema.

– Mesmo assim, cheguei aqui ontem e vi o mar praticamente descongelado à frente. E hoje a situação continua a mesma.

Mas o suíço era teimoso e estava determinado a continuar. Pelo caminho aparentemente mais fácil, é claro.

– Já é tarde. É melhor ficar por aqui e ver melhor as condições do gelo pela manhã – insisti.

O esquimó concordou: – Olhando daqui dá para ver que é apenas água coberta por neve – disse ele.

– Nós só vamos avançar mais alguns quilômetros e montar acampamento – teimou o suíço.

É interessante como mudam os parâmetros de perigo e de tomada de decisão, quando se está sozinho e nada pode dar errado, e quando se está em grupo, com uma estrutura muito maior. Mas o Ártico, muito democrático, logo iria nos mostrar que era o mesmo para todos nós.

Nos despedimos e logo eles partiram, fazendo um barulho infernal com suas máquinas motorizadas e caninas. Uma verdadeira tortura para meus ouvidos, agora desacostumados.

Aliás, embora fossem muito simpáticos e agradáveis, a simples presença de várias pessoas no acampamento, todos falando ao mesmo tempo, um tanto estressados e com pressa

– uma pequena amostra da cidade grande –, afetou minha paz de espírito e foi com alívio que os vi partir.

No que voltei para a barraca surpreendi Bruno saindo lá de dentro com a cara de quem aprontara alguma coisa. No que entrei vi que ele tinha roubado um chocolate e abocanhado um outro. Antes que desse uma bronca, ele me “pediu” desculpas com o olhar e todo constrangido se deitou e fingiu que estava dormindo. Mas não havia tempo para lamentar a malcriação do Bruno.

Já estava quase na hora de falar no rádio e eu não tinha esquentado as baterias. Coloquei elas diretamente em contato com minha barriga e me enfiei no saco de dormir. Quando deu 18h45, liguei o botão e nada. Insisti, insisti e nada. Mais de dez minutos se passaram e não consegui ouvir ou me fazer escutar por ninguém. Exceto por alguns ruídos, o rádio estava mudo.

Às 20 horas era a hora do Mark falar, e quando chegou sua vez aconteceu a mesma coisa. Ele tentou mudar a posição da antena mas não adiantou. Estávamos sem comunicação com o mundo exterior.

Pensei em desmontar a antena por causa do acúmulo de gelo nos fios, mas ele preferiu deixá-las ali.

– Combinei com o Frank, em Resolute, que toda vez que não conseguisse contato tentaria novamente às 8 horas da manhã seguinte – disse ele.

– Então vamos aguardar até amanhã.

Depois do jantar – cada um na sua barraca – fui visitar meu vizinho.

Ele disse que havia começado a puxar seu trenó com a bicicleta a partir de Resolute, no mesmo dia que comecei minha caminhada a partir de Polaris. Segundo ele, Boris começou a ter crises logo nos primeiros dias, tipo “o que é que eu estou fazendo aqui?”, e não resistiu à desumana pressão psicológica que o Ártico exerce nas pessoas. No quinto dia chamaram o avião e regressaram. Dois dias depois Mark resolveu partir sozinho, só que começando em Polaris.

– Eu passei um rádio para a Morag te avisar a desistir da bicicleta, pois é impossível pedalar num terreno desses.

– Eu sei. Eu ouvi. Aliás, te acompanhamos o tempo todo e ficamos torcendo por você. Mas acabei trazendo a bicicleta e me arrependi. Seus 18 quilos de peso ficaram o tempo todo no trenó.

– E você não pegou vento? – Você veio rápido.

– Só um pouco. Nos dias que você estava parado por causa de vento, eu estava muito atrás e o vento chegou enfraquecido. Sofri pouco seus efeitos. Quando alcancei a Bathurst foi fácil seguir suas pegadas. Não que eu tenha me guiado por elas, mas nesses últimos dias de neblina elas me ajudaram muito e acabei não perdendo nenhum dia. Graças às marcas dos esquis e das pegadas do Bruno na neve, deu para ver praticamente todos os locais onde você acampou. – Em 10 dias de caminhada, de acordo com o odômetro (o trenó dele tinha uma roda de bicicleta na parte de trás, acoplada a um odômetro), de Polaris até aqui percorri 139 quilômetros – completou.

– É! Dez dias foi o que levei também, descontados os dias parados.

O vento lá fora fustigava a barraca com força e com impressionante insistência. Quando eram 9h30 da noite voltei para minha barraca para dormir. Os dois cães já estavam totalmente cobertos de neve, o Bruno ao lado da minha barraca, na sombra do vento, e o cão do Mark atrás do trenó dele.

Já estava sonhando quando às 11 horas da noite ouvi um barulho estridente de motor se aproximando. O vento fustigava e assobiava furiosamente, estremecendo minha barraca. Abri o zíper e vi que era um dos esquimós da expedição suíça tentando chamar Mark. O sujeito estava visivelmente aflito. Mark abriu o zíper da barraca e o cara se enfiou lá dentro. Dali a pouco Mark me chamou.

– Ele veio até aqui pedir ajuda – disse com a voz grave. – Três suíços e dois cães caíram na água aqui perto e estão precisando chamar um avião para resgatá-los. Só que o rádio deles não funciona.

– O quê!?!? E como é que eles estão? – perguntei, totalmente surpreso.

– Agora estão bem. Assim que caíram na água, enquanto alguns ajudavam a retirá-los, os demais montaram as barracas e ligaram os fogareiros. Em poucos minutos eles já estavam embrulhados em cobertores e ingerindo bastante bebida quente.

O meu rádio e o do Mark também não funcionavam, mas vendo a aflição do esquimó voei na minha barraca e peguei o meu, que aparentemente era o melhor deles. As baterias estavam geladas, mesmo assim tentamos.

Depois de um tempo ficou claro que nenhum dos rádios iria funcionar. Além disso já era tarde e não deveria ter ninguém na escuta.

– Não se entra numa área perigosa sem rádio, muito menos à noite – comentei. O esquimó concordou comigo, mas quem manda é o chefe, disse ele.

Os esquimós – exímios conhecedores dos segredos do Ártico – tinham sido contratados para serem os guias, mas eram eles quem recebiam as instruções sobre o caminho a seguir.

Tendo em vista o insucesso, o esquimó pegou seu *snowmobil* e se mandou de volta para o local onde seus companheiros montaram o acampamento de emergência. Segundo ele, o acampamento não era muito longe dali, embora de onde estávamos não desse para ver.

Quando ele se foi, comentei: – E se fosse um de nós? Sozinho, sem rádio...

Mark só olhou para mim, mas nem precisou responder. Ele sabia a resposta.

## Décimo-nono dia

## 18 de abril – mesma posição anterior

*"A diferença entre o desportista e o explorador dos limites se repete entre ciência e aventura. O desportista escala uma montanha apesar do perigo. O explorador porque é perigoso. O pesquisador que vai para o Ártico, apesar de ser perigoso, fará todo o possível para evitar os perigos potenciais. O explorador quer ir ao seu encontro."*

Reinhold Messner

O ventou chegou a mais de 100 quilômetros por hora durante a noite e pela manhã, e a temperatura voltou a descer para menos 25. A barraca, totalmente exposta à furia do vento, felizmente era sólida e estava resistindo bravamente.

Pela manhã, ao abrir a porta a primeira coisa que vi foi a barraca do Mark. Embora fosse muito meu amigo, não consegui evitar a sensação de que "invadiram a minha praia". Eu estava acostumado com a solitude e uma pessoa ali tinha "dobrado" a população do acampamento. Só o fato de conversar com alguém já me soava estranho.

Às 8 horas estávamos novamente a postos no rádio, mas nenhum dos dois funcionou. Ficamos preocupados. Se no horário combinado não conseguíamos falar, o que aconteceria numa emergência? Fiquei pensando: se caio na água, mas no último momento consigo me safar, e preciso chamar um resgate, como é que eu faço? Tenho que buscar forças para me afastar do buraco, me secar, me aquecer, esquentar as baterias do rádio, ligar o GPS, achar a direção de Resolute, direcionar e instalar a antena. Aí viro o botão e... nada acontece!?!?

Foi aí que comecei a considerar em parar por ali e encerrar a expedição. Analisando a situação, eu já tinha perdido a véspera, parado, e perderia mais esse dia por causa do vento. Seria o nono dia perdido em dezenove! E, para não correr o risco de cair na água, teria que caminhar por dentro da ilha uns quatro dias e me enfiar pela barreira de icebergs. Mantimentos, eu tinha somente para mais 15 dias. Fora a perna contundida.

Mark também estava com as mesmas dúvidas e receios em relação ao caminho a seguir, mas ainda tinha muita comida. Decidimos então partir para uma caminhada de reconhecimento, mas sem os trenós.

O dia estava ensolarado, mas aquele vento era o mais forte que tinha enfrentado nos dezenove dias de expedição. A sensação térmica era cruel: por volta de 80 graus abaixo de zero. Fora o fato de ser difícil se equilibrar, o risco de congelamento era tão evidente que não consegui sair para ir ao banheiro. Pela primeira vez tive que fazer cocô dentro da barraca, agachado no minúsculo avancê, segurando um saquinho plástico embaixo.

Por volta das 11 horas eu e Mark nos agasalhamos como nunca havíamos feito até então. Um checou o outro para ver se nenhuma parte do corpo estava exposta. A preocupação dele era ainda maior porque os olhos ainda estavam um tanto embaçados e turvos.

Bruno percebeu nossa movimentação e logo se aprontou. Ele não perdia um passeio por nada desse mundo.

– Quem é que te chamou? – brinquei com ele, gesticulando. Ele ficou de pé e se apoiou em mim, como que querendo conversar a respeito. Para ele, aquela tempestade de vento era brincadeira de criança. É impressionante como os cães conseguem olhar de frente para o vento sem nenhuma proteção para os olhos. Seus pêlos longos e grossos se arrepiavam ao vento.

A Brownie por sua vez não estava nem aí e continuou dormindo.

Não achei ela nem um pouco confiável. Tinha um aspecto frágil, amedrontado. A impressão que dava era que, se aparecesse um urso por ali, ela se esconderia atrás do Mark. Comentei isso e ele me deu razão.

– Cão esperto como o Bruno não é fácil encontrar – disse ele, enquanto fazia um afago nele.

Ele conheceu Bruno logo no primeiro dia, quando cheguei com ele no hotel em Resolute, e também era o maior fã dele. Aliás, não tinha um turista em Resolute que não se apaixonasse pelo porte, carisma, personalidade e inteligência do Bruno.

Caminhamos na direção noroeste, mas andando em ziguezague para não encarar o vento bem de frente. Subimos até o topo de alguns morrotes vizinhos, depois descemos em direção à costa. O vento estava tão forte e gelado que depois de uma meia hora não agüentávamos mais caminhar, então começamos a voltar. Foi quando vimos uma das cenas mais lindas do Ártico: nosso acampamento estava rodeado por um gigantesco halo brilhante, quase um arco-íris, que subia ao céu, contornava o sol e tocava o solo novamente. O halo foi provocado pelos cristais de gelo em suspensão na atmosfera, que tinha uma surrealista cor esverdeada.

De volta ao acampamento combinamos que dali para frente formaríamos uma dupla. Na verdade um continuaria independente do outro em relação aos trenós, barraca e mantimentos, e a dupla seria mais no sentido de andarmos juntos, um ajudando o outro a encontrar o melhor caminho. Éramos amigos, estávamos praticamente na mesma situação e o caminho à nossa frente seria árduo e perigosíssimo. Não faria sentido cada um ir para o seu lado. Em todo caso, se nos deparássemos com mar aberto chamaríamos o avião.

À tarde o vento ficou mais forte ainda e, ao que parecia, iria durar vários dias. Deitado no saco de dormir, mais uma vez sem ter o que fazer, me dei conta que o objetivo maior do projeto, que era conhecer o Ártico e desvendar seus encantos e mistérios, eu já tinha alcançado.

Vi a aurora boreal, conversei com os esquimós, construí um iglu e jantei sob a luz da meia-noite. Namorei o despertar do sol pela manhã, vaguei pela calota polar, caí em fendas, contornei icebergs e senti a revolta do mar aprisionado fazer tremer a superfície.

Senti nos ossos o frio desumano, me seduzi pela voz do vento, enfrentei tempestades e curti o silêncio. Até suei com o calor do Ártico.

Vi a última noite partir carregando as estrelas. Percorri praias, varei distâncias, atravessei baías, subi encostas, vi cabos e pontões. Vi e fui visto por um lobo e encarei frente a frente uma família de ursos polares. Senti a real dimensão do que é o vento no Ártico, o frio, o que é estar sozinho ali e o quanto é perigoso.

Mais do que isso, aprendi a cavalgar o medo e desafiar a coragem, a lamber minha própria dor, me expor de peito aberto, superar limites e esnobar limitações. Vivi todos os estados de espírito. Senti alegria, tristeza, desânimo, êxtase, comoção, vibração. Emoção! Lutei todos os dias pelo que mais queria e curti cada momento com intensidade, pureza e sem autocensura.

Através da solitude redescobri coisas, valores e paisagens... dentro e fora de mim. Fui o dono do meu tempo.

E tudo isso acompanhado por um amigo tranqüilo e fiel, valente e afetuoso chamado Bruno.

Sendo assim, valeria a pena continuar, com grandes chances de pôr tudo a perder? É aquele eterno conflito: até que ponto posso ser exigente ou tolerante comigo mesmo? Até onde posso me violentar? Até onde posso me forçar a seguir superando meus limites? Eu tinha decidido que não faria loucuras, mas, o que é loucura? Sob que critérios? Para muitos só o fato de estar ali já era uma loucura. Será que eu tinha perfeita consciência para julgar aquela situação?

Outra coisa. Depois de um ano planejando, pesquisando, discutindo soluções com a equipe de apoio e mais tarde enfrentando todos os perigos do Ártico e tomando todas as decisões absolutamente sozinho, valeria a pena agora mudar a filosofia do projeto e seguir acompanhado de alguém? Com pouca comida e uma contusão na perna minhas chances eram remotas agora. Talvez Mark fosse dividir sua comida comigo, e eu passaria a depender dele para continuar. Com certeza dividiríamos julgamentos e decisões.

Depois de tudo que passei, isso eu não poderia aceitar.

Foi assim que tomei minha decisão.

À noite, com muito custo o rádio voltou a funcionar. Consegui, através de códigos, pedir para o avião vir nos buscar. A mim e aos suíços. O contato estava péssimo, quase inaudível. O rádio do Mark nem funcionou.

A Morag perguntou pelo tempo. Quando lhe avisei sobre a tempestade de vento ela quis saber se daria para esperar até a tarde do dia seguinte, quando o tempo talvez estivesse melhor. Respondi que sim, mas não poderia responder pelos suíços, que não estavam ali no momento e talvez estivessem numa situação difícil. No final ela pediu para chamá-la novamente pela manhã, às oito horas, para confirmar o resgate. Confirmei minha localização e desliguei.

Mark entendeu minha posição. Disse que tentaria mais um pouco, mas ao menor perigo voltaria.

# Adeus ao Bruno

## Vigésimo dia

### 19 de abril – mesma posição anterior

Às 8 horas liguei o rádio, mas ele continava mudo. E agora? O vento devia estar perto dos 100km/h, e eu não sabia se daria para um avião pousar naquelas condições. A visibilidade, no entanto, era perfeita, exceto na superfície, por causa da neve sendo varrida.

Por volta das 11h30 chegou no acampamento o chefe da equipe suíça juntamente com os três esquimós em suas máquinas barulhentas. Eu e ele nos enfiamos na barraca do Mark enquanto os Inuits montavam com dificuldade uma enorme barraca polar ali ao lado.

Ao meio-dia, tentamos um novo contato de rádio. De repente entrou uma voz masculina, mas tão alta e nítida que parecia estar falando de dentro da nossa barraca. Era o piloto do avião avisando que estavam quase sobre nós e que em cinco minutos estariam pousando ao lado do nosso acampamento.

Aí foi aquela correria. Eu não tinha guardado nada até aquela hora. Saí correndo e comecei a empacotar minhas coisas, desmontar o fogareiro e enfiar tudo no trenó.

Nisso o avião começou a sobrevoar à nossa volta e quase aconteceu um acidente, que só fiquei sabendo mais tarde, pois estava enfiado na barraca guardando minhas coisas.

Lá de cima eles viram dois acampamentos: aquele onde eu estava e o dos suíços. Como não sabiam qual era qual, prepararam-se para pousar na calota, um lugar mais liso e plano que no topo da ilha. Só que eles não sabiam, e não dava para ver do alto, que a calota praticamente não existia. Era apenas uma casquinha de gelo.

Foi quando os esquimós perceberam a intenção dos pilotos e voaram no rádio, avisando-os para não pousar ali. Os esquimós salvaram aquele avião. Se tivesse pousado no gelo fatalmente teria afundado.

O avião acabou pousando a 800 metros da minha barraca, mais para dentro da ilha. Quase não dava para vê-lo, escondido atrás de uma colina. O vento continuava feroz.

Os esquimós me ajudaram a desmontar a barraca e logo meu trenó estava pronto para eu seguir até o avião.

Nessa agitação toda quem estava mais perdido que cachorro em dia de mudança era justamente Bruno.

Logo um dos esquimós se ofereceu para me dar uma carona para o avião e ao mesmo tempo rebocar o trenó.

No que fui pegar Bruno, um outro esquimó veio falar comigo:

– Eu gostaria de ficar com o seu cão – ele quase que gritava, por causa do vento. – Os suíços vão voltar para Resolute no avião, mas nós vamos voltar de *snowmobil*. Como será uma viagem longa e eu gostaria de levá-lo como segurança.

– Mas eu preciso levar o Bruno de volta para o Simon.

– Ah, não se preocupe com isso. O Simon é meu pai e esse cão não é dele. É meu!

Aquilo me desconcertou. Como poderia negar o Bruno ao seu legítimo dono? Não tinha jeito. Eu teria que me despedir dele ali mesmo, às pressas e no meio daquele agito.

Pela carinha dava pra ver que Bruno já sabia que algo de muito ruim estava para acontecer. Com o coração partido me agachei na frente dele, dei um abraço bem forte e pedi para ele "se cuidar". Fiquei um tempão ali, abraçado a ele como uma criança, com todo mundo me olhando. Foi uma das despedidas mais tristes da minha vida.

Tentei controlar as lágrimas e estava quase conseguindo. Foi quando montei no *snowmobil* e o esquimó deu a partida. No que olhei para trás vi o rapaz segurando um Bruno desesperado, latindo e chorando, com os olhos suplicantes olhando para mim. Foi a primeira e única vez que ouvi Bruno latir. Seus latidos ecoaram no espaço e eu desandei a chorar.

Na porta do avião me despedi do Mark, desejando toda sorte do mundo. Depois entreguei meu rádio para o suíço, que ainda ficaria ali mais umas horas.

A Morag estava no pequeno avião e me recebeu de braços abertos. Uma hora e pouco depois eu já estava em Resolute. Os suíços e seus 24 cães voltaram em dois vôos subseqüentes.

Três dias depois, quando o vento amainou, Mark retomou a caminhada. Chegou ao norte da Bathurst, avançou alguns quilômetros pela barreira de icebergs mas quatro dias depois, impossibilitado de prosseguir, chamou o avião e deu a expedição por encerrada.

Eu nunca mais vi Bruno. Mas sei que meu amigo está bem.

Muitas pessoas, principalmente crianças, perguntam porque eu não o trouxe para o Brasil.

Não trouxe porque, primeiro, aqui é muito quente e ele não resistiria. Segundo, porque seria uma maldade. Embora afetuoso, ele é um cão selvagem com muita dignidade. Ele jamais aceitaria viver preso como um bichinho de estimação. É lá, junto à natureza áspera do Ártico, que ele se sente livre e feliz.

Apesar da saudade fico contente só de imaginar que a essa hora ele deve estar perambulando pelo gelo, talvez dormindo todo coberto de neve ou, quem sabe, pondo algum urso para correr.

T. B.

# ENFIM, O PÓLO NORTE

*Dez/2004.*

Depois de tudo que vi no Ártico, o que vivenciei, senti e aprendi, eu tinha uma certeza quando retornei ao Brasil: eu teria que voltar àquele lugar. Se quem vai à Antártica uma vez, sempre acaba voltando (meu caso), no Ártico não seria diferente.

A oportunidade para retornar surgiu no final de 1998. Ela partiu de uma equipe canadense liderada por Richard Weber, um dos mais renomados exploradores polares daquele país, e exímio esquiador.

A expedição teria como objetivo preparar e treinar sua esposa – Josée – que no ano seguinte seria a líder de uma expedição norte-americana feminina ao Pólo Norte. A idéia, agora, seria percorrer o último grau de latitude da Terra, um trajeto de 111 km em linha reta, e aconteceria em abril de 1999. Só que tinha um detalhe: eles iriam esquiando ao Pólo Norte, e não caminhando com os esquis nos pés, como fiz quando estava com o Bruno, e que é o que se faz normalmente. Se eu quisesse fazer parte da equipe teria que aprender a realmente "esquiar".

O que pode parecer um mero detalhe, esquiar ou caminhar com esquis nos pés, faz toda a diferença. Richard me garantiu que, esquiando, nossa performance seria pelo menos 10 a 15% melhor.

Para esquiar seria preciso tirar a pele artificial que vai colada embaixo dos esquis. Só que sem a pele o esqui fica liso, tornando extremamente difícil "travar o pé" para poder tirar o trenó da inércia. Para não ficar patinando, o esquiador precisa ter uma técnica apurada. Comentei essa estratégia com outros aventureiros canadenses, holandeses e poloneses que estiveram no Pólo Norte e todos me garantiram que sem a pele não dá para puxar um trenó. Eu mesmo, quando perdi a pele no sétimo dia de expedição, não consegui prosseguir e tive que parar para poder recolocá-la novamente.

Questionei o Richard sobre isso e a resposta dele foi simples: é preciso desenvolver uma determinada técnica de esquiar. Ele me garantiu que aprender técnica é bem fácil. O "difícil", disse ele, é as pessoas quebrarem um paradigma, e se questionarem se dá para fazer diferente uma coisa que vem dando certo.

Fácil ou não, o fato era que eu precisaria aprender a esquiar e puxar trenó sem a pele embaixo dos esquis. Esse problema só foi solucionado quando o próprio Richard se ofereceu para me ensinar. E, de lambuja, ofereceu sua casa para me hospedar. O que mais que eu queria??

Depois de conseguir o patrocínio exclusivo da CIGNA Previdência e Investimentos, embarquei, em meados de março de 1999 para o Canadá. O próprio Richard foi me buscar no aeroporto. Na época ele vivia com sua esposa e os filhos Tessun, 9, e Nansen, 6, ao lado do Parque Gatineau, nos arredores de Ottawa. O lugar é meio retirado, cercado de bosques, e quando cheguei estava totalmente coberto de neve. Não era difícil treinar: era só abrir a porta de casa e sair esquiando.

Durante vários dias, sempre pela manhã, Josée e sua assistente Jennifer me ensinaram o que puderam na arte de esquiar cross-country. À tarde eu ajudava o Richard a preparar os trenós, instalar os ***bindings*** nos esquis, encerar cada um deles, cozinhar e desidratar os alimentos que levaríamos na expedição.

## DE VOLTA À TERRA DOS ESQUIMÓS

Com quase tudo pronto, começou a principal etapa do treinamento. Richard e 4 amigos queriam fazer uma expedição de exploração na Cordilheira Torngats, no extremo norte da província de Nunavik (nome da metade norte da província de Quebec), uma das regiões mais inóspitas do Ártico canadense - e me incluíram no time.

Do distante vilarejo de Kuujjuaq fretamos um pequeno avião, que nos deixou 300 km a leste, no início do vale do Rio Koróc, no coração da cordilheira. O plano era aproveitar que o rio estava solidamente congelado nessa época do ano e percorrer o vale por cêrca de 100 km, esquiando por sobre o leito do rio.

No início, o vale do Rio Koroc era bem estreito, com a base das montanhas de ambos os lados quase se tocando. Conforme o vale foi se alargando, começaram a surgir as primeiras vegetações, e a neve que cobria o rio foi, para meu desespero, desaparecendo. Se esquiar na neve fina era difícil, esquiar num gelo "sabão" era praticamente impossível. Escorreguei várias vezes, cai outras tantas e foi por pura sorte que não me quebrei todo. Foi somente no final da viagem que consegui adquirir maior controle dos esquis e adquirir mais auto-confiança de seguir sem a pele embaixo do equipamento.

O "inesquecível" resgate do nosso grupo foi feito por dois esquimós, que foram nos buscar dirigindo seus *snowmobil*, que rebocavam dois Komatiks, enormes trenós de madeira usados para o transporte de carga. A volta até o pequeno vilarejo de Kangiqsualujjuak (consegue pronunciar??), atravessando vales escondidos, subindo e descendo montanhas, levou várias horas, tempo suficiente para eu quase virar picolé. No dia seguinte regressamos a Ottawa.

## UMA AVENTURA NA RÚSSIA

De Ottawa voamos para Moscou. Ali seria o ponto de encontro de toda a equipe que iria ao Pólo Norte, composta pelos canadenses Richard e sua esposa Josée, Jennifer, Mark e Jack, os americanos Jeff e Richard (Dik), o russo Misha e eu. Da capital da Rússia fomos para Ryazan, 3 horas de carro ao sul, onde coletamos o restante dos equipamentos e o combustível para nossos fogareiros.

De Ryazan voamos para Khatanga, no extremo centro-norte da Sibéria. Khatanga é uma cidade de 4000 habitantes na beira do rio homônimo. Está situada no paralelo 72 graus norte, muito acima do Círculo Ártico. Em meados de abril a cidade ainda estava coberta de gelo e neve, e fazia 16 graus abaixo de zero quando chegamos.

A razão de estarmos em Khatanga era que nossa caminhada rumo ao Pólo Norte seria pelo lado siberiano da calota polar. Por várias razões. A primeira delas é que o deslocamento padrão da calota polar, como um todo, é mais favorável por esse lado. Isso significa que indo pela Sibéria o gelo estaria nos empurrando para mais perto do Pólo Norte, ou no máximo ficando neutro, exigindo apenas correções laterais de percurso. Pelo lado canadense ocorre o oposto. O drift tende a "roubar" durante a noite, preciosos quilometros ganhos durante o dia. A segunda razão é que pelo lado russo o gelo é mais novo, tendendo a ser mais liso que pelo outro lado. E a terceira razão é de ordem econômica. Devido à crise financeira, é muito mais barato viajar ou fretar um avião na Rússia para nos buscar no Pólo Norte, do que no Canadá, onde a moeda é forte e as medidas de segurança muito mais severas, o que encarece e restringe os vôos. A desvantagem é que pela Russia os aviões são velhos (eu diria antigos), os horários são imprevisíveis, a burocracia é um buraco negro, e é impossível reclamar de alguma coisa, pois ninguém sabe quem é o responsável por o quê.

## RUMO AO PÓLO NORTE

De Khatanga pegamos um avião fretado para Borneo, uma estação russa em plena calota polar. Dali fomos embarcados num gigantesco helicóptero até o ponto inicial escolhido por nós: 89 graus de latitude norte e 135 graus de longitude leste. Era importante escolher bem a longitude correta para aproveitar ao máximo o deslocamento da calota a nosso favor.

Quando o helicóptero foi embora e nos vimos ali, sozinhos, no meio da calota polar, a sensação era de alívio, por finalmente estarmos ali onde queríamos, e ansiedade, sem saber o que o gelo do Ártico havia colocado de armadilhas em nosso caminho. Quanto a mim, senti falta do Bruno – que iria se divertir por ali.

Levamos quase uma hora nos preparando para começar a caminhar, experimentando diferentes combinações de roupas, e dando uma última ajeitada nos trenós. Eles eram de plástico ultra leve e absurdamente simples, quase de brinquedo. Apesar da simplicidade, eles inovavam, pois tinham como tampa um pequeno trenó invertido para o caso de, numa eventual capotagem, pudéssemos continuar a puxá-lo mesmo numa situação complicada, como numa travessia por sobre gelo fino, por exemplo.

A temperatura estava em "amenos" 21 graus abaixo de zero e o céu tinha um aspecto um tanto leitoso, comprometendo a visibilidade. Felizmente o vento estava fraco.

Ajustamos a bússola de acordo com o desvio magnético local, ligamos o GPS para confirmar nossa posição, e acertamos os relógios pelo horário de Greenwich. Estávamos na Longitude 135° leste, isto é, estávamos 9h00 à frente em relação ao horário de Greenwich (Longitude 0).

Nesse primeiro dia, e que se tornaria rotina dali para a frente, o plano era fazer pelo menos oito marchas de uma hora, com intervalos de 10 a 20 minutos de descanso entre elas. Conforme avançávamos – sempre em fila indiana – o dia foi melhorando e o céu ficando cada vez mais azul.

A cada instante apareciam fendas e obstáculos de gelo. Entre eles, a superfície lisa da calota era intercalada por pequenas corcovas de até um metro de altura, que exigiam uma certa destreza nos esquis para conseguir puxar o trenó, e alguns icebergs encalacrados.

Nesse primeiro dia, como que para compensar a ansiedade, esquiamos horas e horas com pouca conversa entre nós. Quase não tirei fotos e minha maior preocupação era não transpirar demais.

Era interessante perceber a velocidade com que avançávamos. Esquiar com a técnica correta, ao invés de caminhar com os esquis nos pés, era muito mais rápido e eficiente. Felizmente, eu já dominava bem os esquis e acompanhava os demais sem muito esforço.

Depois de 10h45 de caminhada (ou, melhor dizendo, "esquiada") percorremos pouco mais de 24 km (13,4 milhas) e montamos nosso primeiro acampamento. Refazendo nossos cálculos, percebemos que além dos quilômetros percorridos, a calota polar nos empurrou pelo menos 1 milha (1,85 km) para a frente, deixando-nos um pouco mais perto do Pólo.

Nossas barracas também eram "revolucionárias". Tinham o formato de uma tenda de circo e não tinham estrutura alguma. Nem uma varetinha para contar a história. A parte central era apoiada num dos nossos esquis, e as laterais eram mantidas suspensas por cordas presas nos nossos esquis e bastões. Pesavam apenas 6 quilos e abrigavam confortavelmente 4 pessoas numa e 5 na outra. Por não terem estrutura, elas se adaptavam a qualquer vento, o que as tornavam muito mais confiáveis que qualquer barraca "forte".

Ao amanhecer a primeira boa surpresa: durante a noite a calota polar se deslocou 3 milhas para norte, deixando-nos 5 km mais perto do Pólo. Mas o Ártico não é tão "bonzinho" assim: quando apareceu a primeira fenda, tivemos que contorná-la por mais de 5 km até acharmos uma passagem. Isto é, o que o Ártico nos deu com uma mão durante a noite, pela manhã nos tirou em dobro com a outra.

Felizmente, dali para a frente encontramos poucos obstáculos, o que nos permitiu avançar impressionantes 25,5 km em 13h45 de esforço. A equipe era muito forte e o fato de estarmos esquiando realmente nos fazia muito rápidos.

No terceiro dia as dificuldades aumentaram. Pela manhã encontramos uma fenda particularmente grande, com mais de 100 metros de largura. Depois de mais de uma hora contornando-a pela direita, uma outra fenda surgiu na nossa frente, exigindo novo desvio para a direita, o que na prática nos levava para trás. Tivemos que arriscar passar por uma passagem mais estreita, onde a água do mar, recém-congelada, devia ter uns míseros 10 centímetros de espessura. Nessa noite acampamos na posição 89°39',7" Norte e 136°32'Leste. Faltavam 37,60 km até o Pólo.

No dia seguinte enfrentamos uma infinidade de obstáculos e acidentes. Numa passagem por sobre blocos de gelo acabei escorregando, caí para a direita, bati o cotovelo com força no gelo, meu joelho bateu no gelo fino e afundou na água. Quase não consegui me levantar de tanta dor. A partir dali decidi tirar os esquis com mais frequência durante as travessias de obstáculos. Em outra passagem de gelo fino, esta com mais de 20 metros de extensão, a Jennifer perdeu o equilíbrio ao chegar na outra margem e caiu. O gelo quebrou, ela enfiou a perna direita na água e quase perdeu a mochila, que escapou das costas. Foi um susto e tanto. Resolvemos completar a travessia um por vez, com os demais observando atentamente e sem os trenós, prontos para ajudar em qualquer emergência.

Quando já estávamos quase na hora de acampar apareceu a fenda mais perigosa de toda a expedição. Como sempre fazíamos, desviamos para a direita tentando achar uma passagem. Dessa vez foram mais de duas horas caminhando e nada de achar uma passagem. A distância entre uma margem e outra era de pouco mais de 2 metros, a água estava em estado líquido e não dava para pular. O que fazer?? Depois de muita conversa, decidimos fazer uma ponte de neve improvisada! Um negócio altamente arriscado!

A idéia era jogar o máximo de neve possível na água, o suficiente para agüentar o peso de uma pessoa, por um segundo que fosse. Dois de nós trabalhando com pás, e os demais utilizando os próprios esquis, jogamos uma grande quantidade de neve e pedras de gelo na água. Assim que a neve formou uma massa de gelo flutuante, um de nós passou para o outro lado. Enquanto outro lhes passava as mochilas, os demais jogavam neve na água num ritmo feroz. Depois foi a vez dos trenós, puxados um a um por cordas. A pasta de neve estava mais densa mas era instável e podia virar a qualquer momento. Era preciso atravessar – um a um – com rapidez e ao mesmo tempo delicadeza, sem apoiar os bastões de esqui para não quebrar a delgada película de gelo e neve. Qualquer desequilíbrio ou indecisão e o incauto afundaria na água. Enquanto um atravessava, os demais jogavam neve sob seus esquis para manter um mínimo de sustentação. Foi um dos momentos de maior adrenalina e perigo!! Felizmente, todos atravessaram sem acidentes. Apesar de tensos e cansados, tivemos que esquiar por intermináveis 1000 metros até achar um lugar adequado para montar acampamento. Segundo nossos cálculos estávamos apenas a dois dias do Pólo Norte.

No dia seguinte caminhamos mais relaxados. A certeza da vitória era difícil de disfarçar, criando um anti-clímax. Percorremos apenas 10,10 km sem maiores incidentes e acampamos a apenas 2,40 km do Pólo. A vitória estava na próxima esquina.

## NO TOPO DO MUNDO

Praticamente não dormimos à noite. Aproveitando que tinha um telefone via satélite (nada de rádios dessa vez!!!), falei para minha família, meus patrocinadores e alguns amigos. A maioria nem acreditou que era eu, achando que era trote. Afinal não é todos os dias que alguém recebe uma chamada do Pólo Norte.

Ao amanhecer tomamos um café rápido e, às 10h20 saímos. Quanto mais perto do Pólo mais difícil é a navegação. A distância entre um grau de longitude e outro é de apenas alguns metros e, com o deslocamento da calota polar, migramos de um hemisfério para o outro com extrema facilidade.

Depois de duas horas de caminhada chegamos a menos de 1 km do eixo da Terra. O GPS ora marcava que o Pólo estava a 1800 metros para a frente, depois 300 metros para direita, 500 para a esquerda. Era preciso "caçá-lo". Avistamos uma fenda enorme bem no nosso caminho, com mais de 100 metros de largura, mas coberta com uma capa de gelo de apenas uns 20 centímetros de espessura. Não seria possível que o Pólo estivesse sobre uma fenda recém congelada, praguejamos. Fomos avançando devagar com os olhos grudados no GPS. 200 metros, 100 metros.... não deu outra. O Pólo estava bem no meio da fenda. Com todo o cuidado e cerimônia que o momento exigia, avançamos por sobre o gelo fino. Bem no meio, um racho mostrava a água escura do mar. Era preciso cautela. De repente paramos!!. O GPS marcava 89,59,999 (infelizmente ele não registra o 90° Norte). ESTÁVAMOS NO PÓLO NORTE!! Era o dia 28 de abril, 12h10 horário de Khatanga, 01h10 em São Paulo.

IURRA!! alguém gritou. Queríamos nos abraçar mas, com os esquis nos pés, era difícil e ninguém se atrevia a tirá-los sobre aquele gelo tão fino. Depois de algumas fotos rápidas decidimos atravessar até o outro lado da fenda, para comemorar com calma. Ali tiramos mais fotos, hasteamos bandeiras, filmamos depoimentos e tudo o mais a que tínhamos direito. A felicidade era completa. Estávamos no tôpo do mundo, num ponto onde todas as direções apontam numa só direção: SUL!!

Depois de uma hora montamos uma das barracas e, ainda extasiados, preparamos um almoço. Com certeza não é todo dia que dá para almoçar no Pólo Norte.

O avião de resgate levou 7 horas aparecer. Horas suficientes para relembrar todos as dificuldades que tive que superar para chegar ali. Os anos de treinamento, o duro aprendizado no Ártico 3 anos antes, o sufoco para conseguir patrocínio, os sacrifícios e renúncias pessoais para continuar me dedicando aos meus projetos......

Chegar ao Pólo Norte era um sonho antigo agora realizado. Ali, no meio daquele deserto gelado, silencioso e infinito senti as mesmas emoções que centenas de aventureiros antes de mim já haviam sentido, mas nenhum deles menciona a solitude que se sente naquele lugar e a solitude, como lembrou bem um autor americano, é um remédio que têm muitos efeitos colaterais. Quais?? Bem, é preciso ir até lá para saber.

*Thomaz Brandolin*

THE EXPLORER*

*Like wet flesh on ice*
*He is burned into me*
*Annealed eyes, welded in fire*
*fierce licking flames of his soul*
*melt the ice crystal maps of his eyes*

*Twenty days on the ice*
*skin against searing wind*
*brittle cold chiselling death*
*out of ice, out of man*

*Lifting each muscle, willing each*
*step over oceans of frozen waves*
*breathing in rhythm with*
*the heaving of the ice*
*blood pumping, ice straining*
*fissures widening, forcing the power*
*of one will to continue*

*Alone in his tent he listens*
*to the cries of the wind*
*hearing voices luring him*
*into the fog of the dead –*
*instant blindness like a star*
*being born*

*And he recognizes the*
*ferociousness of living in the*
*unexplored corners of himself*

*He is wild. His footprints*
*will be licked by the tongue*
*of the Great White Bear*

*For Thomaz, San Francisco, April 29, 1996.*

TAVIA CATHCART

---

* Tradução na página ao lado

## O Explorador

Como pele úmida no gelo
Ele queima dentro de mim
Olhos forjados, fundidos em fogo
Chamas ardentes da sua alma
derretendo o mapa de cristal de seus olhos

Vinte dias no gelo
pele contra o vento cortante
frio de rachar esculpindo a morte
fora do gelo, fora do homem

Levantando cada músculo, comandando cada
passo sobre as ondas congeladas do oceano
respirando no ritmo da
pulsação do gelo
sangue pulsando, gelo rachando
fissuras alargando, pondo à prova sua
força de vontade de continuar

Só, com sua barraca, ele ouve
os chamados do vento
que o seduzem
para a névoa da morte –
cegueira instantânea, como uma estrela
no momento de nascer

E ele reconhece a
ferocidade que é viver
nos cantos inexplorados de si mesmo

Ele é selvagem. Suas pegadas
serão lambidas pela língua
do Grande Urso Branco

*Para Thomaz, São Francisco, 29 de abril de 1996*

Tavia Cathcart

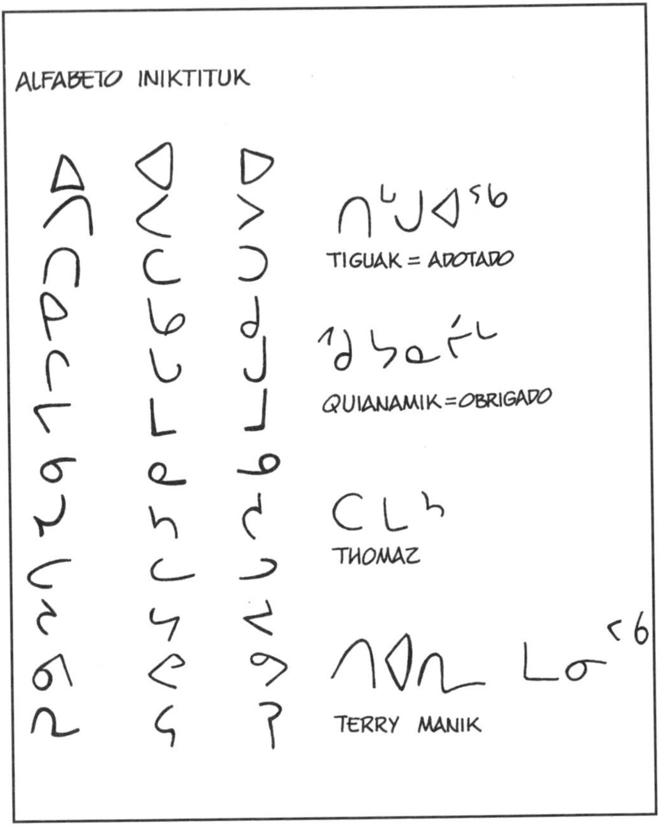


Iniktituk é um dos 16 dialetos esquimós e o mais falado em Resolute Bay.

# AGRADECIMENTOS

Embora eu tenha ido sozinho para o Ártico, essa expedição foi o resultado de um trabalho de equipe. Heróis anônimos que se deram ao trabalho de pensar em cada detalhe do que eu teria que enfrentar e me ajudaram a buscar soluções. Pessoas que se emocionaram com o projeto, me apoiaram, me incentivaram a seguir em frente e me receberam de braços abertos na volta. Meus agradecimentos a todos que tornaram possível a realização desse sonho e me ajudaram a puxar o trenó.

**Patrocínio: REAL SEGUROS**

**Colaboradores**
**No Brasil**

Eng. Alberto Setzer, Camille Kachani, Cleonice Tarantino Pinto, Consulado Geral do Canadá em São Paulo, Darlene Dalto, Dr. Edson Taffo, Eduardo Bom Angelo, Rádio Eldorado, Eliana Parelli, Prof. Ênio Pereira, Prof. Fábio Reis, Fernando de Almeida Cruz, H. Silveira Turismo, Inar Alves de Castro, Instituto Nacional de Pesquisas Espaciais – INPE, Prof. José Marques da Costa, Kátia de Lemos, Leila Ferreira, Marcos Molina, dra. Maria Rosa M. de Carvalho, Prof. Nalin Babulal Trivedi, Ocimara Negri, Paula Chenoweth Wimert de Oliveira, Péricles Ribeiro, Dr. Ronaldo Abud, Runner Academias, Sandra Palma.

**Nos EUA**

Alan Grant, Amy Doe, Beto Borges, Prof. Charles Jonkel, Cole Trusty, Diane Jackson, Helen Thayer, Holly, John Wason, Kristin Nelson, Mário Peixoto, Mike Cherin, Mike Roselle, National Geographic Society, National Oceanic and Atmospheric Administration – NOAA, Patagonia, Paul Shively, Suzanne Truman, Tavia Cathcart, Tracy Frank, Trail Head Mountain Sports, TV Globo – Nova York, Vincent Manna de Deus.

**No Canadá**

Canadian Ice Service, Dutch Expedition – Mark, Boris e Frank, Embaixada do Brasil em Ottawa, Eric Doig, First Air, Geological Survey of Canada, Cap. Glenn, Greg White, Hyoihi Kohno, Jeffrey Marley, Mavis Manik, Morag Howell, Sgt. Murray Rennie, Richard Weber, Royal Canadian Mounted Police (RCMP) – Resolute, RCMP – Yellowknife, Sharon Jeffers, Simon Idloug, Terry Jesudason, Tony Manik, Vic George.

*A "equipe", ao desembarcar do avião*

*Bruno no amanhecer do décimo-quinto dia*

*No inicio da primavera, Resolute Bay, inteiramente coberta pela neve do inverno, volta a se inundar de luz*

*O esquimó Simon Idloug finalizando a montagem do iglu*

*Thomaz ao lado das placas que apontam em todas as direções*

*Thomaz e seu fiel companheiro Bruno*

*Ameaçadoras pegadas de um urso polar*

*Durante um passeio por Resolute Bay, Thomaz recebe a hospitalidade dos cães locais...*

*Grupo de crianças Inuits se divertindo na neve*

# Coleção L&PM POCKET (LANÇAMENTOS MAIS RECENTES)

413.**De ratos e homens** – John Steinbeck
414.**Lazarilho de Tormes** – Anônimo do séc. XVI
415.**Triângulo das águas** – Caio Fernando Abreu
416.**100 receitas de carnes** – Sílvio Lancellotti
417.**Histórias de robôs:** vol. 1 – org. Isaac Asimov
418.**Histórias de robôs:** vol. 2 – org. Isaac Asimov
419.**Histórias de robôs:** vol. 3 – org. Isaac Asimov
420.**O país dos centauros** – Tabajara Ruas
421.**A república de Anita** – Tabajara Ruas
422.**A carga dos lanceiros** – Tabajara Ruas
423.**Um amigo de Kafka** – Isaac Singer
424.**As alegres matronas de Windsor** – Shakespeare
425.**Amor e exílio** – Isaac Bashevis Singer
426.**Use & abuse do seu signo** – Marília Fiorillo e Marylou Simonsen
427.**Pigmaleão** – Bernard Shaw
428.**As fenícias** – Eurípides
429.**Everest** – Thomaz Brandolin
430.**A arte de furtar** – Anônimo do séc. XVI
431.**Billy Bud** – Herman Melville
432.**A rosa separada** – Pablo Neruda
433.**Elegia** – Pablo Neruda
434.**A garota de Cassidy** – David Goodis
435.**Como fazer a guerra: máximas de Napoleão** – Balzac
436.**Poemas escolhidos** – Emily Dickinson
437.**Gracias por el fuego** – Mario Benedetti
438.**O sofá** – Crébillon Fils
439.**O "Martín Fierro"** – Jorge Luis Borges
440.**Trabalhos de amor perdidos** – W. Shakespeare
441.**O melhor de Hagar 3** – Dik Browne
442.**Os Maias (volume1)** – Eça de Queiroz
443.**Os Maias (volume2)** – Eça de Queiroz
444.**Anti-Justine** – Restif de La Bretonne
445.**Juventude** – Joseph Conrad
446.**Contos** – Eça de Queiroz
447.**Janela para a morte** – Raymond Chandler
448.**Um amor de Swann** – Marcel Proust
449.**À paz perpétua** – Immanuel Kant
450.**A conquista do México** – Hernan Cortez
451.**Defeitos escolhidos e 2000** – Pablo Neruda
452.**O casamento do céu e do inferno** – William Blake
453.**A primeira viagem ao redor do mundo** – Antonio Pigafetta
454(14).**Uma sombra na janela** – Simenon
455(15).**A noite da encruzilhada** – Simenon
456(16).**A velha senhora** – Simenon
457.**Sartre** – Annie Cohen-Solal
458.**Discurso do método** – René Descartes
459.**Garfield em grande forma (1)** – Jim Davis
460.**Garfield está de dieta** (2) – Jim Davis
461.**O livro das feras** – Patricia Highsmith
462.**Viajante solitário** – Jack Kerouac
463.**Auto da barca do inferno** – Gil Vicente
464.**O livro vermelho dos pensamentos de Millôr** – Millôr Fernandes
465.**O livro dos abraços** – Eduardo Galeano
466.**Voltaremos!** – José Antonio Pinheiro Machado
467.**Rango** – Edgar Vasques
468(8).**Dieta mediterrânea** – Dr. Fernando Lucchese e José Antonio Pinheiro Machado
469.**Radicci 5** – Iotti
470.**Pequenos pássaros** – Anaïs Nin
471.**Guia prático do Português correto – vol.3** – Cláudio Moreno
472.**Atire no pianista** – David Goodis
473.**Antologia Poética** – García Lorca
474.**Alexandre e César** – Plutarco
475.**Uma espiã na casa do amor** – Anaïs Nin
476.**A gorda do Tiki Bar** – Dalton Trevisan
477.**Garfield um gato de peso (3)** – Jim Davis
478.**Canibais** – David Coimbra
479.**A arte de escrever** – Arthur Schopenhauer
480.**Pinóquio** – Carlo Collodi
481.**Misto-quente** – Bukowski
482.**A lua na sarjeta** – David Goodis
483.**O melhor do Recruta Zero (1)** – Mort Walker
484.**Aline: TPM – tensão pré-monstrual (2)** – Adão Iturrusgarai
485.**Sermões do Padre Antonio Vieira**
486.**Garfield numa boa (4)** – Jim Davis
487.**Mensagem** – Fernando Pessoa
488.**Vendeta** *seguido de* **A paz conjugal** – Balzac
489.**Poemas de Alberto Caeiro** – Fernando Pessoa
490.**Ferragus** – Honoré de Balzac
491.**A duquesa de Langeais** – Honoré de Balzac
492.**A menina dos olhos de ouro** – Honoré de Balzac
493.**O lírio do vale** – Honoré de Balzac
494(17).**A barcaça da morte** – Simenon
495(18).**As testemunhas rebeldes** – Simenon
496(19).**Um engano de Maigret** – Simenon
497(1).**A noite das bruxas** – Agatha Christie
498(2).**Um passe de mágica** – Agatha Christie
499(3).**Nêmesis** – Agatha Christie
500.**Esboço para uma teoria das emoções** – Sartre
501.**Renda básica de cidadania** – Eduardo Suplicy
502(1).**Pílulas para viver melhor** – Dr. Lucchese
503(2).**Pílulas para prolongar a juventude** – Dr. Lucchese
504(3).**Desembarcando o diabetes** – Dr. Lucchese
505(4).**Desembarcando o sedentarismo** – Dr. Fernando Lucchese e Cláudio Castro
506(5).**Desembarcando a hipertensão** – Dr. Lucchese
507(6).**Desembarcando o colesterol** – Dr. Fernando Lucchese e Fernanda Lucchese
508.**Estudos de mulher** – Balzac
509.**O terceiro tira** – Flann O'Brien
510.**100 receitas de aves e ovos** – J. A. P. Machado
511.**Garfield em toneladas de diversão** (5) – Jim Davis
512.**Trem-bala** – Martha Medeiros
513.**Os cães ladram** – Truman Capote
514.**O Kama Sutra de Vatsyayana**
515.**O crime do Padre Amaro** – Eça de Queiroz
516.**Odes de Ricardo Reis** – Fernando Pessoa
517.**O inverno da nossa desesperança** – Steinbeck
518.**Piratas do Tietê (1)** – Laerte
519.**Rê Bordosa: do começo ao fim** – Angeli

520.**O Harlem é escuro** – Chester Himes
521.**Café-da-manhã dos campeões** – Kurt Vonnegut
522.**Eugénie Grandet** – Balzac
523.**O último magnata** – F. Scott Fitzgerald
524.**Carol** – Patricia Highsmith
525.**100 receitas de patisseria** – Sílvio Lancellotti
526.**O fator humano** – Graham Greene
527.**Tristessa** – Jack Kerouac
528.**O diamante do tamanho do Ritz** – Scott Fitzgerald
529.**As melhores histórias de Sherlock Holmes** – Arthur Conan Doyle
530.**Cartas a um jovem poeta** – Rilke
531(20).**Memórias de Maigret** – Simenon
532(4).**O misterioso sr. Quin** – Agatha Christie
533.**Os analectos** – Confúcio
534(21).**Maigret e os homens de bem** – Simenon
535(22).**O medo de Maigret** – Simenon
536.**Ascensão e queda de César Birotteau** – Balzac
537.**Sexta-feira negra** – David Goodis
538.**Ora bolas – O humor de Mario Quintana** – Juarez Fonseca
539.**Longe daqui aqui mesmo** – Antonio Bivar
540(5).**É fácil matar** – Agatha Christie
541.**O pai Goriot** – Balzac
542.**Brasil, um país do futuro** – Stefan Zweig
543.**O processo** – Kafka
544.**O melhor de Hagar 4** – Dik Browne
545(6).**Por que não pediram a Evans?** – Agatha Christie
546.**Fanny Hill** – John Cleland
547.**O gato por dentro** – William S. Burroughs
548.**Sobre a brevidade da vida** – Sêneca
549.**Geraldão (1)** – Glauco
550.**Piratas do Tietê (2)** – Laerte
551.**Pagando o pato** – Ciça
552.**Garfield de bom humor (6)** – Jim Davis
553.**Conhece o Mário?** vol.1 – Santiago
554.**Radicci 6** – Iotti
555.**Os subterrâneos** – Jack Kerouac
556(1).**Balzac** – François Taillandier
557(2).**Modigliani** – Christian Parisot
558(3).**Kafka** – Gérard-Georges Lemaire
559(4).**Júlio César** – Joël Schmidt
560.**Receitas da família** – J. A. Pinheiro Machado
561.**Boas maneiras à mesa** – Celia Ribeiro
562(9).**Filhos sadios, pais felizes** – R. Pagnoncelli
563(10).**Fatos & mitos** – Dr. Fernando Lucchese
564.**Ménage à trois** – Paula Taitelbaum
565.**Mulheres!** – David Coimbra
566.**Poemas de Álvaro de Campos** – Fernando Pessoa
567.**Medo e outras histórias** – Stefan Zweig
568.**Snoopy e sua turma (1)** – Schulz
569.**Piadas para sempre (1)** – Visconde da Casa Verde
570.**O alvo móvel** – Ross Macdonald
571.**O melhor do Recruta Zero (2)** – Mort Walker
572.**Um sonho americano** – Norman Mailer
573.**Os broncos também amam** – Angeli
574.**Crônica de um amor louco** – Bukowski
575(5).**Freud** – René Major e Chantal Talagrand
576(6).**Picasso** – Gilles Plazy
577(7).**Gandhi** – Christine Jordis
578.**A tumba** – H. P. Lovecraft
579.**O príncipe e o mendigo** – Mark Twain
580.**Garfield, um charme de gato (7)** – Jim Davis
581.**Ilusões perdidas** – Balzac
582.**Esplendores e misérias das cortesãs** – Balzac
583.**Walter Ego** – Angeli
584.**Striptiras (1)** – Laerte
585.**Fagundes: um puxa-saco de mão cheia** – Laerte
586.**Depois do último trem** – Josué Guimarães
587.**Ricardo III** – Shakespeare
588.**Dona Anja** – Josué Guimarães
589.**24 horas na vida de uma mulher** – Stefan Zweig
590.**O terceiro homem** – Graham Greene
591.**Mulher no escuro** – Dashiell Hammett
592.**No que acredito** – Bertrand Russell
593.**Odisséia (1): Telemaquia** – Homero
594.**O cavalo cego** – Josué Guimarães
595.**Henrique V** – Shakespeare
596.**Fabulário geral do delírio cotidiano** – Bukowski
597.**Tiros na noite 1: A mulher do bandido** – Dashiell Hammett
598.**Snoopy em Feliz Dia dos Namorados! (2)** – Schulz
599.**Mas não se matam cavalos?** – Horace McCoy
600.**Crime e castigo** – Dostoiévski
601(7).**Mistério no Caribe** – Agatha Christie
602.**Odisséia (2): Regresso** – Homero
603.**Piadas para sempre (2)** – Visconde da Casa Verde
604.**À sombra do vulcão** – Malcolm Lowry
605(8).**Kerouac** – Yves Buin
606.**E agora são cinzas** – Angeli
607.**As mil e uma noites** – Paulo Caruso
608.**Um assassino entre nós** – Ruth Rendell
609.**Crack-up** – F. Scott Fitzgerald
610.**Do amor** – Stendhal
611.**Cartas do Yage** – William Burroughs e Allen Ginsberg
612.**Striptiras (2)** – Laerte
613.**Henry & June** – Anaïs Nin
614.**A piscina mortal** – Ross Macdonald
615.**Geraldão (2)** – Glauco
616.**Tempo de delicadeza** – A. R. de Sant'Anna
617.**Tiros na noite 2: Medo de tiro** – Dashiell Hammett
618.**Snoopy em Assim é a vida, Charlie Brown! (3)** – Schulz
619.**1954 – Um tiro no coração** – Hélio Silva
620.**Sobre a inspiração poética (Íon)** e ... – Platão
621.**Garfield e seus amigos (8)** – Jim Davis
622.**Odisséia (3): Ítaca** – Homero
623.**A louca matança** – Chester Himes
624.**Factótum** – Bukowski
625.**Guerra e Paz: volume 1** – Tolstói
626.**Guerra e Paz: volume 2** – Tolstói
627.**Guerra e Paz: volume 3** – Tolstói
628.**Guerra e Paz: volume 4** – Tolstói
629(9).**Shakespeare** – Claude Mourthé
630.**Bem está o que bem acaba** – Shakespeare
631.**O contrato social** – Rousseau

632.**Geração Beat** – Jack Kerouac
633.**Snoopy: É Natal! (4)** – Charles Schulz
634(8).**Testemunha da acusação** – Agatha Christie
635.**Um elefante no caos** – Millôr Fernandes
636.**Guia de leitura (100 autores que você precisa ler)** – Organização de Léa Masina
637.**Pistoleiros também mandam flores** – David Coimbra
638.**O prazer das palavras** – vol. 1 – Cláudio Moreno
639.**O prazer das palavras** – vol. 2 – Cláudio Moreno
640.**Novíssimo testamento: com Deus e o diabo, a dupla da criação** – Iotti
641.**Literatura Brasileira: modos de usar** – Luís Augusto Fischer
642.**Dicionário de Porto-Alegrês** – Luís A. Fischer
643.**Clô Dias & Noites** – Sérgio Jockymann
644.**Memorial de Isla Negra** – Pablo Neruda
645.**Um homem extraordinário e outras histórias** – Tchékhov
646.**Ana sem terra** – Alcy Cheuiche
647.**Adultérios** – Woody Allen
648.**Para sempre ou nunca mais** – R. Chandler
649.**Nosso homem em Havana** – Graham Greene
650.**Dicionário Caldas Aulete de Bolso**
651.**Snoopy: Posso fazer uma pergunta, professora? (5)** – Charles Schulz
652(10).**Luís XVI** – Bernard Vincent
653.**O mercador de Veneza** – Shakespeare
654.**Cancioneiro** – Fernando Pessoa
655.**Non-Stop** – Martha Medeiros
656.**Carpinteiros, levantem bem alto a cumeeira & Seymour, uma apresentação** – J.D.Salinger
657.**Ensaios céticos** – Bertrand Russell
658.**O melhor de Hagar 5** – Dik e Chris Browne
659.**Primeiro amor** – Ivan Turguêniev
660.**A trégua** – Mario Benedetti
661.**Um parque de diversões da cabeça** – Lawrence Ferlinghetti
662.**Aprendendo a viver** – Sêneca
663.**Garfield, um gato em apuros (9)** – Jim Davis
664.**Dilbert 1** – Scott Adams
665.**Dicionário de dificuldades** – Domingos Paschoal Cegalla
666.**A imaginação** – Jean-Paul Sartre
667.**O ladrão e os cães** – Naguib Mahfuz
668.**Gramática do português contemporâneo** – Celso Cunha
669.**A volta do parafuso** *seguido de* **Daisy Miller** – Henry James
670.**Notas do subsolo** – Dostoiévski
671.**Abobrinhas da Brasilônia** – Glauco
672.**Geraldão (3)** – Glauco
673.**Piadas para sempre (3)** – Visconde da Casa Verde
674.**Duas viagens ao Brasil** – Hans Staden
675.**Bandeira de bolso** – Manuel Bandeira
676.**A arte da guerra** – Maquiavel
677.**Além do bem e do mal** – Nietzsche
678.**O coronel Chabert** *seguido de* **A mulher abandonada** – Balzac
679.**O sorriso de marfim** – Ross Macdonald
680.**100 receitas de pescados** – Sílvio Lancellotti
681.**O juiz e seu carrasco** – Friedrich Dürrenmatt
682.**Noites brancas** – Dostoiévski
683.**Quadras ao gosto popular** – Fernando Pessoa
684.**Romanceiro da Inconfidência** – Cecília Meireles
685.**Kaos** – Millôr Fernandes
686.**A pele de onagro** – Balzac
687.**As ligações perigosas** – Choderlos de Laclos
688.**Dicionário de matemática** – Luiz Fernandes Cardoso
689.**Os Lusíadas** – Luís Vaz de Camões
690(11).**Átila** – Éric Deschodt
691.**Um jeito tranqüilo de matar** – Chester Himes
692.**A felicidade conjugal** *seguido de* **O diabo** – Tolstói
693.**Viagem de um naturalista ao redor do mundo** – vol. 1 – Charles Darwin
694.**Viagem de um naturalista ao redor do mundo** – vol. 2 – Charles Darwin
695.**Memórias da casa dos mortos** – Dostoiévski
696.**A Celestina** – Fernando de Rojas
697.**Snoopy: Como você é azarado, Charlie Brown! (6)** – Charles Schulz
698.**Dez (quase) amores** – Claudia Tajes
699(9).**Poirot sempre espera** – Agatha Christie
700.**Cecília de bolso** – Cecília Meireles
701.**Apologia de Sócrates** *precedido de* **Êutifron** *e seguido de* **Críton** – Platão
702.**Wood & Stock** – Angeli
703.**Striptiras (3)** – Laerte
704.**Discurso sobre a origem e os fundamentos da desigualdade entre os homens** – Rousseau
705.**Os duelistas** – Joseph Conrad
706.**Dilbert (2)** – Scott Adams
707.**Viver e escrever** (vol. 1) – Edla van Steen
708.**Viver e escrever** (vol. 2) – Edla van Steen
709.**Viver e escrever** (vol. 3) – Edla van Steen
710(10).**A teia da aranha** – Agatha Christie
711.**O banquete** – Platão
712.**Os belos e malditos** – F. Scott Fitzgerald
713.**Libelo contra a arte moderna** – Salvador Dalí
714.**Akropolis** – Valerio Massimo Manfredi
715.**Devoradores de mortos** – Michael Crichton
716.**Sob o sol da Toscana** – Frances Mayes
717.**Batom na cueca** – Nani
718.**Vida dura** – Claudia Tajes
719.**Carne trêmula** – Ruth Rendell
720.**Cris, a fera** – David Coimbra
721.**O anticristo** – Nietzsche
722.**Como um romance** – Daniel Pennac
723.**Emboscada no Forte Bragg** – Tom Wolfe
724.**Assédio sexual** – Michael Crichton
725.**O espírito do Zen** – Alan W.Watts
726.**Um bonde chamado desejo** – Tennessee Williams
727.**Como gostais** *seguido de* **Conto de inverno** – Shakespeare
728.**Tratado sobre a tolerância** – Voltaire
729.**Snoopy: Doces ou travessuras? (7)** – Charles Schulz
730.**Cardápios do Anonymus Gourmet** – J.A. Pinheiro Machado
731.**100 receitas com lata** – J.A. Pinheiro Machado
732.**Conhece o Mário?** vol.2 – Santiago
733.**Dilbert (3)** – Scott Adams

734.**História de um louco amor** *seguido de* **Passado amor** – Horacio Quiroga
735(11).**Sexo: muito prazer** – Laura Meyer da Silva
736(12).**Para entender o adolescente** – Dr. Ronald Pagnoncelli
737(13).**Desembarcando a tristeza** – Dr. Fernando Lucchese
738.**Poirot e o mistério da arca espanhola & outras histórias** – Agatha Christie
739.**A última legião** – Valerio Massimo Manfredi
740.**As virgens suicidas** – Jeffrey Eugenides
741.**Sol nascente** – Michael Crichton
742.**Duzentos ladrões** – Dalton Trevisan
743.**Os devaneios do caminhante solitário** – Rousseau
744.**Garfield, o rei da preguiça (10)** – Jim Davis
745.**Os magnatas** – Charles R. Morris
746.**Pulp** – Charles Bukowski
747.**Enquanto agonizo** – William Faulkner
748.**Aline: viciada em sexo (3)** – Adão Iturrusgarai
749.**A dama do cachorrinho** – Anton Tchékhov
750.**Tito Andrônico** – Shakespeare
751.**Antologia poética** – Anna Akhmátova
752.**O melhor de Hagar 6** – Dik e Chris Browne
753(12).**Michelangelo** – Nadine Sautel
754.**Dilbert (4)** – Scott Adams
755.**O jardim das cerejeiras** *seguido de* **Tio Vânia** – Tchékhov
756.**Geração Beat** – Claudio Willer
757.**Santos Dumont** – Alcy Cheuiche
758.**Budismo** – Claude B. Levenson
759.**Cleópatra** – Christian-Georges Schwentzel
760. **Revolução Francesa** – Frédéric Bluche, Stéphane Rials e Jean Tulard
761.**A crise de 1929** – Bernard Gazier
762.**Sigmund Freud** – Edson Sousa e Paulo Endo
763.**Império Romano** – Patrick Le Roux
764.**Cruzadas** – Cécile Morrisson
765.**O mistério do Trem Azul** – Agatha Christie
766.**Os escrúpulos de Maigret** – Simenon
767.**Maigret se diverte** – Simenon
768.**Senso comum** – Thomas Paine
769.**O parque dos dinossauros** – Michael Crichton
770.**Trilogia da paixão** – Goethe
771.**A simples arte de matar** (vol.1) – R. Chandler
772.**A simples arte de matar** (vol.2) – R. Chandler
773.**Snoopy: No mundo da lua! (8)** – Charles Schulz
774.**Os Quatro Grandes** – Agatha Christie
775.**Um brinde de cianureto** – Agatha Christie
776.**Súplicas atendidas** – Truman Capote
777.**Ainda restam aveleiras** – Simenon
778.**Maigret e o ladrão preguiçoso** – Simenon
779.**A viúva imortal** – Millôr Fernandes
780.**Cabala** – Roland Goetschel
781.**Capitalismo** – Claude Jessua
782.**Mitologia grega** – Pierre Grimal
783.**Economia: 100 palavras-chave** – Jean-Paul Betbèze
784.**Marxismo** – Henri Lefebvre
785.**Punição para a inocência** – Agatha Christie
786.**A extravagância do morto** – Agatha Christie
787(13).**Cézanne** – Bernard Fauconnier
788.**A identidade Bourne** – Robert Ludlum
789.**Da tranquilidade da alma** – Sêneca
790.**Um artista da fome** *seguido de* **Na colônia penal e outras histórias** – Kafka
791.**Histórias de fantasmas** – Charles Dickens
792.**A louca de Maigret** – Simenon
793.**O amigo de infância de Maigret** – Simenon
794.**O revólver de Maigret** – Simenon
795.**A fuga do sr. Monde** – Simenon
796.**O Uraguai** – Basílio da Gama
797.**A mão misteriosa** – Agatha Christie
798.**Testemunha ocular do crime** – Agatha Christie
799.**Crepúsculo dos ídolos** – Friedrich Nietzsche
800.**Maigret e o negociante de vinhos** – Simemon
801.**Maigret e o mendigo** – Simenon
802.**O grande golpe** – Dashiell Hammett
803.**Humor barra pesada** – Nani
804.**Vinho** – Jean-François Gautier
805.**Egito Antigo** – Sophie Desplancques
806(14).**Baudelaire** – Jean-Baptiste Baronian
807.**Caminho da sabedoria, caminho da paz** – Dalai Lama e Felizitas von Schönborn
808.**Senhor e servo e outras histórias** – Tolstói
809.**Os cadernos de Malte Laurids Brigge** – Rilke
810.**Dilbert (5)** – Scott Adams
811.**Big Sur** – Jack Kerouac
812.**Seguindo a correnteza** – Agatha Christie
813.**O álibi** – Sandra Brown
814.**Montanha-russa** – Martha Medeiros
815.**Coisas da vida** – Martha Medeiros
816.**A cantada infalível** *seguido de* **A mulher do centroavante** – David Coimbra
817.**Maigret e os crimes do cais** – Simenon
818.**Sinal vermelho** – Simenon
819.**Snoopy: Pausa para a soneca (9)** – Charles Schulz
820.**De pernas pro ar** – Eduardo Galeano
821.**Tragédias gregas** – Pascal Thiercy
822.**Existencialismo** – Jacques Colette
823.**Nietzsche** – Jean Granier
824.**Amar ou depender?** – Walter Riso
825.**Darmapada: A doutrina budista em versos**
826.**J'Accuse...! – a verdade em marcha** – Zola
827.**Os crimes ABC** – Agatha Christie
828.**Um gato entre os pombos** – Agatha Christie
829.**Maigret e o sumiço do sr. Charles** – Simenon
830.**Maigret e a morte do jogador** – Simenon
831.**Dicionário de teatro** – Luiz Paulo Vasconcellos
832.**Cartas extraviadas** – Martha Medeiros
833.**A longa viagem de prazer** – J. J. Morosoli
834.**Receitas fáceis** – J. A. Pinheiro Machado
835.(14).**Mais fatos & mitos** – Dr. Fernando Lucchese
836.(15).**Boa viagem!** – Dr. Fernando Lucchese
837.**Aline: Finalmente nua!!!** (4) – Adão Iturrusgarai
838.**Mônica tem uma novidade!** – Mauricio de Sousa
839.**Cebolinha em apuros!** – Mauricio de Sousa
840.**Sócios no crime** – Agatha Christie
841.**Bocas do tempo** – Eduardo Galeano
842.**Orgulho e preconceito** – Jane Austen
843.**Impressionismo** – Dominique Lobstein
844.**Escrita chinesa** – Viviane Alleton
845.**Paris: uma história** – Yvan Combeau
846(15).**Van Gogh** – David Haziot
847.**Maigret e o corpo sem cabeça** – Simenon
848.**Portal do destino** – Agatha Christie

849.**O futuro de uma ilusão** – Freud
850.**O mal-estar na cultura** – Freud
851.**Maigret e o matador** – Simenon
852.**Maigret e o fantasma** – Simenon
853.**Um crime adormecido** – Agatha Christie
854.**Satori em Paris** – Jack Kerouac
855.**Medo e delírio em Las Vegas** – Hunter Thompson
856.**Um negócio fracassado e outros contos de humor** – Tchékhov
857.**Mônica está de férias!** – Mauricio de Sousa
858.**De quem é esse coelho?** – Mauricio de Sousa
859.**O burgomestre de Furnes** – Simenon
860.**O mistério Sittaford** – Agatha Christie
861.**Manhã transfigurada** – Luiz Antonio de Assis Brasil
862.**Alexandre, o Grande** – Pierre Briant
863.**Jesus** – Charles Perrot
864.**Islã** – Paul Balta
865.**Guerra da Secessão** – Farid Ameur
866.**Um rio que vem da Grécia** – Cláudio Moreno
867.**Maigret e os colegas americanos** – Simenon
868.**Assassinato na casa do pastor** – Agatha Christie
869.**Manual do líder** – Napoleão Bonaparte
870(16).**Billie Holiday** – Sylvia Fol
871.**Bidu arrasando!** – Mauricio de Sousa
872.**Desventuras em família** – Mauricio de Sousa
873.**Liberty Bar** – Simenon
874.**E no final a morte** – Agatha Christie
875.**Guia prático do Português correto – vol. 4** – Cláudio Moreno
876.**Dilbert (6)** – Scott Adams
877(17).**Leonardo da Vinci** – Sophie Chauveau
878.**Bella Toscana** – Frances Mayes
879.**A arte da ficção** – David Lodge
880.**Striptiras (4)** – Laerte
881.**Skrotinhos** – Angeli
882.**Depois do funeral** – Agatha Christie
883.**Radicci 7** – Iotti
884.**Walden** – H. D. Thoreau
885.**Lincoln** – Allen C. Guelzo
886.**Primeira Guerra Mundial** – Michael Howard
887.**A linha de sombra** – Joseph Conrad
888.**O amor é um cão dos diabos** – Bukowski
889.**Maigret sai em viagem** – Simenon
890.**Despertar: uma vida de Buda** – Jack Kerouac
891(18).**Albert Einstein** – Laurent Seksik
892.**Hell's Angels** – Hunter Thompson
893.**Ausência na primavera** – Agatha Christie
894.**Dilbert (7)** – Scott Adams
895.**Ao sul de lugar nenhum** – Bukowski
896.**Maquiavel** – Quentin Skinner
897.**Sócrates** – C.C.W. Taylor
898.**A casa do canal** – Simenon
899.**O Natal de Poirot** – Agatha Christie
900.**As veias abertas da América Latina** – Eduardo Galeano
901.**Snoopy: Sempre alerta! (10)** – Charles Schulz
902.**Chico Bento: Plantando confusão** – Mauricio de Sousa
903.**Penadinho: Quem é morto sempre aparece** – Mauricio de Sousa
904.**A vida sexual da mulher feia** – Claudia Tajes
905.**100 segredos de liquidificador** – José Antonio Pinheiro Machado
906.**Sexo muito prazer 2** – Laura Meyer da Silva
907.**Os nascimentos** – Eduardo Galeano
908.**As caras e as máscaras** – Eduardo Galeano
909.**O século do vento** – Eduardo Galeano
910.**Poirot perde uma cliente** – Agatha Christie
911.**Cérebro** – Michael O'Shea
912.**O escaravelho de ouro e outras histórias** – Edgar Allan Poe
913.**Piadas para sempre (4)** – Visconde da Casa Verde
914.**100 receitas de massas light** – Helena Tonetto
915(19).**Oscar Wilde** – Daniel Salvatore Schiffer
916.**Uma breve história do mundo** – H. G. Wells
917.**A Casa do Penhasco** – Agatha Christie
918.**Maigret e o finado sr. Gallet** – Simenon
919.**John M. Keynes** – Bernard Gazier
920(20).**Virginia Woolf** – Alexandra Lemasson
921.**Peter e Wendy** *seguido de* **Peter Pan em Kensington Gardens** – J. M. Barrie
922.**Aline: numas de colegial (5)** – Adão Iturrusgarai
923.**Uma dose mortal** – Agatha Christie
924.**Os trabalhos de Hércules** – Agatha Christie
925.**Maigret na escola** – Simenon
926.**Kant** – Roger Scruton
927.**A inocência do Padre Brown** – G.K. Chesterton
928.**Casa Velha** – Machado de Assis
929.**Marcas de nascença** – Nancy Huston
930.**Aulete de bolso**
931.**Hora Zero** – Agatha Christie
932.**Morte na Mesopotâmia** – Agatha Christie
933.**Um crime na Holanda** – Simenon
934.**Nem te conto, João** – Dalton Trevisan
935.**As aventuras de Huckleberry Finn** – Mark Twain
936(21).**Marilyn Monroe** – Anne Plantagenet
937.**China moderna** – Rana Mitter
938.**Dinossauros** – David Norman
939.**Louca por homem** – Claudia Tajes
940.**Amores de alto risco** – Walter Riso
941.**Jogo de damas** – David Coimbra
942.**Filha é filha** – Agatha Christie
943.**M ou N?** – Agatha Christie
944.**Maigret se defende** – Simenon
945.**Bidu: diversão em dobro!** – Mauricio de Sousa
946.**Fogo** – Anaïs Nin
947.**Rum: diário de um jornalista bêbado** – Hunter Thompson
948.**Persuasão** – Jane Austen
949.**Lágrimas na chuva** – Sergio Faraco
950.**Mulheres** – Bukowski
951.**Um pressentimento funesto** – Agatha Christie
952.**Cartas na mesa** – Agatha Christie
953.**Maigret em Vichy** – Simenon
954.**O lobo do mar** – Jack London
955.**Os gatos** – Patricia Highsmith
956.**Jesus** – Christiane Rancé
957.**História da medicina** – William Bynum
958.**O Morro dos Ventos Uivantes** – Emily Brontë
959.**A filosofia na era trágica dos gregos** – Nietzsche
960.**Os treze problemas** – Agatha Christie
961.**A massagista japonesa** – Moacyr Scliar
962.**A taberna dos dois tostões** – Simenon
963.**Humor do miserê** – Nani
964.**Todo o mundo tem dúvida, inclusive você** – Édison Oliveira
965.**A dama do Bar Nevada** – Sergio Faraco

IMPRESSÃO:

GRÁFICA EDITORA
Pallotti
IMAGEM DE QUALIDADE

*Santa Maria - RS - Fone/Fax: (55) 3220.4500*
***www.pallotti.com.br***